Power and Persuasion in Late Antiquity ▪ Peter Brown

Publisher's edition of *Power and Persuasion in Late Antiquity* by Peter Brown is published by arrangement with the University of Wisconsin Press.

西学

源流

古代晚期的权力与劝诫

走向基督教帝国

〔美〕彼得·布朗 著

王晨 译

图书在版编目（CIP）数据

古代晚期的权力与劝诫／（美）彼得·布朗著；王晨译. —北京：
生活·读书·新知三联书店，2020.5
（西学源流）
ISBN 978－7－108－06762－3

Ⅰ.①古…　Ⅱ.①彼…②王…　Ⅲ.①罗马帝国－历史－研究
Ⅳ.① K126

中国版本图书馆 CIP 数据核字（2020）第 029938 号

文字编辑　梁健威
责任编辑　王晨晨
装帧设计　薛　宇
责任校对　张　睿
责任印制　宋　家

出版发行　生活·讀書·新知 三联书店
　　　　　（北京市东城区美术馆东街 22 号　100010）

网　　址　www.sdxjpc.com
图　　字　01-2017-7601
经　　销　新华书店
印　　刷　三河市天润建兴印务有限公司
版　　次　2020 年 5 月北京第 1 版
　　　　　2020 年 5 月北京第 1 次印刷
开　　本　880 毫米×1230 毫米　1/32　印张 8.125
字　　数　188 千字
印　　数　0,001－7,000 册
定　　价　38.00 元

（印装查询：01064002715；邮购查询：01084010542）

总序：重新阅读西方

甘 阳 刘小枫

上世纪初，中国学人曾提出中国史是层累地造成的说法，但他们当时似乎没有想过，西方史何尝不是层累地造成的？究其原因，当时的中国人之所以提出这一"层累说"，其实是认为中国史多是迷信、神话、错误，同时又道听途说以为西方史体现了科学、理性、真理。用顾颉刚的话说，由于胡适博士"带了西洋的史学方法回来"，使他们那一代学人顿悟中国的古书多是"伪书"，而中国的古史也就是用"伪书"伪造出来的"伪史"。当时的人好像从来没有想过，这胡博士等带回来的所谓西洋史学是否同样可能是由"西洋伪书"伪造成的"西洋伪史"？

不太夸张地说，近百年来中国人之阅读西方，有一种病态心理，因为这种阅读方式首先把中国当成病灶，而把西方则当成了药铺，阅读西方因此成了到西方去收罗专治中国病的药方药丸，"留学"号称是要到西方去寻找真理来批判中国的错误。以这种病夫心态和病夫头脑去看西方，首先造就的是中国的病态知识分子，其次形成的是中国的种种病态言论和病态学术，其特点是一方面不断把西方学术浅薄化、工具化、万金油化，而另一方面则又不断把中国文明简单化、歪曲化、妖魔化。这种病态阅读西方的习性，方是现代中国种种问题的真正病灶之一。

新世纪的新一代中国学人需要摆脱这种病态心理，开始重新阅读西方。所谓"重新"，不是要到西方再去收罗什么新的偏方秘方，而是要端正心态，首先确立自我，以一个健康人的心态和健康人的头脑去阅读西方。健康阅读西方的方式首先是按西方本身的脉络去阅读西方。健康阅读者知道，西方如有什么药方秘诀，首先医治的是西方本身的病，例如柏拉图哲学要治的是古希腊民主的病，奥古斯丁神学要治的是古罗马公民的病，而马基雅维里史学要治的是基督教的病，罗尔斯的正义论要治的是英美功利主义的病，尼采、海德格尔要治的是欧洲形而上学的病，唯有按照这种西方本身的脉络去阅读西方，方能真正了解西方思想学术所为何事。简言之，健康阅读西方之道不同于以往的病态阅读西方者，在于这种阅读关注的首先是西方本身的问题及其展开，而不是要到西方去找中国问题的现成答案。

健康阅读西方的人因此将根本拒绝泛泛的中西文明比较。健康阅读西方的人更感兴趣的首先是比较西方文明内部的种种差异矛盾冲突，例如西方文明两大源头（希腊与希伯来）的冲突，西方古典思想与西方现代思想的冲突，英国体制与美国体制的差异，美国内部自由主义与保守主义的消长，等等。健康阅读者认为，不先梳理西方文明内部的这些差异矛盾冲突，那么，无论是构架二元对立的中西文明比较，还是鼓吹什么"东海西海，心理攸同"的中西文化调和，都只能是不知所谓。

健康阅读西方的中国人对西方的思想制度首先抱持的是存疑的态度，而对当代西方学院内的种种新潮异说更首先抱持警惕的态度。因为健康阅读西方者有理由怀疑，西方学术现在有一代不如一代的趋势，流行名词翻新越快，时髦异说更替越频，只能越表明这类学术的泡沫化。健康阅读西方的中国人尤其对西方学院内虚张声势的所谓"反西方中心论"抱善意的嘲笑态度，因为健康阅读者知道这类论调虽然原始动机善良，但其结果往往只不过是走向更狭隘的西方中心论，所谓太阳底下没有新东西是也。

希望以健康人的心态和健康人的头脑去重新阅读西方的中国人正在多起来，因此有这套"西学源流"丛书。这套丛书的选题大体比较偏重于以下几个方面：一是西方学界对西方经典著作和经典作家的细读诠释，二是西方学界对西方文明史上某些重要问题之历史演变的辨析梳理，三是所谓"学科史"方面的研究，即对当代各种学科形成过程及其问题的考察和反思。这套丛书没有一本会提供中国问题的现成答案，因为这些作者关注讨论的是西方本身的问题。但我们以为，中国学人之研究西方，需要避免急功近利、浅尝辄止的心态，那种急于用简便方式把西方思想制度"移植"到中国来的做法，都是注定不成功的。事实上西方的种种流行观念例如民主自由等等本身都是歧义丛生的概念。新一代中国学人应该力求首先进入西方本身的脉络去阅读西方，深入考察西方内部的种种辩论以及各种相互矛盾的观念和主张，方能知其利弊得失所在，形成自己权衡取舍的广阔视野。

二十年前，我们曾为三联书店主编"现代西方学术文库"和"新知文库"两种，当时我们的工作曾得到诸多学术前辈的鼎力支持。如今这些前辈学者大多都已仙逝，令人不胜感慨。

学术的生长端赖于传承和积累，我们少年时即曾深受朱生豪、罗念生等翻译作品的滋润，青年时代又曾有幸得遇我国西学研究前辈洪谦、宗白华、熊伟、贺麟、王玖兴、杨一之、王太庆等师长，谆谆教导，终生难忘。正是这些前辈学人使我们明白，以健康的心态和健康的头脑去阅读西方，是中国思想和中国学术健康成长的必要条件。我们愿以这套"西学源流"丛书纪念这些师长，以表我们的感激之情，同时亦愿这套丛书与中国新一代的健康阅读者同步成长！

2006 年元旦

目　录

序

受邀做 1988 年的柯蒂讲座［the Curti Lectures］是我的巨大 *vii*
荣幸，再次来到威斯康星州的麦迪逊，在宁静的水泽之畔，置身
于相识已久的朋友、同事和英雄们中间，这让我喜不自禁。这些
快乐中值得一提的是，我不仅结识了梅尔·柯蒂［Merle Curti］，
而且通过这篇关于遥远时代的叙事，向他在研究近代美国时始终
秉持的人性价值表达了敬意。

读者应该知道，本书的这四大章脱胎于我当时所做的三场讲
座，而那三场讲座本身只是一个自我教育过程的开始。我非常希
望这本书出版许多年后，这个过程仍将延续。必须从这一角度来
阅读本书。本书带有这种努力应有的一切尝试性质，甚至是不均
衡。写作它主要是为了帮助我自己、我的读者和未来的晚期罗马
帝国研究者了解该时期的政治、文化和宗教历史的某些主题，关
于它们现在有大量的现代学术作品存在。

许多上述学术作品带来了令人兴奋的结果，但并没有得到应
有的重视。因此，我选择以综述形式写作这本书。根据该领域的
新进展，它讲述了从公元 300 年到 450 年这一时期的某些方面。
我试图将上层阶级的传统文化放到一个更加强调其持续的重要性
和隐含目标的社会与政治背景中。此外，对于基督教主教的劝诫 *viii*
力量的加强，我不仅试图将其同新出现的基督教社会形象，而且

同晚期罗马城市中的社会发展联系起来。我们对前者有充分的证据，对后者则只能勾勒其不完整的轮廓。

读者必须知道，本书中提出的一些不同文化、宗教和社会现象之间的联系是尝试性质的。但他们也应该抱有信心，对于该时期的几乎每个方面，新发现的材料，使用从前被忽略的材料，以及巧妙地重新解释长期被想当然看待的证据，这些都让我们可以从新的角度见证基督教在罗马帝国取得的最终胜利，拜占庭帝国的建立，以及帝国在西部衰亡的那个时期。近年来有许多学者质疑、更新了大量标准概念与通行叙事，和他们在同一个领域工作非常令人放心。

如果想要简单地总结晚期罗马帝国史学史中的哪些变化影响了我在本书中所做的陈述，我会说，我们更加了解晚期罗马帝国人对他们时代的政治、行政和社会发展的宗教与文化期待，而且变得敏锐得多。仿佛在关于那个时代的政治和行政变化的标准描述中曾经轮廓异常清晰的月貌换上了更加柔和的色调，因为现在它沉浸在植根于参与者的宗教和文化传统的希望与恐惧的浓重氛围中。如果我的描述再现了当时有文化的人如何回应、利用与解释公元 4 世纪和 5 世纪的许多戏剧性发展，我会觉得满意。如果它说服别人这是可以做到的，而且能比本书做得更好，我会感到欣慰。

出于这些原因，我试图尽可能地在脚注中评价我所考虑的主题的最新学术成果。我引用了难以找到或鲜为人知的材料，并附上完整的版本信息，无论这些是最新版本，还是大多数情况下最通行的标准版本。尤为重要的是米涅［J. P. Migne］辑成的《教父全集》［*Patrologiae cursus completus*］（巴黎，1844 年起）中的《希腊教父集》［*Patrologia Graeca*］和《拉丁教父集》［*Patrologia Latina*］。为了支持我的论点，我尽可能地有意引用有英语或法语译文和注疏的作者的作品。对于安条克的利巴尼乌斯［Libanius of Antioch］的大量作品和书信尤其如此，我引用了福斯特［R. Förster］的《利巴尼乌斯作品集：1-11 卷》［*Libanius：Opera*，vols. 1-11］（莱比锡：托伊布纳，1903—1922 年），在括号中用罗马数字标出卷号，用阿拉伯数字标出页码。对于其他著名作者，我在参考文献中引用的大多数是古代史作品中的标准版本。读者可以不费力地找到这些标准版本和可靠的译文。阿米安［Ammianus Marcellinus］的《历史》［*Res gestae*］特别采用了罗尔夫［J. C. Rolfe］编辑和翻译的洛布版《阿米安集》［*Ammianus Marcellinus*］（马萨诸塞州坎布里奇：哈佛大学出版社，1952—1956 年）。汉密尔顿［W. Hamilton］的《阿米安：晚期罗马帝国（公元354—378 年）》［*Ammianus Marcellinus：The Later Roman Empire*（*A.D.354-378*）］（英国哈蒙兹沃斯：企鹅，1986 年）提供了更新的译文，略有删节。

　　在这个自我教育的过程中，我得到的帮助仅仅用幸运是无法形容的。约翰·西蒙·古根海姆基金会［John Simon Guggenheim Foundation］让我可以遍游土耳其和叙利亚的古代晚期遗址。我希望大家不要忘记，如果没有无数土耳其人、叙利亚人和巴勒斯坦难民——他们具有罕见的礼貌和才干，有时还表现出昂扬的勇气，这让在偏远地区的旅行成为可能——我就不可能走遍曾经是早期基督教和东部帝国历史中心的整个地区。某种程度上，我在卡利亚的阿芙洛狄西亚斯度过的几天是本书的想象核心。一座晚期古典的城市被活生生地呈现在我眼前——这一代的许多学者也有过同样的经历——这要得益于那位无比活泼和一丝不苟的主人，已故的凯南·埃里姆［Kenan Erim］罕见的慷慨。我希望他被铭记，即使他现在长眠在这座他喜爱的城市，他曾为那么多人打开了那里无与伦比的财富。

　　在本书缓慢而艰难的诞生过程中——随着对晚期帝国的社会和

政治生活的复杂性认识日益加深，讲座初稿中的洞见被精练，变得更有分量——普林斯顿大学的同事们在几乎每个阶段都做了贡献，特别是历史系的。1988—1989 年，在一些与我不得不努力解决的问题极为接近的主题上，谢尔比·卡伦·戴维斯中心［Shelby Cullom Davis Center］的会议（当时由劳伦斯·斯通［Lawrence Stone］主持）几乎每周都为我提供发人深思的精神食粮。不过说到底，我的书稿最应该感谢我自身所在领域的其他学者们。夏洛特·鲁谢［Charlotte Roueché］和加斯·佛登［Garth Fowden］反复阅读了书稿，不仅增加了大量只有他们能提供的更进一步的宝贵信息，而且还非常决定性地改变了整个研究的视角和平衡。最后，朱迪斯·赫林［Judith Herrin］恰如其分的批评帮助我让这个故事变得更有整体性——它本来很容易分裂成各章所讨论的一个个主题。带着坦诚、慷慨和耐心，这些读者让本书成为现在的模样，他们所做的远比仅仅提供渊博的信息或去除肤浅的瑕疵更加深刻：本书和之前不那么令人满意的草稿之间的差距是对他们友谊的不断挑战。

如果我没有向奥尔加·沙文［Olga Savin］求助，书稿不会那么快和那么容易地准备好，她不仅擅长文字处理，而且细心地读了我的文本。索引要感谢贝阿特丽丝·卡索［Beatrice Caseau］的智慧和勤劳。

最后，我要感谢我的妻子贝特西［Betsy］。她对我的工作结果永远保持乐观，和我一起经历了因为工作而中断的旅行和每天的劳累奔波，最终得以把三场在好友相伴下所做的轻松讲座变成一本书。我希望，书中为探究一个复杂和迅速变化的领域所做的努力能对晚期帝国的学习者有些用处，从而被证明配得上在迈克尔·罗斯托夫采夫［Michael Rostovzeff］开始美国生涯的大学所做的系列讲座。

第1章 忠诚：专制与精英

本书将讨论晚期罗马帝国权力控制的一个方面。它试图描绘
上层臣民向皇帝及其代表的请愿，他们希望消除公元4—5世纪罗马帝国政府特有的暴虐行为和严苛的财政政策。本书不会描绘提出这些请求的所有机制和使用的全部策略：相反，它将专注于文化和宗教元素，这些元素被认为在让皇权变得易于说服的过程中发挥了作用，无论那种权力多么专横威严。

第1章将简要概述当皇帝权力在那些希望缓和其影响的人中间彰显自身时通常所处的社会和行政背景。本章将会强调，如果想要有效地贯彻自己的要求，帝国当局在多大程度上仍然需要确保城市和行省的上层阶级的合作，尽管相比之前的几个世纪，它已经大大加强。中央政府的结构缺陷使其必须从当地形形色色的广大士绅中积极争取"忠诚"［*devotio*］。这导致了一种权力语言的发展，还催生了时而出现的恩典和施惠之举，在严苛的政府体制中，它们为说服皇帝和他的地方代表按照上层阶级代言人所支持的准则行事留下了空间。

第2章将考察上层阶级的传统文化，这种文化通过名为"教化"［*paideia*］的教育体系被灌输给他们。此章将试图衡量这种文
化的角色，无论是在上层阶级的所有成员（包括统治者和被统治者）中创造共同基础，还是发展出有关礼貌与自控的严格准则，这

些准则与仁慈地（因为有教养）行使权威的理想联系在一起。

与教化相关的理想的流行解释了该时代政治想象的另一个特征，即反复提及哲学家所扮演的劝诫角色。事实上，哲学家在古代晚期的政治舞台上往往是边缘人物；有一些甚至是狂热的隐士，以避免自己同公共生活有任何接触的能力为荣。不过，得益于悠久的传统，古代晚期的哲学家能够成为对权贵的公正建议者，甚至是批评者。在关于劝诫的戏剧中，他们被赋予了清楚的书面角色，即便这个角色经常无法登台，或者只是由没什么真实权威的仪式性应声虫所扮演。

第 3 章将思考晚期罗马城市中的社会变化，它们导致基督教的代表登上了此前被认为只属于传统上层阶级的舞台。在公元 4 世纪的最后十年间，主教和僧侣表明他们可以像任何哲学家一样有效地左右权贵的意志。

在许多方面，他们是恼人的新主角。但他们能够登上晚期罗马政治的舞台是因为当时的人们需要这些人按照受教化熏陶者在之前的世纪里所写的剧本表演。无论是米兰的安布罗斯［Ambrose］这样来自上层阶级的主教，还是安条克的隐修士马赛多尼乌斯［Macedonius］这样生活在叙利亚山顶的野人，他们能够表现得如此出色是因为他们找到了可以带着自信扮演的角色。他们是"真正的"哲学家。虽然扮演的是勇敢而直言不讳的智者这一古老的角色，但在表演过程中，他们为其注入了大量新的意义。他们的介入带有强烈的宗教暗示，把一整套以对超自然许可的信仰为特征的新价值引进直到当时仍然完全世俗的控制体系。"受教化熏陶的"那些人最关心的是统治阶级根据古典行为观念进行自省。[1] 相反，主

---

〔1〕　Libanius, *Ep*. 994.2（XI.124）.

教和僧侣们则谈论上帝这一新的崇高神明的愤怒和仁慈。

超自然力量的侵入所透露的不仅是新信仰的存在：另一种元素也进入了帝国的政治。皇帝愿意听取主教的意见，就像曾经听取哲学家的意见那样，这暗示他们认可了地方权力的新形式。这种权力可能具有险恶的面目：它的非基督徒受害者足够准确地称其为"被侵占的权威"。[2]旧宗教的重要圣所未经授权就被拆毁，对犹太集会的攻击未受惩罚，而在公元415年，亚历山大里亚赫赫有名的市议会的重要成员——女哲学家许帕提娅［Hypatia］被私刑处死，这些暴力行为显示城市本身已经改变。它们在一定程度上落入了新的非传统领袖之手，它们的居民采用新的直接行动（常常更有威胁）来为自己的不满寻求补偿。

因此，作为本书的结尾，第4章将描绘一种新的权力语言在基督教文学中的发展，以及对它进行控制的新理由，这反映了公元5世纪东部帝国的皇权专制、公民士绅和基督教会之间的平衡。

在本书中，罗马帝国的东方行省将始终是关注的中心。从多瑙河到幼发拉底河，从黑海向南最远到上尼罗河，向西最远到昔兰尼加，在一片今天涵盖了不少于十国疆域的土地上（欧洲的希腊、保加利亚、多瑙河以南的罗马尼亚，以及中东的土耳其、叙利亚、约旦、黎巴嫩、以色列、埃及和利比亚），一个本质上由不同地区组成的大联盟的统治阶层以他们共同的希腊文化为荣，而且被认为会对理论上尚未分裂的罗马帝国表现出强烈的忠诚。但统一的情况很少出现。只有从公元324年君士坦丁征服东方行省到公元337年他去世的十三年间，以及公元395年狄奥多西一世

［2］ Eunapius, *Lives of the Philosophers* 472, in *Philostratus and Eunapius*, ed. and trans. W. C. Wright, Loeb Classical Library（Cambridge, Mass.: Harvard University Press, 1952）, 422.

［Theodosius I］去世前的区区七年间，帝国的东部和西部才处于同一位皇帝的统治之下。公元 395 年之前，统治东方行省的皇帝常常（此后则是一贯如此）因为协定或者别无选择而允许西部的皇帝控制帝国说拉丁语的行省，即从不列颠到今天的希腊、保加利亚和罗马尼亚的边界。

由于专注于东方行省，本书只对罗马世界内部的分界轮廓表示认可，这一分界在公元 4 世纪已经显而易见，随着公元 5 世纪西部帝国的崩溃和明确的东罗马国家的出现（我们所谓的拜占庭帝国的前身），它被固定下来。

主要关注东方行省不可避免地导致我们从单一的，并且在许多方面别具一格的视角看待罗马世界。这类视角造成的局限很容易被忽视。晚期罗马帝国的人们生活的世界远比我们用东方和西方、拉丁语和希腊语做的整齐分界所暗示的更加广大。他们中的许多人拥有宽广得令人吃惊的外部视野。

举一个关键的例子：公元前 4 世纪到公元前 5 世纪，来自帝国东部的证据绝大部分是用希腊语写的。"希腊东方"是对我们在大部分史料中看到的那个独特文化世界最好的简称之一。但情况总是不限于此。我们探究的政治体系涵盖了形形色色的古代地区。在许多地方，统治阶层和他们的代理人既尊重希腊文化，又能用源于古代近东主要方言的语言表达自己的观点：比如阿拉米语的直系分支叙利亚语，从加沙到美索不达米亚南部，长久以来它都是新月沃地的通用语；而在埃及，科普特语是法老所说语言的最后和最灵活的版本。最重要的是，将这些地区连接起来的帝国体系具有确定无疑甚至是咄咄逼人的罗马色彩。没有哪个受过教育或者有影响的希腊人——甚至像安条克的利巴尼乌斯这样的希腊修辞学教授也不例外——会视野狭隘到否认这个事实。拉丁语是那个时代几乎所有的罗马皇帝的母语。在帝国官场的核心上层中，传统的文化边界意义不大。皇帝的高级仆从能够轻松地从帝国的这一半来到那一半。了解罗马法和能够用大人物的母语拉丁语同他们对话仍然是在宫廷取得成功的必要条件。而在行省，当说希腊语的人面对跨地中海的罗马国家的不断侵扰时，掌握拉丁语能带来无法估量的好处。

意大利和北非这两个地中海西部的行省有时也会出现在我们的叙述中。它们为古代晚期的整个地中海世界（无论是说希腊语还是说拉丁语的部分）共同的主题提供了丰富的证据。它们具有形式相似的城市生活的活力；罗马城作为发挥东部居民不安分才干的传统跳板继续吸引着他们；最重要的是造就了米兰的战略地位——它坐落于道路系统的中心，这个系统从高卢出发，穿过意大利北部通往巴尔干，然后再到君士坦丁堡——以那里为中心，东部的皇帝们反复试图将自己确立为整个罗马世界唯一或首要的统治者：上述因素保证了米兰、阿奎莱亚和罗马（在较小的程度上也包括迦太基）从未完全从君士坦丁堡、安条克和亚历山大里亚的重要居民的视野中消失。

读者不应被幻觉拖累。权力而非劝诫仍然是晚期罗马帝国所有地区最引人注目的特征。作为该时期最重要的拉丁语史学家，阿米安的作品中所描绘的公元 4 世纪的帝国显然是威权式的。瓦伦提尼安一世［Valentinian I］皇帝没有试图"用威胁性的禁令来让臣民屈服"，这让阿米安觉得不同寻常，值得称道。[3] 更通常

---

［3］ Ammianus Marcellinus, *Res gestae* 30.9.5；John Matthews, *The Roman Empire of Ammianus*（London：Duckworth, 1989）, 256.

的做法是用谕旨强迫服从，无论是在宗教还是世俗事务中。用约翰·马修斯［John Matthews］的杰出研究中的话来说："阿米安时代的帝国政府在希腊—罗马历史上无可匹敌，无论是组织规模和复杂程度，对社会的有形影响，表达中使用的夸张修辞，还是试图贯彻自己的意志时采用的精心策划的暴力。"[4]

在应对如此令人生畏的体制时，帝国晚期的有文化人士最常用的劝诫语言似乎与现实脱节。希腊贵绅仍被教导"在他们的灵魂中植入德摩斯梯尼［Demosthenes］"，就像他们的拉丁世界同行吸收了西塞罗的作品那样。[5]他们把一种在希腊自由城邦时代和罗马共和国已经完善的政治语言带到了公元4世纪。不过，德摩斯梯尼和西塞罗本人已经在即将到来的专制阴影下发言，而到了公元300年，历史学家在雅典和罗马共和国的古典世界中可能认出的那种政治早已属于遥远的过去。[6]事实上，我们很想把关于文化阶层的政治观点的大量证据仅仅斥为空话，别出心裁地表示可以依据古典时期雅典的生活来描绘一个庞大的专制帝国；继续强调实践古典政治美德，诸如直言不讳、尊重法制和仁慈，以及展现深思熟虑后的雄辩之能力；将当代皇帝同希腊和罗马的伟大政治家进行强制性和恭维性的比较——这一切都被描述为"完全刻意和完全造作"[7]"枯燥"和

［4］ Matthews, *The Roman Empire of Ammianus*, 253.

［5］ Libanius, *Ep.* 1261.2（XI. 339）.

［6］ M. I. Finley, *Politics in the Ancient World*（Cambridge: Cambridge University Press, 1983）; Fergus Millar, "The Political Character of the Classical Roman Republic," *Journal of Roman Studies* 74（1984）: 1-19; idem, "Politics, Persuasion and the People before the Social War（150-90 B.C.）," *Journal of Roman Studies* 76（1986）: 1-11; J. A. North, "Democratic Politics in Republican Rome," *Past and Present* 126（1990）: 3-21.

［7］ Ramsay MacMullen, "Some Pictures in Ammianus Marcellinus," *Art Bulletin* 46（1964）: 437, now in *Changes in the Roman Empire*（Princeton: Princeton University Press, 1990）, 81.

"空洞"。[8]大部分学者认为，在对公元 4 世纪和 5 世纪的"现实"政治的任何描绘中，可以毫无顾虑地忽略受过古典教育者的思想包袱。

晚期罗马的上层文化和政治现实之间似乎是失调的，在本书的开头几章中，我将试图找到另一种方法来绕开由此产生的困境。只要不在晚期帝国的决议制定中赋予古典修辞过多的权重，那么至少可以暗示，我们无须应对"语言"和"现实"的完全割裂。相反，通过教育，一再诉诸脱胎于古典往昔的行为理想，这是比我们最初的假设更加复杂的晚期罗马政治实践的众多方面之一。无论是晚期罗马政治想象的细微差别，还是晚期罗马政治基本规则的复杂性，这些都值得获得比它们在近来的许多描述中所得到的更多的关注。现在，我们必须转向这些内容。

在 1910 年关于晚期罗马帝国政治制度的讲稿中，伯里〔J. B. Bury〕指出，人们很少关注"通常被归为专制君主制的各种统治形式……理由很可能在于该制度表面上的简单性，最高权力完全被赋予一个人。当我们表示君主的意志至高无上时，我们似乎说了一切需要说的"。[9]事实上，还有许多东西需要说，甚至是帝国当局之理论基础的话题。近来的研究强调了晚期罗马帝国仍是个法治国家的事实。有充分的证据表明，当阿米安在公元 4 世纪末对他和同时代人所期待的帝国权力做了自己平实的定义时，他并未脱离晚期罗马的现实："那时有设置得当的法庭和正规的程序，

---

〔8〕 Ramsay MacMullen, *Corruption and the Decline of Rome* (New Haven: Yale University Press, 1988), 113.

〔9〕 J. B. Bury, *The Constitution of the Later Roman Empire*, Creighton Memorial Lecture, University College London (Cambridge: Cambridge University Press, 1910), 1-2.

9 对这些的遵从是阿米安……所谓的‘礼貌而正义的帝国’〔*civile iustumque imperium*〕的本质。"[10]

　　还有的学者强调，就连帝国专制的理论家们——正因为他们仍然坚持希腊化时代的著作中将统治者视作哲人王的悠久传统——也会继续向他们的赞美对象描绘某种持久的对立：一边是自行其是的暴君，一边是作为合法统治者标志的礼貌守法。[11]近年来，这一规范体系的密度和持久性得到了研究，它被视作对立各方的聚焦点，以及直到查士丁尼的统治乃至更晚时期的人们对个体皇帝进行批评的坐标。[12]

　　也许是时候为上述考虑加入新的维度了。对晚期罗马法律和政治理论的研究常常几乎完全集中于皇帝的角色。这样做导致此类研究存在着仅仅从表面上理解庞大的"制度化的自我主义"（institutionalized egotism）的危险——即认为一切权利和政治动议都应该集中在皇帝身上——这成了公元 4 世纪帝国当局的特点，非常类似路易十四宣称自己拥有绝对主权。但在上述两种情况中，统治者都不是真正孤立的。无论是在古代晚期还是 17 世纪末的法国，绝对君主制的有效性要归功于它的仆从们认识到了——在罗马帝国，该过程经历了多个世纪——"绝对主义的做法可能实现

―――――――

〔10〕 Matthews, *The Roman Empire of Ammianus*, 252.

〔11〕 J. Karayannopoulos, "Der frühbyzantinische Kaiser," *Byzantinische Zeitschrift* 49（1958）: 369-84, now in *Das byzantinische Herrscherbild*, ed. H.Hunger, *Wege der Forschung* 341（Darmstadt: Wissenschaftliche Buchgesellschaft, 1975）, 235-57.

〔12〕 I. Čičurov, "Gesetz und Gerechtigkeit in den byzantinischen Fürstenspiegeln des 6.-9. Jahrhunderts," in *Cupido Legum*, ed. L. Burgmann, M. T. Fögen, and A. Schminck（Frankfurt: Löwenklau, 1985）, 33-45; Christian Gizewski, *Zur Normativität und Struktur der Verfassungsverhältnisse in der späteren römischen Kaiserzeit*, Münchener Beiträge zur Papyrusforschung und Antiken Rechtsgeschichte 81（Munich: C. H. Beck, 1988）.

的边界"。〔13〕我们可以简单地描绘一下这些可能的边界。

皇帝巨大的名义权力必须通过他在行省的代表得以施行。我们必须始终记住，皇帝生活的地方对他的大部分臣民来说都遥不可及。比如，在特里尔［Trier］、希尔米翁［Sirmium］和巴尔干时，皇帝距离罗马有一个月的路程，距离北非的请命者有多达三个月的路程。如果在君士坦丁堡，他距离安条克有一个月的路程，而从安条克经陆路前往亚历山大里亚还要再花上六周，从安条克前往埃德萨［Edessa］要三周。即便得益于帝国官员和信使可用的快速交通系统"驿道"［cursus publicus］，皇帝的敕令抵达目的地的速度仍然因季节差异而有很大的波动。随着公元 4 世纪末蛮族入侵破坏了西欧和巴尔干的地上道路，在帝国历史上的任何时期都已经足够困难的通信变得更加缓慢。〔14〕

维持专制帝国体制需要不断与距离作战。当权者很容易被他们宣称掌控的世界隔绝。用琼斯的话来说，"鉴于通信的缓慢，帝国行政的集权化到了难以置信的程度"。〔15〕帝国政府的中央核心——皇帝、近卫军长官、军队统帅、官僚领导、宫廷官员和个人谋士——尽可能多地会亲自做出最后决定。在御前会议［consistorium］上，将军和政府部门的首脑被召集到场，站在身居宝座的皇帝面前，会议由此得名。随后可能会出现热烈的讨论，人们提高音量，挥舞手臂。但皇帝只要从宝座上站起就能随时终止辩论。他被期待听取大臣们的意见，还经常参与他们的讨论。

----

〔13〕 P. J. Coveney, *Introduction to France in Crisis, 1620-1675*, ed. P. J. Coveney（Totowa, N.J.: Rowman and Littlefield, 1977）, 43, 56.

〔14〕 A. H. M. Jones, *The Later Roman Empire*（Oxford: Blackwell. 1964）. 1: 402-3; R. Duncan-Jones, *Structure and Scale in the Roman Economy*（Cambridge: Cambridge University Press, 1990）, 7-29.

〔15〕 Jones, *Later Roman Empire*, 1: 403.

10

但一旦听过了他们的话，他将拍板定夺。[16]

这是"权力之巅"[celsae potestates]的世界，那里高处不胜寒，很少有出身行省者能够攀上，而且这样做只会给他们带来危险。外界对御前会议所知寥寥。即便像米兰主教安布罗斯这样重要的人物也被故意排除在促使狄奥多西一世决定对塞萨洛尼卡[Thessalonica]的居民展开惩罚性屠杀的辩论之外。[17]这一内部圈子"玩弄"着远方城市和地区的命运。[18]行省的代表可能被无视，或者受到野蛮的惩罚：萨迪斯[Sardis]城派出的一个代表团摸着脑袋从近卫军长官的眼前溜过，确认它们是否还长在脖子上。[19]

11　　当然，少数坚毅的幸运儿没有那么多抱怨的理由。他们径直找到"权力之巅"，获得了在如此集权化的体制下显得尤其珍贵的好处：他们带着直接授权离开，绕过了缓慢而不可靠的诉请和通信过程，那是行省与权力中枢之间通常的联系方式。公元245年，来自幼发拉底河的一群村民很乐意在安条克等上八个月，以便把行省长官亲自做出的判决带回家。[20]这份不寻常的文件——来自新近发现的罗马叙利亚行省的一批羊皮纸和纸草——表明帝国体系的集权化不仅是由皇帝和他的高级官员所创造的，也是被强加给他们的。诉请人希望直接进入唯一真正具有权威的宫廷，即与皇帝最为接近

---

[16] Jones, *Later Roman Empire*, 1: 331-41, 403-6; Matthews, *The Roman Empire of Ammianus*, 267-69 对此类会议做了出色的描绘。

[17] Ambrose, *Ep.* 51.2.

[18] Ammianus Marcellinus, *Res gestae* 28.6.9.

[19] Eunapius, *Fragment* 72.1, in *The Fragmentary Classicising Historians of the Later Roman Empire*, ed. and trans. R. C. Blockley, ARCA 10 (Liverpool: Francis Cairns, 1983), 119.

[20] D. Feissel and J. Gascou, "Documents d'archives romains inédits du Moyen-Euphrate (iii. siècle après J.C.)," *Comptes rendus de l'Académie des Inscriptions et Belles Lettres 1989* (July-Sept. 1989): 547-48.

的。在戴克里先统治时期，个体行省规模的减小让罗马政府在帝国各地的存在几乎翻番，使得人们更容易找到提交诉请的法庭。于是，都会［*métropolis*］的头衔也变得更为重要。在之前的世纪里，这一头衔曾是荣誉标志。它被授予希望在行省中获得显要地位的众多城市中的一座，在大致平等的中心之间接受竞争。从公元3世纪后期开始，都会的头衔由总督所在的行省城市所有。都会成了该地区毫无争议的法律和行政治所。与上述改变相伴的是，帝国在君士坦丁堡建立新都，皇帝也长期在东方的大城市安条克居住。这两个变化不仅体现了晚期罗马国家的集权化倾向，而且反映了希腊东方的士绅们坚持要求皇帝能身处便于他们前往的距离之内——至少也要有他的一位代表在那里。[21]

不过，大部分诉请人不希望在宫廷逗留。阿米安等人被卷入了围绕着皇帝、将军和高级官员的血腥政治，他们把自己的经历描绘成"狩猎"［*venatio*］，仿佛被迫在一块封闭的竞技场上竭尽所能地与饥肠辘辘的异国野兽周旋。[22] 对于现代人有关晚期罗马专制机理的观点的形成最有影响的那些暴力和残虐主题的故事讲述的通常是发生在皇帝身边的事件，或者是行省中少数人的行径，这些人当时觉得自己享有皇帝及其内部圈子的全力支持。[23]

12

帝国的统治体系在中枢部分活跃而强硬得可怕，但经过"马尾

―――――――

〔21〕Charlotte Roueché, *Floreat Perge*, in *Images of Authority: Papers Presented to Joyce Reynolds on the Occasion of Her 70th Birthday*, ed. M. M. Mackenzie and C. Roueché（Cambridge：Cambridge Philological Society，1989），218-21；Fergus Millar, *The Emperor in the Roman World*（London：Duckworth，1977），40-57.

〔22〕Ammianus Marcellinus, *Res gestae* 15.5.23，28.1.10；cf. 15.3.3，29.1.27.

〔23〕Ibid.，28.1.12ff.，关于370年马克西米努斯作为瓦伦提尼安在罗马的代理官［*vicarius*］；29.1.27关于371—377年瓦伦斯驻安条克时对行巫者的审判。Matthews, *The Roman Empire of Ammianus*，258-62.

藻海"来到行省后已经变得平静。[24]本书中讨论的绝大部分证据都来自那些与宫廷保持安全距离之人的作品。它描绘了地方士绅如何审视从皇帝及其侍从伸向行省社会的帝国体系的触手末端。这类证据不可避免地决定了当下研究的形式。我们经常会从一系列或多或少处于边缘的地区来观察晚期罗马国家的权力中枢。其中有利巴尼乌斯（公元 314—393 年）的安条克，这是一座晚期罗马标准下的巨城，拥有 20 万居民和 600 人的市议会。尽管公元 4 世纪时皇帝造访那里的频率要超过其他任何城市，但安条克在很大程度上仍然是自成一体的世界。这座城市坐落在奥龙特斯河 [Orontes] 富饶的河谷中，距离地中海海岸半天行程，是希腊城市文化在城市化水平不那么高的叙利亚边缘的展示。从陆路抵达该城需要经过蜿蜒的山隘，无论是南面的小亚细亚，还是北面的腓尼基，这更加突显了其醒目的隔离状态。[25]该撒利亚的巴兹尔 [Basil of Caesarea，330—377 或 379 年] 和纳齐安的格里高利 [Gregory Nazianzen，329—389 年] 的书信中所揭示的卡帕多奇亚 [Cappadocia] 是一个截然不同的地区，该地孤零零地处于安纳托利亚高原 [Anatolia] 之上，以一座人口密集而不那么险要的城市为中心。[26]遥远的昔兰尼加 [Cyrenaica，位于今天的利比亚] 又有所不同，昔兰尼的许内西乌斯 [Synesius of Cyrene] 的通信向我们展示了当地士绅的不满和激烈的内斗。[27]

---

〔24〕 Jones, *Later Roman Empire*, 1：407-9.

〔25〕 Paul Petit, *Libanius et la vie municipale à Antioche au ive. siècle après J.-C.*（Paris：P. Geuthner, 1955）; J. H. W. G. Liebeschuetz, *Antioch: City and Imperial Administration in the Later Roman Empire*（Oxford：Clarendon Press, 1972）.

〔26〕 Ramón Teja, *Organización económica y social de Capadocia en el siglo IV*, Acta Salmanticensia. Filosofia y Letras 78（Salamanca：Universidad de Salamanca, 1974）.

〔27〕 Denis Roques, *Études sur la correspondance de Synésios de Cyrène*（Paris：C. N. R. S., 1987）; J .H. W. G. Liebeschuetz, *Barbarians and Bishops: Army, Church and State in the Age of Arcadius and Chrysostom*（Oxford：Clarendon Press, 1990）, 228-35.

很难概括一个由如此之多的不同风貌组成的世界。那里的城市仍然以自己的文化多样性和自立为荣。现在，对于其中的许多城市，历史学家只能从最鲜活的当地资料来了解它们——带有古代晚期铭文的倒塌石块，或者对当地建筑的发掘。[28]即便对每个地区有更多的了解，我们看到的画面仍将有失偏颇。自诩有能力劝诚的人（即便他们的努力常常徒劳）在我们现存的证据中显得滔滔不绝。相反，那些行使权力的人则几乎默不作声。我们对帝国法律的了解，主要来自公元 438 年的《狄奥多西法典》，但对于负责执行法律的人所面对的日常问题则几乎一无所知。小普林尼担任比提尼亚［Bithynia］总督时给图拉真皇帝写过坦诚的书信，但晚期罗马没有类似的东西。只需读一下在向宫廷的主人们汇报时，路易十三和路易十四的皇室仆从们所写的大量书信中如何提到自己的困难和恐惧，以及他们如何出谋划策，我们就能明白自己的证据中有多么大的空白。[29]不过，一边是每个地区有学问的士绅们所分享的共同文化的适应力，一边是帝国政府相对统一的

13

---

〔28〕 因此，夏洛特·鲁谢堪称典范的碑铭研究至关重要：Charlotte Roueché, *Aphrodisias in Late Antiquity*, Journal of Roman Studies Monographs 5（London： Society for the Promotion of Roman Studies, 1989）。另见 Clive Foss, *Byzantine and Turkish Sardis*（Cambridge, Mass.：Harvard University Press, 1976）； idem, *Ephesus after Antiquity*（Cambridge：Cambridge University Press, 1979）；Alison Frantz, *The Athenian Agora xxiv: Late Antiquity*（Princeton： American School of Classical Studies at Athens, 1988）；Garth Fowden, "The Athenian Agora and the Progress of Christianity," *Journal of Roman Archaeology* 3（1990）：494-501；J. Ch. Balty, "Apamée au vie. siècle：Témoignages archéologiques de la richesse d'une ville," in *Hommes et richesses dans l'Empire byzantin: ive.-viie. siècles*（Paris：P. Lethielleux, 1989）, 79-89。

〔29〕 柳布林斯卡娅编集的文献让我受益良多，见 A. A. Lyublinskaya, *Vnutrennaya politiko Francuskogo absolyutizma*（Moscow：Izdatelstvo Nauk, 1961）；贝克巧妙地利用了这些文献，见 W. Beik, *Absolutism and Society in Seventeenth-Century France*（Cambridge：Cambridge University Press, 1985）。

方法和局限，两者的结合让我们有可能尝试重构很多场合下劝诫的进行方式的模型。因此，本章的剩余部分将简要地描述主导皇权代表和行省士绅群体关系的游戏规则，我们的证据中至少完整记录了后者的期待。

　　最好从入城［adventus］式说起，即皇帝或他的代表庄严入城的仪式。该事件是当时的政治想象的中心。一小群士绅将会在自己城市的大门外列队，穿着标志他们市议员身份的白色礼袍。在他们身后站着按照等级精心排列的其他职业群体的代表，包括行会、教士和竞技会阵营［circus factions］。[30] 平民聚集在他们背后的城市街道上，有的爬上屋顶，有的趴在垃圾堆上，以便更好地看清坐着高大马车的贵客沿着大道而来。[31] 士绅们会用欢呼和庄严的演说来欢迎行省总督。他们很少需要与更高级的官员打交道，更别提与皇帝本人了。即便重要的中心城市也很少有皇帝或近卫军长官驾临。除了君士坦丁堡，安条克是皇帝唯一长期居住的东方城市，从 337 年到 377 年，他们在此度过了十个年头。378 年后，他们离开此地前往君士坦丁堡，再也没有归来。[32] 奥龙特斯河的一个小岛上为皇帝及其宫廷建造的庞大行宫成了空壳，有个隐修士在台阶上支起了帐篷。[33]

　　不过，凭着大张旗鼓地抵达这一事实本身，总督的入城式不

14

---

〔30〕 Sabine G. MacCormack, *Art and Ceremony in Late Antiquity* (Berkcley: University of California Press, 1981). 17-89; MacMullen, *Corruption and the Decline of Rome*, 62.

〔31〕 E. A. Wallis Budge, *Miscellaneous Texts in the Dialect of Upper Egypt* (London: British Museum, 1915), 586.

〔32〕 Benjamin Isaac, *The Limits of Empire: The Roman Army in the East* (Oxford: Clarendon Press, 1990), 437-48.

〔33〕 John Rufus, *Plerophoriae* 88: *Patrologia Orientalis* 8: 142.

时介入每一城市和地区的生活，提醒人们遥远的权威暂时被带回触手可及的地方。[34]从一代代人的经验中，列队欢迎统治者代表的士绅们可以估算出，在将中央政府的权力带到当地的被严重过度拉伸的通信链条上，哪里可能找到弱点。就像从行省城市所看到的，我们对晚期帝国政治的很多了解都涉及帝国体系中有哪些地方可以被当地精英利用，究竟在哪里可以期待它的"给予"。

事实上，人们对体系的"给予"抱着各种期待。中央政府的动议总是会神秘地失去动力。原因包括对距离的惧怕，意识到与皇帝保持快速通信的困难，以及最重要的一点：皇帝宫廷里支持某一行动方针的力量集团的势力始终处于不确定中。甚至在前往目的地途中，上述这些考虑就已经开始对皇帝权威的传达者造成负担。就像我们将要看到的，尽管行省总督抵达时会隆重地举行堂皇的仪式，但他们是以谨小慎微著称的人，急于在当地精英中寻找盟友。即便更有权威的皇帝代表也被认为有动摇的可能。

我们从一则不寻常的资料中可以最清楚地看到这点，那是公元 5 世纪教会历史上一个鲜活的事例。由于我们本来不会知道此事——因为相关信息都是由主人公的对头"泄露"的——我们必须在这里多说几句，以便体会帝国体系运作中很少被记录但至关重要的方面。在一份秘密备忘录中，亚历山大里亚牧首西里尔〔Cyril〕记录了公元 431 年他在君士坦丁堡的代理人将要执行的任务。一位专员从君士坦丁堡被派往安条克，带着直接来自皇帝的授权，必须确保其在几周后抵达安条克时，他最初接受的执行西里尔所支持政策的授权仍能完全得到皇帝的首肯。这是个足够常

15

----

〔34〕 Raymond Van Dam, *Leadership and Community in Late Antique Gaul*（Berkeley：University of California Press，1985）.9-24.

见的问题。西里尔的通信（特别是他的备忘录）非常清楚地显示了问题如何产生，如何被面对，以及西里尔觉得可以如何解决。

文件显示，西里尔的行动发生在他生涯中的一个关键时刻。事实上，那是基督教教义历史上一个决定性阶段。在公元431年6月于以弗所举行的会议上，西里尔亲自提出并迅速推动了革除聂斯脱利［Nestorius］教职的决定，理由是这样的基督论信条：从在圣母马利亚的子宫中受孕的那刻起，基督的人性和神性就不可分割地立刻联系在一起。因此，马利亚必须从此被称作"生神者"［Theotokos］。西里尔以特别不容妥协的措辞表示，否认这一信条将遭到全体正统基督徒的诅咒。

在以弗所，距离对西里尔有利。他带着庞大的随行队伍从以弗所出发，径直驶过夏日平静的海面。相反，聂斯脱利的潜在盟友们（安条克的约翰和东方主教们）不得不缓慢地沿着土耳其南部的多山海岸从陆路而行，此时正值一年中最热的季节来临。经过三十天的旅行，被疾病延误了行程的东方主教们仍然没有抵达以弗所。西里尔抓住了延误带来的机会。6月26日，当约翰和东方主教们终于抵达时，他们发现西里尔已经采取了行动：聂斯脱利已经在纷乱的大会上被革除职务。

约翰和他的随行队伍痛苦而难以置信地返回安条克。现在，作为皇帝的狄奥多西二世有责任命令约翰接受对聂斯脱利的革职及神学后果，即西里尔向所有反对他观点的人发出的诅咒。于是，公元431年秋，保民官阿里斯托拉俄斯［Aristolaos］被派往安条克，受命强迫当地接受大会的决议。

不过现在，距离开始对西里尔不利。在阿里斯托拉俄斯抵达安条克所需的那一个月里，狄奥多西二世可能会改变主意。如果阿里斯托拉俄斯知道这点，甚至是猜到有可能如此，他为西里尔效劳的热情就会消失。想到这点足以让西里尔病倒。[35]他不得不采取行动，必须让阿里斯托拉俄斯觉得他仍然得到君士坦丁堡的支持。

　　为此，西里尔授权他在君士坦丁堡的代理人发动宫廷和城中的重要人物。皇帝一定不能动摇，甚至不能被认为可能动摇。皇后普尔刻里娅［Pulcheria］和侍女们将重新向狄奥多西施压。君士坦丁堡最重要的圣徒达尔马提乌斯［Dalmatius］将让皇帝发誓坚持不妥协的政策。而公众的官员们则将得到"他们的贪婪所要求的一切"。持反对意见的宦官克吕塞洛斯［Chryseros］将被钱收买，或者最好由内侍劳索斯［Lausus］取而代之。至于远在他乡的阿里斯托拉俄斯，他的妻子和他最尊崇的圣徒将写信给他，向他保证家里一切安好。[36]

　　除了上述指示，文件中还详细列出了作为西里尔的"祝福"而送出的金钱数额和豪华家具。1080 磅黄金（77760 枚金币，相当于 38 名主教的年俸，或者 1.9 万人一年的衣食费用）将易手，还有 24 条地毯、25 条羊毛壁毯、14 条挂毯、24 顶丝绸幔帐、18 副窗帘、28 只靠垫、60 只矮凳（8 只为象牙制造）、14 把象牙高背椅、36 副宝座套、12 副门帘和 22 块桌布。比如，禁卫军长官的妻子将得到 100 磅黄金（相当于 4 名主教或 1800 个穷人一年的花销），他的法律顾问则得到 50 磅。至于顽固不化的克吕塞洛斯，"为了让他不再反对我们，我们不得不送给他两倍的礼物：

---

〔35〕 *Collectio Casinensis* 293.3, ed. E. Schwartz, in *Acta Conciliorum Oecumenicorum* 1.4（Berlin：de Gruyter，1932-33），222；可参见 Lionel R. Wickham, ed. and trans., *Cyril of Alexandria：Select Letters*（Oxford：Clarendon Press，1983），xxii。

〔36〕 *Collectio Casinensis* 293.3-5, ed. Schwartz, pp. 222-23；尤可参见 Pierre Batiffol, "Les présents de Saint Cyrille à la cour de Constantinople," in *Études de liturgie et d'archéologie chrétienne*（Paris：Picard，1919），159-73。

6 条大的羊毛壁毯、4 条中等的和 4 条大的地毯、8 只靠垫、6 块桌布、6 副大的编织门帘、6 副小门帘、6 只矮凳、12 副宝座套、4 副大的窗帘、4 张象牙宝座、4 只象牙矮凳、6 条波斯帷帘、6 块大的象牙板、6 只鸵鸟蛋……如果帮助我们，他将从克劳狄阿努斯［Claudianus］爵士手上得到 200 磅黄金"。〔37〕

17

这是为教会的安宁付出的小小代价。西里尔热情地致力于用狄奥多西二世皇帝的至高权力来确保自己神学观点的胜利，但他对那种权力的局限并未抱有幻想。作为所有庞大帝国的"头号敌人，距离"不可避免地会造成中央的派系斗争，以及沿着帝国体系边缘的不断摇摆。〔38〕

不过，尽管有着各种永久的结构缺陷，我们永远都不应该低估公元 3 世纪的危机之后，帝国体系在戴克里先（284—305 年）和君士坦丁（306—337 年）统治时期表现出的十足活力和自信的介入性［intrusiveness］。现代研究表明，公元 4 世纪上半叶完全不是古典罗马帝国的悲伤后记，不是为了拯救在劫难逃的社会而采取的短暂而构想粗糙的尝试，而是见证了准备已久的罗马国家的高潮。〔39〕即便在西班牙和不列颠这样偏远的西部行省，近来的研究同样显示了当地社会变得在多大程度上依赖一个雄心勃勃的税收体系的持续运作，以及帝国改革后所建立的军事和官僚结

〔37〕 *Collectio Casinensis* 294, ed. Schwartz, p. 224, trans. John I. McEnerney, in *St. Cyril of Alexandria: Letters 15-110, Fathers of the Church* (Washington, D.C.: Catholic University of America Press, 1985). 151-52; 亦可参见 Wickham, *Cyril of Alexandria*, 66, n. 8.

〔38〕 Fernand Braudel, *The Mediterranean and the Mediterranean World in the Age of Philip II* (London: Collins, 1972). 1: 355.

〔39〕 C. Wickham, "The Other Transition: From the Ancient World to Feudalism," *Past and Present* 103 (1984): 8-14.

构。[40]帝国行政对于税收和物资运输的不断要求是决定高卢、西西里和北非经济生活的关键因素。[41]

希腊东方最全面地记录了恢复活力的帝国政府的影响。[42]让我们从公元 2 世纪的希腊世界说起，那里似乎有理由认为自己是由"城市的联合体"所组成的。每座城市享有一定程度的自治。通过地方领袖资助的一再上演的壮观仪式场合，它们都培养出了各自鲜活并高度地方化的宗教与文化生活。[43]公民士绅被认为应该对家乡表现出的发自肺腑的忠诚显得几近可笑：在 3 世纪的一本笑话书中，有个富家的小男孩问父亲，他的家乡城市上空的月亮是否真比其他任何城市的更亮。[44]在为帝国效劳的更广大世界中获得的地位只是补充了地方共同体所给予的地位，尚未令后者丧失意义；为帝国效劳带来的特权并不排斥城市对本地重要公民

18

---

[40] S. J. Keay, *Roman Spain* (London: British Museum Publications, 1988), 179-201; A. S. Esmonde-Cleary, *The Ending of Roman Britain* (London: Batsford, 1989), 41-161.

[41] Aline Rousselle, *Croire et guérir: La foi en Gaule dans l'Antiquité tardive*(Paris: Fayard, 1990), 60-63; D. Vera, "Aristocrazia romana ed economie provinciali nell'Italia tardoantica: il caso siciliano," *Quaderni Catanesi di Studi Classici e Medievali* 10 (1988): 16-70; C. Wickham, "Marx, Sherlock Holmes and Late Roman Commerce," *Journal of Roman Studies* 78 (1988): 191-93.

[42] A. H. M. Jones, *The Greek City from Alexander to Justinian* (Oxford: Clarendon Press, 1940), 192-210; idem, *Later Roman Empire* 2: 737-63; 另见最近 G. L. Kurbatov, "Gorod i gosudarstvo v Vizantii v epokhu perekhoda ot antichnosti k feodalizmu," in *Stanovlenie i razvitie ranneklassovikh obschestv*, ed. G. L. Kurbatov et al. (Leningrad: University of Leningrad, 1986), 100-37.

[43] R. Lane Fox, *Pagans and Christians* (New York: A. Knopf, 1987), 12-14, 53-61, 82; M. Wörrle, *Stadt und Fest im kaiserzeitlichen Kleinasien*, Vestigia 39 (Munich: C. H. Beck, 1988), 254-57; Stephen Mitchell, "Festivals, Games and Civic Life in Roman Asia Minor," *Journal of Roman Studies* 80 (1990): 183-93.

[44] *The Philogelôs; or, Laughter-Lover* 49, trans. B. Baldwin (Amsterdam: J. C. Gieben, 1983), 9.

的生命、热情和财富的主张。[45]

到了公元 4 世纪，这一切显然都变了。在 2 世纪和 3 世纪初，小亚细亚城市自主运营的铸币厂曾经深情地专注于发行以当地崇拜场所的特色以及皇帝向当地神明致敬为主题的钱币。[46]但随着萨珊帝国的崛起及其对整个东方行省的快速征服，上述讨人喜欢的旧式场景让位于单一的形象：现在只有降服波斯蛮族的皇帝出现在这些城市的钱币上。到了公元 275 年，希腊世界的城市铸币厂不再运营。[47]这些城市也无法再认为它们之间大致平等。只有那些在行省中赢得"都会"这一有利地位的城市——即在新的帝国行政地理中作为皇权的中心——才能确保享有持续的繁荣。其他城市的地位和自尊则明显下降。[48]

东方行省的所有城市开始退居君士坦丁的新城君士坦丁堡之后。尽管宫廷直到 395 年后才永久驻扎在那里，但该城在 330 年的落成以及后来君士坦提乌斯二世［Constantius II］统治时期东方元老队伍的迅速扩张（招募自希腊行省城市的士绅）使得在家乡市议会任职的人无法获得像在君士坦丁堡那样的地位与特权，即便是拥有像安条克那样盛名的"都会"也不例外。在整个希腊东方，在皇帝宫廷的成功意味着逃避家乡的召唤："终于，帝国和组成它的城

---

[45] Fergus Millar, "Empire and City, Augustus to Julian: Obligations, Excuses and Status," *Journal of Roman Studies* 73 (1983): 87-90; Wörrle, *Stadt und Fest*, 62-66.

[46] Kenneth Harl, *Civic Coins and Civic Politics in the Roman East, A.D. 185-275* (Berkeley: University of California Press, 1987), 52-70, plates 22-29; David S. Potter, *Prophecy and History in the Crisis of the Roman Empire* (Oxford: Clarendon Press, 1990), 195-96; Peter Hermann, *Hilferufe aus römischen Provinzen: Ein Aspekt der Krise des römischen Reiches im 3. Jhdt. n. Chr.*, Sitzungsberichte der Joachim-Jungius Gesellschaft der Wissenschaften, Hamburg, 8 (1990), no. 4 (Göttingen: Vandenhoeck and Ruprecht, 1990).

[47] Harl, *Civic Coins and Civic Politics*, 89-92, plate 16.

[48] Charlotte Roueché, *Floreat Perge*, 218-21.

市对同样的人力和财政资源展开了直接和持续的竞争。"[49]

君士坦丁对牲祭的谴责以及许多神庙的关闭和被劫进一步削弱了这些城市的文化自治。[50]当地士绅发现自己不再有权举行那些曾经让各个城市得以公开表达其身份感的宗教仪式。牲祭、造访神庙或颂扬自己的城市是特定神明的居所（通过特定的当地仪式与公民共同体联系在一起），被认为不再可取。相反，基督教宫廷提供了一种帝国范围内的新爱国主义。这种爱国主义以神授的、普世的统治者的人身与使命为中心，他对整个帝国巨大而深刻的抽象关怀使得对个体城市的旧有忠诚（在多神教的旧体系中得到了全心全意的表达）显得狭隘而微不足道。[51]

在地方层面上，这种权力的突然集中化最明显的结果是精英的分裂。因为只要帝国仍然是遥远的存在，就有可能把每座城市的统治事务委托给相对同质的城市士绅阶层：只有他们被认为控制着自己的小小天地。公元4世纪，当地精英成员之间的内斗愈演愈烈。不同群体从不同来源获得他们在当地的地位。我们从安条克的案例中可以最清楚地看到这点。城市地主不再是农民唯一的保护人，想要获得奥龙特斯河谷那些繁荣村子的臣服，他们必须与军人竞争。[52]在安条克本地，退役的帝国军官同通过与帝国

〔49〕 Millar, "Empire and City," 96.

〔50〕 T. D. Barnes, *Constantine and Eusebius* (Cambridge, Mass.: Harvard University Press, 1981), 211-12, 246-47; Kenneth Harl, "Sacrifice and Pagan Belief in Fifth-and Sixth-Century Byzantium,"*Past and Present* 128(1990): 7-26.

〔51〕 G. Dagron, "L'Empire romain d'Orient au ive. siècle et les traditions politiques de l'hellénisme: Le témoignage de Thémistios," *Travaux & Mémoires* 3 (1968): 35-82.

〔52〕 Peter Garnsey and Greg Wolf, "Patronage of the Rural Poor in the Roman World," *Patronage in Ancient Society*, ed. A. Wallace-Hadrill (New York: Routledge, 1990), 163-64; J. M. Carrié, "Patronage et propriété militaires au ive siècle," *Bulletin de correspondance hellénique* 100 (1976): 159-76.

20　政府合作获取地位的重要士绅结盟，以便打压市议会中不那么走运的同僚。[53]许多士绅轻视自己城市传统的希腊文化，他们离开安条克，前往贝鲁特的学校学习拉丁语和罗马法。[54]市议会原先的团结被破坏，受到新崛起的力量集团的挑战，该集团与基督教主教和叙利亚激进僧侣有关。[55]

上述变化迫使修辞学家利巴尼乌斯——他先人的画像仍然被挂在安条克的市政厅里——在老年时渐渐变得"疲惫"，这并不意外。[56]大部分学者认定，利巴尼乌斯对他心爱的安条克的不满的生动叙述，是整个东部帝国城市生活明显无可挽回的衰退的决定性证据，这是对他身为作家的才干的赞美。[57]几乎所有的学者都认定，以皇帝本人为中心，建立在君士坦丁堡对其他所有城市绝对的社会支配之上的"拜占庭"式统治的来临［L'avènement du byzantinisme］[58]是公元 4 世纪和 5 世纪的希腊东方记载中最清晰、最不可避免的变化。[59]从长期来看，我们所描绘的这些变化对城

---

［53］ Libanius, *Oratio* 48.41（III.448）, in *Libanius, Selected Works 2*, ed. and trans. A. F. Norman, Loeb Classical Library（Cambridge, Mass.: Harvard University Press, 1977）, 456; Petit, *Libanius*, 269-94; Liebeschuetz, *Antioch*, 174-92.

［54］ Libanius, *Oratio* 2.44, 49.29（I.253, III.466）, in Norman, *Libanius 2*, 34, 484; Petit, *Libanius*, 363-66; A. J. Festugière: *Antioche païenne et chrétienne*, Bibliothèque des Écoles Françaises d'Athènes et de Rome 194（Paris: E. de Boccard, 1959）, 410-12; Liebeschuetz, *Antioch*, 242-55.

［55］ Libanius, *Oratio* 2.32, 30.8-11（I.249, III.91-93）, in Norman, *Libanius 2*, 26, 106-10; Petit, *Libanius 2*, 26, 106-10; Liebeschuetz, *Antioch*, 224-42.

［56］ Libanius, *Oratio* 2.10（I.242）, in Norman, *Libanius 2*, 14.

［57］ Petit, *Libanius*, 291-93, 356. 对另一种解释的暗示, 见 M. Forlin Patrucco and D. Vera, in "Crisi di potere e autodifesa di classe: Aspetti del tradizionalismo delle aristocrazie," in *Società romana e impero tardoantiro 1: Istituzioni, ceti, economie*, ed. A. Giardina（Bari: Laterza, 1986）, 252-59。

［58］ Petit, *Libanius*, 293.

［59］ Peter Brown, *The Making of Late Antiquity*（Cambridge, Mass.: Harvard University Press, 1978）, 32-33.

市的巨大影响堪比曾经的意大利市镇［*commune*］被后文艺复兴意大利的绝对主义领土国家吸收时所发生的：这些城市留存的地方身份感被保留在截然不同的环境之中。

　　不过，如果想要研究经历过上述改变之人的期待，我们必须避免后见之明的诱惑。有必要稍稍重温公元 4 世纪帝国地方政治的即兴性质。最后，让我们概述一下地方精英被认为仍能享受的优势——即便是在公元 4 世纪的新环境下。

　　东方帝国仍然是城市文明。走进希腊东方的晚期罗马城市是令人印象深刻的体验。城市是"愉悦"之所，那里的古老标志性建筑继续让来访者惊讶和着迷。[60] 比如在以弗所，圣保罗曾经涉足的剧场仍然矗立在从港口开始得到精心维护的拱廊的尽头；它的"巨大圆周"焕发出公民对一位已故罗马总督的行动的"喜悦"，后者为其古老的结构修建了挡土墙。[61] 总督可以动用帝国资金和交通设施，能够强制要求农民服劳役，这意味着为了使"形形色色的闪亮石头"延续到 4 世纪的城市做出最大贡献的是他而不是当地士绅。[62] 帝国官员取代私人捐助者，满足了作为公共建筑"奠基者"以及自己城市的"捐助者"和"拯救者"的古老要求。[63] 但总督们的活动影响的仅仅是城市古老的标志性外观。在 4 世纪，此类活动比不上新的私人宅邸的蓬勃发展。正如我们从安条克的案例中可以看到的，这些宅邸的镶嵌画仍然诉说着主人作

21

---

［60］ *Expositio totius mundi et gentium* 26，32，38，ed. J. Rougé，Sources chrétiennes 124（Paris：Le Cerf，1966），160，164，174，评注见 pp. 245-46。

［61］ Foss，*Ephesus after Antiquity*，61；Louis Robert，*Hellenica* 4（1948）：87-88.

［62］ *Codex Theodosianus* 10.19.2；Libanius，*Oratio* 48.38，50.16-23（III.447，478-81），in Norman，*Libanius 2*，454，72-78.

［63］ Petit，*Libanius*，291-293；Liebeschuetz，*Antioch*，132-36；Foss，*Ephesus after Antiquity*，27-29；Roques，*Synésios de Cyrène*，134.

为公民的慷慨，它们的外观（特别是如果使用了适用于神庙等公共建筑的柱子作为装饰[64]）对城市之美的贡献可以与总督的工作相媲美。[65]

在正常时期，城市仍然是行省士绅偏爱的居住地。当利巴尼乌斯描绘自己作为城里人的生活时——他在市场中穿行时与店主们相互致意，尽管身患痛风还是去探望生病卧床的朋友们，并尽责地参加他们的葬礼[66]——他想当然地认为他和读者都过着城市风格的社交生活，即便在昔兰尼加这样城市化程度大大落后的地区，也尚无其他新颖的选择。[67]

22　　在自己的城市，行省社会的上层在新来的总督面前是平等的，而不是低人一等。正因为帝国的集权化，定期派往帝国 104 个行省的地方总督威望相对较小，也很少表现出主动性。他们的任期很短，往往不到一年，就像驻安条克的叙利亚总督。[68]他们只能行使很小的强制权力。军队驻扎在远离大部分非军事行省的边疆，听命于独立的军令体系。尽管帝国法律有相反的规定，总督的常设属员［officium］由当地人担任。[69]总督的影响力仅限于他的部属们允许的程度，而后者以腐败和懒惰著称。任何想要确保总督遵守皇帝所颁发法律的尝试都会包括对他们的部属纵容滥用职权

〔64〕 Libanius, *Ep.* 724.1（X. 650）.

〔65〕 Petit, *Libanius*, 381-82.

〔66〕 Libanius, *Oratio* 2.6, 22, 50（I.240, 246, 255）, in Norman, *Libanius 2*, 12, 22, 38.

〔67〕 Roques, *Synésios de Cyrène*, 135-38；尤其见 J. Ch. Balty, "Notes sur l'habitat romain, byzantin et arabe d'Apamée," in *Rapport de synthèse*, *Apamée de Syrie: Actes du Colloque Apamée de Syrie, 29-31 mai 1980*（Brussels: Centre belge de recherches archéologiques d' Apamée de Syrie, 1984）, 494.

〔68〕 Liebeschuetz, *Antioch*, 111；Roques, *Synésios de Cyrène*, 174.

〔69〕 Roueché, *Aphrodisias in Late Antiquity*, 74-75.

和无视皇帝敕令的惩罚。[70]总督部属成员享有的地位远不如普通
的市议员。士绅们可能会被总督唬住，但利巴尼乌斯认为读者们
也应觉得，如果士绅们向总督的区区部属让步，那将会是无法容
忍的自损尊严。[71]

此外，帝国政府改变地方精英的社会结构的过程本身也
削弱了皇帝代表的权力。即便在小城市中，直接来自宫廷的帝
国荣誉仍然会为其拥有者提供保护。驻巴勒斯坦斯基托波利斯
［Scythopolis］的约瑟军伯为人古怪，但在君士坦提乌斯二世时期，
他凭借君士坦丁大帝授予的荣誉军伯头衔抵挡住了一位强大的阿
里乌斯派主教的批评。[72]在像安条克这样的大城市，总督面对的
居民中有许多人拥有宫廷头衔，或者自己也担任过总督，或者曾
频频光顾皇帝宫廷。总督职位的快速更迭意味着东方行省各地的
大城市里有许多此类居民。他们作为当地社会的领袖地位稳固，
这些人以"缙绅"［honorati］的身份回到故乡，因其在帝国行政
中的短暂效力而获得豁免权和特权。对这个关键团体而言，"中
央"和"地方"政府的界限被抹去了。作为涵盖全帝国的体系的
成员，即便当他们住在自己的家乡时，这些人也会觉得有资格把
外来总督视作下级同僚。在他听取案件时，他们和他坐在同一把
长椅上。担任叙利亚总督时，路吉阿诺斯［Lucianus］在身下垫了
枕头，使得自己的头和肩比当地的"缙绅"更高。[73]这被证明是
个致命的错误。如果这些人反对他，总督很少能够幸免。

总督甚至可能遭到抵制。对皇帝及其政策的直接批评是不可

23

---

[70] *Codex Theodosianus* 16.10.10.

[71] Libanius, *Oratio* 35.8（III. 213），in Festugière, *Antioche*，486.

[72] Epiphanius, *Panarion* 1.2.30.5；*Patrologia Graeca* 41：413A.

[73] Libanius, *Oratio* 56.4（IV. 133）.

能的。至少在表面上，帝国精英似乎落入了"服从的感染"的彀中，程度堪比路易十四时期法国的外省贵族。[74]不过，地方精英谨慎而不屈不挠地拒绝合作总是可能的。许多现代殖民地统治下的情况也出现在晚期帝国。不受欢迎的政策会影响热情，导致政府行动的"怠工"。[75]皇帝没能把他们的宗教政策强加给帝国的大片地区，这是晚期罗马行省社会仍能行使沉默的抵抗力量的结果。就像霍诺里乌斯［Honorius］皇帝曾经抱怨的，他针对阿非利加的多纳图斯派和异教徒的法律一直没能发挥作用，原因是"总督们可恶的懒惰……部属的纵容和市议会的蔑视"。[76]

总督总是生活在被孤立的恐惧中。来到像卡帕多奇亚这样的行省意味着进入一个要从君士坦丁堡冒着暴雪至少跋涉两个月才能抵达的地区。[77]该撒利亚的市议员在安纳托利亚乡间拥有守备森严的庞大别墅。[78]如果感到不满，他们会撤离城市，让总督自生自灭。[79]不受欢迎的总督可能要面对一个没有了上层居民的城市，他们退归乡间，"［府邸］大门敞开"。在书信和警示故事中，同时代的人经常拿这种可能性开玩笑。[80]甚至主教也可能带着政

24

---

［74］ Beik, *Absolutism and Society*, 31.

［75］ Dale Eickelman, *Knowledge and Power in Morocco: The Education of a Twentieth-Century Notable* (Princeton: Princeton University Press, 1985), 153.

［76］ *Sirmondian Constitution* 12 (A. D. 407), trans. C. Pharr, in *The Theodosian Code* (Princeton: Princeton University Press, 1952), 483.

［77］ Basil, *Ep*. 48, in *Saint Basil: The Letters*, ed. and trans. R. Deferrari, Loeb Classical Library (Cambridge, Mass.: Harvard University Press, 1961), 1: 314.

［78］ John Chrysostom, *Ep*. 9.2f, in *Jean Chrysostome: Lettres à Olympias*, ed. A. M. Malingrey, Sources chrétiennes 13 (Paris: Le Cerf, 1947), 146.

［79］ Basil, *Ep*. 88, in Deferrari, *Saint Basil 2*: 116.

［80］ Libanius, *Ep*. 1351.3 (XI.400); cf. 1392 (XI.433). *Martyrdom of Conon* 1, in *The Acts of the Christian Martyrs*, ed. H. Musurillo (Oxford: Clarendon Press, 1972), 186.

治病痛上床。[81] 总而言之，就像路易十四的王室代理人在比法兰西王国小得多的疆域内那样，每位总督都要"面对遥远的疆土和艰难的统治前景"。[82]

尤其是，皇帝陛下的代表都无法保证自己的权威会得到派遣他们之人的支持。他和权力中枢之间的遥远距离成了伏击的场所。帝国政府通过招募城市士绅的上层在家乡之外服务而渗入其中，该过程保证了恩庇和友谊的网络将每个地区同宫廷本身的强大人物联系起来。代表委托人和其他行省居民的这些人进行的干预可能会推翻总督的决定，促使其被调离，而更严重和更可预见的是，总督在回归私人生活后将面对位高权重的敌人的报复。与任何庞大的行政机构一样（特别是那些职务没有任期保障的），生存比效率重要得多。不要因为过分的热情和严厉而在短暂的任期结束后带着永久的仇恨离开行省才是明智之举。对塞维里阿努斯［Severianus］这位 5 世纪的行省总督而言，任期内的几次鲁莽举动导致他余下的政治生涯都与不幸为伴。[83] 该撒利亚的巴兹尔与利巴尼乌斯为卷入报复性调查的退休总督所写的书信表明，官员们觉得有必要利用在职时的权力在他们统治的民众中创造有利自

---

〔81〕 Basil, *Ep.* 94, in Deferrari, *Saint Basil* 2：148. 巴兹尔在神学上的对手欧诺米俄斯就没有那么客气：他描绘了主教躲进"茅舍"，在关着的门背后瑟瑟发抖；Gregory of Nyssa, *Contra Eunomium I*：*Patrologia Graeca* 45：288B。当狄奥多西在塞萨洛尼卡屠杀后来到米兰时，安布罗斯以生病为借口退归乡下；Ambrose, *Ep.* 51.5。

〔82〕 Beik, *Absolutism and Society*, 99. Raymond Van Dam, "Emperors, Bishops and Friends in Late Antique Cappadocia," *Journal of Theological Studies*, n.s., 37（1986）：60, 贝克决定从"人手不足的遥远中央政府和当地有影响的精英之间的平衡"的结构性特征出发，对卡帕多奇亚一个政治事件的发生做了堪称典范的研究。

〔83〕 Damascius, *Vita Isidori*, fragment 280, ed. C. Zintzen（Hildesheim：G. Olms, 1967）, 221。

己的"选民",以确保未来无虞。[84]一点也不奇怪的是,对大多数

25　总督来说,在与当地头面人物日常打交道时,对行省贵族的庞大
人脉和离职后可能受到报复的恐惧让他们不得不严守礼节。

　　4世纪时,礼节仍是必需的。在最重要的征税事务中,罗马
帝国仍然是"城市的联合体"。帝国的东半部分星罗棋布着大约
900座城市。[85]皇帝正是通过这些城市掌握了乡间的应纳税财富。
每座城市负责征收自己区域内的税。[86]这些区域的规模和繁荣程
度相差很大。安条克控制着约35平方英里的富饶且井然有序的平
原。[87]相反,安条克东北约75英里的小城居洛斯[Cyrrhus]则
负责对一片崎岖的乡野征税,该区域面积40平方英里,位于叙利
亚北部富饶的阿夫林['Afrin]河谷的两侧。那里包括"许多高
山,有的完全荒芜,有的覆盖着产出微薄的植被,其间分布着难
以到达且经常刁蛮难治的村子"。[88]

　　正是在这些相对可以管理的传统单元中,罗马帝国的税收体
系得以成为现实。皇帝首先把自己亲手制订的年度税收预算交给近

[84] Basil, *Ep.* 96, in Deferrari, *Saint Basil* 2:158;为保护前总督埃里亚斯
[Elias],巴兹尔的信写给了卡帕多奇亚人索弗洛尼俄斯[Sophronius]。见
A. H. M. Jones, J. R. Martindale, and J. Morris, *The Prosopography of the Later Roman Empire* (Cambridge: Cambridge University Press, 1971), 1:
847-48, Sophronius 3; and Basil, *Epp.* 147-49, in Deferrari, *Saint Basil* 2:
352-60. 为马克西姆斯,见 *Prosopography* 1:585, Maximus 23; Libanius,
Ep. 1456 (X1.491);为赫利奥波利斯的亚历山大,见 *Prosopography* 1:41,
Alexander 5。

[85] Jones, *Later Roman Empire* 2:712-18.

[86] Ibid., 1:456-60.

[87] Liebeschuetz, *Antioch*, 40-41, 61-73.

[88] Theodoret of Cyrrhus, *Ep.* 42, in *Théodoret de Cyr: Correspondence 2*, ed.
Y. Azéma, Sources chrétiennes 98 (Paris: Le Cerf, 1964), 110; trans. B.
Jackson, in *Library of the Nicene and Post-Nicene Fathers* (Oxford: J. Parker,
1892), 3:264. Theodoret, *Historia Religiosa* 21.15: *Patrologia Graeca* 82:
1444BC; idem, *Ep.* 81, ed. Y. Azéma, pp. 192-94, trans. Jackson, p. 277.

卫军长官，后者再将其转交给各行省的总督。[89] 行省各个城市的市议会被召集到总督的府邸。在那里，总督的传令官将向他们宣读具体要求的复杂清单，征收以实物军需品为形式：粮食、衣服、马匹和草料，甚至包括新兵。[90] 谁是市议员 [curialis 或 bouleutés] 取决于法律上他们与市议会 [curia 或 boulé] 的关联，而非出身和文化这些更加讨人喜欢和无法估量的优势，就像许多士绅主张自己在当地的地位时所炫耀的那样。归根结底，政府需要的是拥有足够财富的人，用他们的财产作为税收不足的担保。女人、商人、城市平民的成员甚至文盲都可能成为市议员，只要他们有钱。[91]

不过，行政当局关心的不可能只是财政方面。在征税和维持法纪时，他们需要有地位的当地人来支持自己的权威。中央政府负责评估税收，但各地市议会选出的官员让税收登记变成现实，他们负责收税，并将征得的实物或金钱送到帝国财库。

皇帝代表与市议会见面是一个严肃的场合，在每年的征税行动展开前进行。它同时展现了皇帝征税的绝对权力，以及帝国政府在征税时要密切依赖与当地群体的合作。税额由皇帝确定，在这点上没有协商空间。公元 383 年，当罗马元老院听到特别征税1600 磅黄金的命令时，目瞪口呆的人们陷入了"一片沉寂"。[92] 但税收负担有很大的转圜空间。市议员通常可以设法让他人而非自己承担大部分税负。我们看到的情形其特点是，"精英们合谋低

[89] Jones, *Later Roman Empire* 1：448-56.

[90] 关于一本拉丁语—希腊语常用语手册上的生动描绘，见 A. C. Dionisotti, "From Ausonius' Schooldays? A Schoolbook and Its Relations," *Journal of Roman Studies* 72（1982）：104。

[91] Jones, *Later Roman Empire* 2：737-40；P. J. Sijpesteijn, "A Female *Bouleutés*," *Bulletin of the American Society of Papyrologists* 24（1987）：141-42.

[92] Symmachus, *Ep.* 2.57.

估自己的财产，先收别人的税，晚付富人的税"。[93] 就像在 17 世纪的朗格多克 [Languedoc]，晚期罗马行省社会领袖的地位因为税收"得到巩固，而非被拉平"。[94] 他们保有把征税变成好处来源和地方权力基础的能力。

在当地官僚的陪同下，收税人 [susceptores，负责收税的市议员] 驾临乡下。每年，城市士绅都会在本地展示自己的权威。像安条克这样的大城市的代表经常觉得他们来到了"自己的"村子，面对的是世世代代以来被成功驯服、会毫无异议地马上缴税和纳租的农民群体。他们来到这些村子时既作为帝国税收体系的代理人，也作为主宰那里的地主。用利巴尼乌斯的话来说，农民们"一看到收税人的制服就会不安"。[95] 与收租和讨债一样，征税意味着他们主人的又一次来访。只有在很少的几个场合，士绅们才会遇到劲敌，比如当村民们找到更强大的保护人——当地的军人。然后会发生震惊得令人难忘的事件。士绅对个人权威的展示最终成了活生生的个人失败：收税人"提出了自己的要求，最初态度和蔼，语气克制，但遭到鄙视和嘲笑后，他们怒气上升，提高了声调，就像人们没有得到应得的东西时那样……然后，他们威胁了村里的首领……动手想要将其逮捕，但村民们拿出了他们用做武器的石头。于是收税人……回到了城里，指着衣服上的血迹诉说了自己的遭遇"。[96]

---

[93] Keith Hopkins, "Taxes and Trade in the Roman Empire (200 B.C.-400 A.D.)," *Journal of Roman Studies* 70 (1980): 121, n. 60.

[94] Beik, *Absolutism and Society*, 334.

[95] Libanius, *Oratio* 30.15 (III.95), in Norman, *Libanius 2*, 114; Liebeschuetz, *Antioch*, 63-69; A. H. M. Jones, "The Roman Colonate," *Past and Present* 13 (1958): 1-13.

[96] Libanius, *Oratio* 47.7 (III.407-8), in Norman, *Libanius 2*, 507.

被冒犯的士绅的代言人激动地描绘了这些失败。[97]但我们不该忘记，这些只是例外。更通常的情况下，收税人实在太成功了。某个农村圣徒的传记描绘了一位这样的士绅：勒托伊俄斯[Letoius]（来自安条克的一个望族）来到"他的"村子收粮，表现出"不必要的严厉"。人们乞求怜悯，但无济于事。只有奇迹才能阻止勒托伊俄斯带着成功收来的粮食驾驶马车返回城里（就像许多人所做的），这将导致农民无法早早获得收成。[98]在5世纪的高卢，马赛的萨尔维安[Salvian]将市议员们形容为他们地区的"暴君"："有什么地方的寡妇和孤儿的财产不被城里的老爷们榨干？"[99]查士丁尼皇帝甚至宣布市议员不能当教士：他在531年写道，这些人"深受苛捐杂税熏染……干着最残酷的行径"。[100]事实上，他们的无情本性对于帝国税收体系实在太重要，不能被浪费在教士这样更温和的职务上。在晚期帝国，考虑到帝国行政的虚弱，税收的效率仍然令人吃惊。[101]这在很大程度上要得益于市议会成员向那些保护自己的能力不如他们的人征税时的残忍。

　　作为粗暴对待绝大多数纳税人（农民）的回报，富人可以方便地让他们拖欠的税款越积越多。处理这些欠税是当地政治的事。一边是少数人的特权，一边是许多人遭受的官方暴力，征收欠税标志着两者间令人不安的界线。值得一提的是，追税人[exactor，即负责征收欠税的人]一职通常由市议会的高级成员担任。这是

---

〔97〕 Carrié, "Patronage et propriété militaires," 169-172.
〔98〕 Theodoret, *Historia Religiosa* 14：*Patrologia Graeca* 82：1413B.
〔99〕 Salvian, *De gubernatione Dei* 5.18.
〔100〕 *Codex Justinianus* 1.3.52.1.
〔101〕 Jones, *Later Roman Empire* 1：406.

一个值得花些力气获取的职位。[102] 追税人知道如何最大限度地利用这个职位带来的影响力。一小群范围明确的市议员可以操纵税收体系为己所用。他们可以让自己的财政债务蒙混过关，而其他没有如此有利位置的士绅则因为欠税而堕入普通民众的行列。如果没能按照要求缴纳欠税，甚至市议员也要受到鞭笞这种针对下层的羞辱刑罚。[103] 因此，追讨财政债务时相对宽松还是严厉在士绅阶层内部的分裂中扮演了决定性角色：一边是享有特权的少数头面公民[prôtenuontes 或 principales]，一边是普通的市议会成员[decuriones]，这成了晚期罗马帝国城市生活中最显眼的特征。[104]

出于同样的理由，拖欠的税款为皇帝提供了亟须的政治资本储备。取消财政债务让他可以向上层阶级做出清晰的示好姿态。因为就像萨尔维安[Salvian]指出的，皇帝的赦免令中取消了富人拖欠的税款。不那么走运的人根本没有机会拖延欠税："富人瓜分了给所有人的减免"。[105]

我们越是研究皇帝的举动——以叛教者尤里安为例——就越是清楚没有皇帝希望采用革命性的财政政策。[106] 帝国的税收体系如此根深蒂固，只允许对其结构进行最浅表的调整。尤里安和他

29

---

[102] H. I. Bell et al., eds., *The Abinnaeus Archive* (Oxford: Clarendon Press, 1962), no. 58, pp. 118-20, Arsinoe, A.D.348; A. Chastagnol, *L'album municipal de Timgad*, Antiquitas 3.22 (Bonn: R. Habelt, 1978), 28.

[103] *Codex Theodosianus* 12.1.126.

[104] G. E. M. de Sainte Croix, *The Class Struggle in the Ancient Greek World* (London: Duckworth, 1981), 465-76; Claude Lepelley, "*Quot curiales, tot tyranni*: L'image de décurion oppresseur au Bas-Empire," in *Crise et redressment dans les provinces europeénnes de l'Empire*, ed. E. Frézouls (Strasbourg: A.E.C.R., 1983), 144-56.

[105] Salvian, *De gubernatione Dei* 5.35.

[106] Edgar Pack, *Städte und Steuern in der Politik Julians: Untersuchungen zu den Quellen eines Kaiserbildes*, Collection Latomus 194 (Brussels: Latomus, 1986).

的谋士们面前是一张各城市财政债务的清单。通过一系列广为宣传的恩典［*beneficia*］，尤里安在其统治的第一年"熟练而巧妙地"减免了其中的一些，[107]此举针对的并非帝国税收的一般性结构，而是巴尔干和东方城市、地区的富人的利益，那些地方最近意外地臣服于他的权威。[108]大约一个世纪后，狄奥多西二世皇帝如出一辙地将君士坦丁堡的上层居民和教士揽入自己麾下，方法是提醒他们，如果有人反对他宠爱的僧侣欧图刻斯［*Eutyches*］的神学观点，他就可能调查他们的欠税。[109]

　　每年，征税过程突显了帝国体制——其运作看上去如此不可捉摸——被认为在何种主要情形下可能会"给予"。它强调了某一群体永恒的重要性，帝国政府想要成功实现征税这一主要目标就不得不同其合作。教训一目了然。为了让自己的工作有效果，行省总督必须知道应该与哪些士绅合作。

　　出于这个原因，把利巴尼乌斯的演说和昔兰尼的许内西乌斯的书信解读为总督和行省居民相互间仿佛总是"不断冲突，行省居民永远是输家"，这往往是误导。[110]现实更加复杂，如果我们能够重温的话。在正常情况下，中央政府的代表是变化不定的当地局势的众多参与者之一。无论是他还是任何团体都无法确保取得完全的胜利。与当地派系结盟是总督最有效的工作方式。公元

〔107〕G. W. Bowersock, *Julian the Apostate* (Cambridge, Mass.: Harvard University Press, 1977), 76.

〔108〕Pack, *Städte und Steuer*, 113; 也见 Stephen Mitchell, "Maximinus and the Christians: A New Latin Inscription," *Journal of Roman Studies* 78 (1988): 122。

〔109〕Nestorius, *Bazaar of Heraclides* 2.2 [467] in *Le Livre d'Héraclide de Damas*, trans. F. Nau (Paris: Letouzey and Ane, 1910), 299.

〔110〕Roger A. Pack, "Studies in Libanius and Antiochene Society under Theodosius" (Ph. D. diss., University of Michigan, 1935), 30.

411 年，当安德洛尼科斯［Andronicus］回到家乡昔兰尼加担任总督时，他马上与反对许内西乌斯的派系的首领尤里乌斯［Julius］结盟。尤里乌斯在十年前曾第一次挫败许内西乌斯。尽管尤里乌斯因为叛国指控而被迫向许内西乌斯寻求庇护，但 407 年，他在全体行省士绅聚集的完全公开的论坛上再次与其发生冲突。现在，当许内西乌斯成为托勒麦斯［Ptolemais］主教时，得到安德洛尼科斯支持的尤里乌斯发现自己变得强大。这种现象让许内西乌斯不安。他唯一的慰藉是：作为尤里乌斯新盟友的总督已经觉得此人飞扬跋扈，就像此人曾经留给其他人的印象一样。也许两人的联盟不会长久。[111]

因为没有总督能够确信什么联盟会持久存在。他可能触怒的群体有很多。叙利亚总督路吉阿诺斯落了个悲哀的下场，因为试图在法官的长椅上坐得比居住在安条克的前官员们更高，就像前文描绘的那样，他疏离了这些有影响的人物。另一位总督尽管是有权势的罗马贵族之子，却不得不仓皇地离职，因为他鞭笞了以弗所市议会的某个成员。[112]对于被孤立和随之而来的复仇的恐惧是晚期罗马总督生活中的现实因素。

我们描绘的这种不稳定局面使得劝诫语言的使用扮演了虽被严格划定但持续不断的角色。修辞学不仅没有因为晚期罗马政府的专制结构而变得不必要，反而在其中的许多缝隙间欣欣向荣。因为修辞学把笨重的政治有机体的嘎吱作响变成了发人深思的古

------

［111］Synesius, *Epp.* 95, 79, in *Synesii Cyrenensis Epistulae*, ed. A. Garzya（Rome：Istituto Poligrafico, 1979）, 157-63, 140; A. Fitzgerald, trans., *The Letters of Synesius*（Oxford: Oxford University Press, 1927）, 180-84, 170. 见 Roques, *Synésios de Cyrène*, 178-79。

［112］Libanius, *Oratio* 28.5, 42.15-16（III.49, 314-15）.

典音乐。它向当时有学问的人们呈现了一个政治世界的强有力形象，维系这个世界的并非暴力、同谋和徇私，而是逻各斯，是希腊语言灵验而古老的魔力。国王和总督做了让步，并非因为他们经常对自己缺乏信心，消息不灵通，或者很容易被腐化；相反，打动他们的是精心构思的演说的纯粹优美和智慧。总督们寻找盟友或尊重既得利益并非出于对被孤立的恐惧，或者出于本能的感觉，认为晚期罗马的税收体系通过与富人的合作最为有效。他们这样做是因为，他们本人的高级文化让他们在当地士绅（"教化"之人）身上看到了自己"天然"的朋友和灵魂伙伴。

首先，修辞学让成功的派系得以庆祝自己的胜利。安条克的利巴尼乌斯和昔兰尼的许内西乌斯针砭了当时形形色色的弊端（他们的谴责有理由闻名于世）。这些精彩的表演不太可能对实现作者所倡导的变革有多大帮助。那对晚期罗马的政治舞台要求太高了。这并非因为晚期罗马的演说家比他们在之前世纪中的前辈更加恭顺，而是因为他们的演说现在服务于这样一个政治体系，*31*那里的变革（如果有的话）并不通过劝诫演说的影响，而是通过操控各个派系和创造恩庇网络来实现。成功的演说家可以通过自己的炫目话语推动这些因素的缓慢运作。他们最好是做到事后聪明。举一个小小的例子：在了解君士坦丁堡宫廷派系状况的朋友的建议下，安条克的利巴尼乌斯没有发表他为反对某项法律而创作的演说。直到"命运本身……代表我"做了决定，该法律被废除后，这位老演说家才当众宣读了自己的猛烈抨击。[113] 利巴尼乌斯不是懦夫。当时他已年过六旬，知道在晚期罗马的状况下，想要达到政治目标，最好是通过密切关注宫廷中各派的形势，以及

---

[113] Libanius, *Ep.* 916.2-3（XI. 63）.

通过在受教育者的圈子里对于那些已经确保的胜利进行令人难忘的赞美。因为不合时宜地发表自由演说而疏远强有力的人物是不明智的。

当然，反对政治滥权和不受欢迎的总督的重要演说是罕见的。相反，行省的日常生活笼罩在一层古老辞藻的细微尘埃之下，这些辞藻会以颂词、请愿和建议的形式重重地落在主角们，即总督身上。面对着经常动荡的形势——与有影响的当地士绅群体保持交好是晚期罗马总督生存的关键——他们有充分的理由希望自己的行动被视作掩映在旧世界价值的金色薄雾中。诉诸和谐（因为是劝诫式的）的统治风格是常见的做法。事实上，劝诫仍然是晚期罗马政治的活的语言的一部分。因为，富人的"忠诚"要靠表示尊敬的举动来争取，尽管对于其他人（或者权贵阶层中不那么幸运的成员）会采用强迫手段，有必要时还会使用暴力。

出于这个原因，好总督谨慎地对当地精英表现出尊重。安条克的利巴尼乌斯描绘了叙利亚总督如何强调在来到安条克市政厅前时要走下马车，以便步行向台阶上列队欢迎他的市议会致意：即便患有痛风的人也这样做了。[114] 利巴尼乌斯本人也自认为应该受到个人礼遇：总督会派特使请他去自己府上，当这位老智术师生病时，总督被认为应该会急着来到他病床边探视。拒绝接受这种探视表明利巴尼乌斯对总督不满。[115] 类似地，总督在元旦接待会上只亲吻某一位市议员将令人吃惊。[116]

事实上，礼貌之举是一种统治方式。当忒姆伊斯〔Thmuis〕

---

〔114〕Libanius, *Oratio* 46.40（III.398）.

〔115〕Libanius, *Oratio* 54, 30-36（IV. 84-86）。利巴尼乌斯拒绝这种探视，见 Libanius, *Oratio* 2.9（I.241-42）, in Norman, *Libanius 2*, 114。

〔116〕Libanius, *Oratio* 21.12（III.28-29）.

主教菲利亚斯［Phileas］——来自亚历山大里亚的一位城市士绅——在戴克里先统治时期拒绝牲祭时，总督承认自己感到困惑。他曾经特地尊重菲利亚斯的"名誉"："记住我曾经尊重你的名誉。我本可以在你自己的城市里让你蒙羞……我曾经给你弟弟帮忙［beneficium］；帮我这个忙……现在，如果你是个农民……"〔117〕

这是任何总督都必须上的一课。戴克里先大迫害发生在大约六十年后，利巴尼乌斯致信叙利亚总督——赫里奥波利斯的亚历山大［Alexander of Heliopolis］，谈到如何应对优西比乌［Eusebius］，后者是阿帕米亚［Apamea］一位顽固的基督徒市议员。亚历山大由叛教者尤里安任命，是个坚定的多神教徒，以坏脾气和蛮横著称。〔118〕他必须学会如何控制自己："要考虑哪个更好——表现得温和，完成你的工作，还是表现出你是个强硬的人，给你自己造成难题。"〔119〕

长久以来，利巴尼乌斯给亚历山大的建议以及他在叛教者尤里安在位期间经常为富有的基督徒调停——尽管他本人信仰多神教——让他被现代学者所喜爱："这些书信是人性宽容的绿洲。"〔120〕但我们不应忘记，它们源于政治智慧的坚实岩床。一边是有选择地拉拢有影响的士绅，一边是偶尔对其他人采用暴力，对总督来说，在两者之间达成平衡已经足够不易，更别说这种微妙的平衡被真正

---

〔117〕*Acts of Phileas*, Latin 5, Greek 11, in Musurillo, *Acts of the Christian Martyrs*, 348, 340, 342. 在想象的生动的殉道场景中，皇帝提出向这位英雄的家乡进行捐赠［*legata*］，并许诺让他继任总督；H. Halkin, "Deux Passions inédites des saints Eutrope, Climaque et Basilisque," *Analecta Bollandiana* 104 (1986): 20。

〔118〕Ammianus Marcellinus, *Res gestae* 23.2.3.

〔119〕Libanius, *Ep.* 1351.3 (IX. 400).

〔120〕A. F. Norman, "Libanius: The Teachers in an Age of Violence," in *Libanios*, ed. G. Fatouros and T. Krischer, Wege der Forschung 621 (Darmstadt: Wissenschaftliche Buchgesellschaft, 1983), 362.

信仰者的正义怒火所打破了。在这点上，利巴尼乌斯是现实主义者，而非自由主义者。他清楚地估计到了让有地位的当地人保持忠诚的许多诱因。亚历山大不应为优西比乌宣称信仰基督教而过分紧张。他不必恐吓优西比乌这个人："他不是那种对当局的流行气候一无所知的人，他根据算计行事，而不是逞勇之夫。"[121]

因此，高效的总督会保有愿意接受劝诫的名声，因为他们能够劝诫他人。对总督的礼貌和他操纵当地盟友的能力的终极测试是他管理的税收体系能否运行顺畅。在每个地方，各个群体都会珍视对"好"总督的记忆。昔兰尼的许内西乌斯如此描绘叙利亚人格纳迪乌斯［Gennadius the Syrian］："他用克制和说服力管理自己的职属，在没有任何人意识到的情况下，他为公共财库带来的收入超过他那些非常残忍和以严厉闻名的前任……人们可以有理由地称之为虔诚的贡献，因为没有使用暴力和鞭子。"[122]至少在他的支持者看来，格纳迪乌斯懂得如何从遥远的行省中炼制出"忠诚"这种珍贵的万灵药。

正是在这些大体上没有英雄色彩的具体情况下，晚期帝国当地精英中那些善于表达的成员（他们有充足的作品传世）认识到在与皇帝权力代表打交道时，劝诫的范围和局限究竟是什么。劝诫带来了"忠诚"，然后又让特权士绅群体继续期待他们能够说服掌权者。用刻在一座南意大利城市的石头上的瓦伦提尼安二世敕令中的话来说，总督与各地头面人物之间的关系应该由"和谐"与"恩典"主导。[123]这种期待本身并非不寻常。它代表的也不是

---

〔121〕Libanius, *Ep.* 1411.2（XI. 452）.

〔122〕Synesius, *Ep.* 73, ed. Garzya, pp. 132-33, trans. Fitzgerald, p. 165.

〔123〕A. Giardina and F. Grelle, "La Tavola di Trinitapoli: Una nuova costituzione di Valentiniano I," *Mélanges de l'école française de Rome: Antiquité* 95（1983）: 260.

与现实格格不入的旧世界田园诗。尽管公元4世纪以国家权力的急剧扩张为特点，但基于同上层阶级合作的统治体系在几个世纪以来的惯性下得到延续。这种"和谐"也不总是造作的。用爱德华·汤普森［Edward Thompson］的话来说："一旦某种社会体系被'设定'，那就无需每天展示权力来表示认可……更重要的是持续的戏剧化风格。"[124]

　　为了理解与4世纪精英所喜爱的"戏剧化风格"仍然联系在一起的谨慎的劝诫性力量，我们在下一章将转向培养的体系，即"教化"，它一直是希腊语和拉丁语世界的醒目特征。我们必须考虑公共行为中的何种选择，以及何种统治风格的理想和何种劝诫策略先是被那些可以自诩受益于传统教育的体面家庭的子弟内在化，在他们日后的生活中又被形容为"仿佛是上天赐予少数幸运儿的礼物"。[125]因为一边是被广泛接受的、与城市士绅的"教化"联系在一起的政治行为准则，一边是主教和僧侣的新兴基督教文化，只有通过比较两者，我们才能衡量4世纪最后几十年间"戏剧化风格"改变的程度和意义。在那个关键时代中，代表城市基督教会众的基督徒代言人开始介入帝国政治。不过，就像我们将要看到的，面对当权者，他们在这样做时经常以当初由"教化"之人精心构建的角色出现。

34

---

［124］E. P. Thompson, "Patrician Society, Plebeian Culture," *Journal of Social History* 7（1974）: 389.

［125］Ammianus Marcellinus, *Res gestae* 29.2.18.

第2章 教化与权力

教化

公元 258—259 年的某个时候，埃及奥克西林科斯的语法学家洛里阿诺斯 [Lollianus] 向皇帝加里恩努斯 [Gallienus] 和瓦勒良 [Valerian] 请命，希望返还自己的薪水："您天神般的宽宏和您与缪斯的友谊（因为教化和您分享着宝座）让我有自信提出正当和合法的请愿。"[1] 洛里阿诺斯是一介小民，希望通过共同的文化之微妙的潜移默化来依附权贵：他已经两次给在宫廷的朋友写信，但都徒劳无功。[2] 不过，请愿的措辞传递了未来的信号。从君士坦丁的统治开始，帝国政府在东方行省的权力越大，为帝国总督所刻的碑铭就越发强调他们将正义与向缪斯奉献结合起来的能力。这些碑铭采用诗歌形式，被优雅地刻在石头上。[3] 它们并不面向广大公众。碑铭采用特殊的字母，

---

[1] Peter J. Parsons, "The Grammarian's Complaint," in *Collectanea Papyrologica: Texts Published in Honor of H. C. Youttie*, ed. A. E. Hanson（Bonn: R. Habelt, 1976）, 2: 420.

[2] R. A. Kaster, *Guardians of Language: The Grammarian and Society in Late Antiquity*（Berkeley: University of California Press, 1988）, 304-5.

[3] L. Robert, "Epigrammes du Bas-Empire," *Hellenica* 4（1948）: 35-114.

行文所用的晦涩的希腊语要求掌握这种语言的古老形式，[4]向一
小群"内行"［cognoscenti］展示了总督和当地精英间的和谐。
它们是受过良好教育的士绅群体对晚期罗马行政官员令人生畏
的形象的评论，后者的真人大小的雕像可能矗立在这些优雅文
字的上方。[5]公元4世纪后期，卡利亚［Caria］总督奥伊库墨
涅俄斯［Oikoumenios］就得到了这样一尊雕像。作为改革后帝
国的职业公职人员，奥伊库墨涅俄斯学过拉丁语，无疑也学过
罗马法；但在"友好的市议会"（他们在雕像基座上刻下了对他
的赞美）看来，此人"融合了意大利的缪斯和音调甜美的阿提
卡希腊语"。在阿芙洛狄西亚斯，奥伊库墨涅俄斯将作为"心性
纯洁"地行使权力的总督被人铭记。[6]而在拉丁西方，某位总
督也可能被称赞是"法学和法律的卫士，一切人文研究的养育
之父，文学和正义的朋友"。[7]

　　上述铭文仅仅是冰山一角。它们宣示了存在一种共同的文化，
被认为是分散各地的帝国统治阶层的鲜明标志，为各地区的士绅
和帝国政府的职员所共有。

　　在这种共同文化中，我们不可避免地最为了解那些将追随

36

---

[4]　Charlotte Roueché, *Aphrodisias in Late Antiquity*, Journal of Roman Studies
Monographs 5（London：Society for the Promotion of Roman Studies, 1989），
xxii-xxiii, 68-70.

[5]　J. Inan and E. Rosenbaum, *Roman and Early Byzantine Sculpture in Asia Minor*
（London：British Academy, 1966）, 181, Plate clxxviii, 3; Roueché,
Aphrodisias in Late Antiquity, 102-4.

[6]　I. Ševčenko, "A Late Antique Epigram", in *Synthronon：Recueil d'études par
André Grabar et un groupe de ses élèves*（Paris：Klincksieck, 1968）, 30;
Roueché, *Aphrodisias in Late Antiquity*, 54-55.

[7]　*Corpus Inscriptionum Latinarum* 6.1722；见 Kaster, *Guardians of Language*,
18, n. 19; V. Neri, "L'elogio della cultura e l'elogio delle virtù politiche
nell'epigrafia latina del iv secolo d.C.," *Epigraphica* 43（1981）：175-201.

缪斯当作使命的人：职业诗人，他们是东部帝国的"游方学者"
[Wandering Scholars]；[8]雅典和亚细亚行省的"智术师"，就像萨
迪斯的欧那庇俄斯[Eunapius of Sardis，345/6—414年]所生动描
绘的；[9]特别是修辞学家安条克的利巴尼乌斯，他存世的64篇演
说，无数古典主题的雄辩典范，以及1544封书信不可避免地主导
了我们心目中公元4世纪希腊文化的画面。[10]但毫无疑问，在整
个希腊东方，社会领袖总体上作为高水平的文学文化的所有者而
引人注目。他们维持了职业教师——首先是文法学家，然后是为
年长些的孩子准备的修辞学家——的服务，好让他们的子弟在整
体识字率（从未很高）很可能已经开始衰退之时可以拥有高水平
地掌握古典希腊语[11]的能力。[12]

　　不消说，这种文化的分布并不广泛。在各个地方，它往往掌
握在少数几个重要家族手中。大城市的市议员[curialis]亦有可
能是文盲。[13]它在帝国各地的分布也不平均。古代晚期的文化
建立在"城市的群岛"之上。[14]在这种群岛中，岛屿仍然显著

----

［8］　Alan Cameron，"Wandering Poets：A Literary Movement in Byzantine
　　　Egypt，" *Historia* 14（1965）：470-509；idem，"The Empress and the
　　　Poet，" *Yale Classical Studies* 27（1982）：217-89.

［9］　Robert J. Penella，*Greek Philosophers and Sophists in the Fourth Century A.D.：
　　　Studies in Eunapius of Sardis*，ARCA 28（Leeds：Francis Cairns，1990）.

［10］　A. J. Festugière，*Antioche paienne et chrétienne*，Bibliothèque des écoles
　　　françaises d'Athènes et de Rome 194（Paris：E. de Boccard，1959）；Bernard
　　　Schouler，*La tradition hellénique chez Libanius*（Paris：Belles Lettres，1984）.

［11］　Kaster，*Guardians of Language*，3-6，20-51.

［12］　William V. Harris，*Ancient Literacy*（Cambridge，Mass.：Harvard University
　　　Press，1990），285-322. 也见 K. Hopkins，*Conquest by Book，Literacy in the
　　　Roman World*，ed. J. H. Humphrey，Journal of Roman Archaeology，Supplementary
　　　Series 3（Ann Arbor：University of Michigan Press，1991），133-58.

［13］　Kaster，*Guardians of Language*，39.

［14］　Ibid.，21.

集中在城市生活最密集和受希腊文明影响时间最长的地区——即爱琴海周围和沿地中海东岸。因此，没有这种优势的行省（如亚美尼亚、阿拉伯和卡帕多奇亚）的贵绅子弟会积极"跳岛"，前往重要的中心城市——雅典、安条克、加沙和亚历山大里亚——完成学业。

　　但毫无疑问，在帝国当局必须与之打交道的各个重要行省，当局代表都会遇到这样一群人，他们凭着自己的高等文化自诩为社会的天然领袖。如果可以将贵族定义为"行使特别权力的特别的人"，[15]那么这些当地士绅——他们的教化被认为是其与生俱来的良好出身和幸运境况在文化上的伴随品——可以令人信服地自诩为东部帝国的贵族。他们认为自己是受过教化"启示"的人，暗含了这个词对古人来说仍然意味着的一切，即与精英同伴共享某种来之不易的特权经验的无法磨灭的印记。[16]甚至大部分非希腊人的行省也保留了这些精英。在研究埃及和叙利亚等罗马帝国的地区时（在古代晚期，那里出现了非希腊语文学），给我们留下深刻印象的是，士绅群体仍然坚守希腊的教化方式，出类拔萃或得到恩主支持的专业人士充满了活力。[17]

38

　　罗马政府越是侵入当地社会，就越会被希腊文化的代表所主导。利巴尼乌斯反感地记录了几个出身卑微、没学问的人成功踏

―――――

〔15〕Mark Motley, *Becoming a French Aristocrat: The Education of the Court Nobility, 1580-1715* (Princeton: Princeton University Press, 1990), 6, citing Jonathan Powis, *Aristocracy* (Oxford: Blackwell, 1984), 2.

〔16〕Libanius, *Ep*. 285.2 (X. 270); Kaster, *Guardians of Language*, 16, n.7.

〔17〕L. S. B. MacCoull, *Dioscorus of Aphrodito: His Work and His World* (Berkeley: University of California Press, 1988); G. W. Bowersock, *Hellenism in Late Antiquity* (Ann Arbor: University of Michigan Press, 1990), 29-33, 61-68.

入上层官僚体系的案例，[18]但我们不应因此而无视一批批有学问的公民士绅在公元4世纪担任了总督或更高的官职。[19]士绅子弟青年时在修辞家学校里吸收的教化被认为始终关乎他们后来的生涯。只有少小时"把德摩斯梯尼植入灵魂"的年轻人才被信任能在治理行省时做出正确行动："他将想到自己的职责是让城市幸福；他将为刽子手的刀被闲置而高兴；他将用建筑装点堡垒；他将一直是缪斯的奴仆。"[20]

　　作为希腊教化精心培养的成果，有教养的总督这一理想在东部帝国的政治生活中司空见惯。正因如此，该现象缺少准确的分析。一方面是对于总督应该有教养的广泛预期，一方面是那个时代的政治实践，除了少数的帝国希腊语和拉丁语掌权者的案例得到了较好的研究，[21]很难衡量这两方面确切的关系。即便在记录更完备的时期（就像文艺复兴时的欧洲），正式教育与这种教育宣称其支持的社会和政治活动之间的关系仍然是模糊的。[22]来自古代晚期的证据不可避免地有失偏颇。它反映了对教化有既得利益之

---

〔18〕 Libanius, *Oratio* 42.23-4（III.318-19）.

〔19〕 Paul Petit, *Les étudiants de Libanius*（Paris: Nouvelles éditions latines, 1956），166-88; John Matthews, *Western Aristocracies and Imperial Court: A.D. 364-425*（Oxford: Clarendon Press, 1975），102-6; Kaster, *Guardians of Language*, 124, n. 133; J. H. W. G. Liebeschuetz, *Barbarians and Bishops: Army, Church and State in the Age of Arcadius and Chrysostom*（Oxford: Clarendon Press, 1990），135-40.

〔20〕 Libanius, *Ep.* 1261.2, 4（XI. 339）.

〔21〕 特别是，Keith Hopkins, "Social Mobility in the Later Roman Empire: The Evidence of Ausonius," *Classical Quarterly* 11（1961）: 239-49; Petit, *Etudiants de Libanius* 165-86; F. S. Pedersen, "On Professional Qualifications for Public Posts in Late Antiquity," *Classica et Medievalia* 31（1975）: 161-213; D. Nellen, *Viri litterati: Gebildetes Beamtentum und spätrömisches Reich im Westen*（Bochum: Studienverlag Brockmeyer, 1981）。

〔22〕 A. Grafton and L. Jardine, *From Humanism to the Humanities*（Cambridge, Mass.: Harvard University Press, 1986），7.

人的观点，即像利巴尼乌斯那样的修辞学老师。对于大部分学生 *39*
的文化水平，以及这种文化在他们的生活中扮演的角色，我们并
不清楚。所能做的只是指出一些因素，它们有助于解释教化在晚
期帝国政治预期中的醒目地位。

这种教育体系的社会背景早已显而易见："在一个非常重
要的意义上，这种文化的功能恰恰在于界定了与普通人相对的
精英。"[23] 只有士绅的子弟拥有财富和闲暇，可以从希腊东方各
地长途跋涉，在安条克的利巴尼乌斯和雅典的普洛埃雷希俄斯
[Prohaeresius] 这样的老师的课堂里流连。[24] 经历了这种昂贵的
求学过程和繁重的头脑训练，他们自视很高——这些人相信，"技
巧使得 [他们] 演说周正健全，优美精彩"，这让他们比未受教育
之人优越，就像人类远比区区家畜优越。[25]

教化是一种表达社会距离的手段。它的技能难以获得，而
且一旦获得后，只能在严格而传统的惯例中展现。因此，教育
控制着"无条理的"社会流动。[26] 与此同时，它又为背景不那
么显赫的少数有才之士提供了可以接受的升迁通道。像塔加斯特
[Thagaste] 的奥古斯丁这样的小士绅之子可以通过刻苦的努力和
富人朋友的庇护而成为成功的老师、修辞学家和诗人。从事这些
行当的人甚至可能成为官员和总督。

通过教育实现社会流动的少数几个例子吸引了晚期帝国的现
代评论者。不过，当时更重要的很可能是，教化将统治阶层中有

---

[23] John Matthews, *The Roman Empire of Ammianus* (London: Duckworth, 1989), 78.

[24] Petit, *Etudiants de Libanius*, 112-35; Kaster, *Guardians of Language*, 26-27; Penella, *Greek Philosophers and Sophists*, 2-5.

[25] Kaster, *Guardians of Language*, 17, citing Diomedes, *Ars grammatica*, preface to *Grammatici latini*, ed. G. Keil (Leipzig: Teubner, 1857). 1: 299.

[26] Kaster, *Guardians of Language*, 23-30.

潜在冲突的各个部分统一了起来。它通过对共有卓越性的共识连接了帝国官员和行省士绅。晚期罗马教育造就了非凡的文化同质性。在文法家的学校里，几位伟大的作家（西方的维吉尔和西塞罗，东方的荷马和德摩斯梯尼）从小就被"刻入记忆"。[27]从早期帝国开始，即便是像阿尔勒［Arles］和阿拉伯这样相距遥远的地区，共同的文化所提供的语言也让两地有文化阶层的成员能够作为希腊修辞学的同等拥趸而相会。这种修辞学（令现代读者觉得如此啰唆）的标准化本身解释了它在公元 1 世纪和 2 世纪的吸引力。它形式化且崇高，可以带来令人放心的预期，进行一成不变的献媚，为有利于罗马统治的共识提供永恒的背景音乐，这种共识是希腊世界的公民士绅巧妙地培养起来的。[28]

　　3 世纪的剧变发生后，这些学校向人们保证，城市和中央政府的关系中"没有基本方面的改变"。[29]即便总督代表了远比之前更具侵入性的帝国体系，他们仍然可以期待在当地精英中遇到和自己享有同样教化的人。他们可以把这种身份标志带到遥远的城市，尽管对于自己在家乡的地位，他们无法携带更加有形的局域性证据，诸如他们为自己的城市慷慨捐造的建筑，或者他们私人宅邸的质量。通过共同的教化，他们能够与通常完全陌生的人建立即时交流体系。他们首先表明自己是可接近的，懂得游戏规则。同为"缪斯的奴仆"，没有哪个行政官员会误读以古典典故形式对他所做的恭维，或者无视以此种形式对他提出的挑战。面对一位

---

〔27〕 Orosius, *Historiae adversus paganos* 1.18.1；Kaster, *Guardians of Language*, 44-50.

〔28〕 Fergus Millar, "P. Herennius Dexippus：The Greek World and the Third-Century Invasions," *Journal of Roman Studies* 59（1969）：13；Averil Cameron, *Christianity and the Rhetoric of Empire：The Development of Christian Discourse*（Berkeley：University of California Press, 1991）, 76-79.

〔29〕 Kaster, *Guardians of Language*, 29.

新来的总督（可能在罗马长大）的法律顾问，利巴尼乌斯提出了关键的问题："奥德修斯在担任伊塔卡国王时是如何统治的？"对方马上回答："像父亲一样慈祥。"这个古典表述为总督和市议会在之后时间里的关系奠定了基调。[30]

在地方层面上，教育提供了可以为所有士绅共享的唯一共同传统，尽管愈演愈烈的派系斗争和不同的身份标准让他们分崩离析。[31] 像利巴尼乌斯这样的老师传授的修辞学文化无异于在每一代人中耐心地重新创造了城市上层阶级的"集体记忆"。他们由此以一种高度浓缩、近乎格言的形式重温了希腊城市的宗教、社会和政治历史。[32]

我们也不应该低估这种文化维护地方荣誉感的能力。尽管公元 *41* 4 世纪的情况有了改变，有学问的人仍能感到自己生活在"城市的联合体"中。希腊高等文化的"镜片"继续凸显着当地公民传统的独特之处。现在，4 世纪和 5 世纪的诗人把公共仪式曾经在城市街头展示的东西带给了"缪斯的奴仆"这一更加受限的受众。对于古代晚期拥有教化的人来说，下述这些都是喜闻乐见的东西，就像在公元 2 世纪那样：与特定的风景相关，通过古老的传统而与被骄傲地铭记的家乡联系起来的神明神话；追溯行省总督的家乡和他们管理的希腊城市之联系的传说；对城市及其古迹和艺术品的献媚描绘。[33]

---

〔30〕 Libanius, *Oratio* 46.3（III.380），摘引 Homer, *Odyssey* 2.233。

〔31〕 Kaster, *Guardians of Language*, 31.

〔32〕 M. Forlin Patrucco and D. Vera, "Crisi di potere e autodifesa di classe：Aspetti del tradizionalismo delle aristocrazie," in *Società romana e impero tardoantico I：Istituzioni, ceti, economie*, ed. A. Giardina（Bari：Laterza, 1986），245-72，尤其见 256-59，265。

〔33〕 Pierre Chuvin, *A Chronicle of the Last Pagans*（Cambridge, Mass.：Harvard University Press, 1990），117-18；Bowersock, *Hellenism in Late Antiquity*, 43-48，61-68；Roueché, *Aphrodisias in Late Antiquity*, 38.

文字的魔力

描绘共同的教化如何缩短庞大帝国的距离是相对容易的。它为那些因职业而越来越远离家乡城市的人提供了共同的想象的风景。不过，除了罗伯特·卡斯特［Robert Kaster］对那位文法学家可敬而有序的作品中暗示的社会理想所做的非凡考察以外，[34] 对于晚期罗马的课堂上所践行的教学方法和有学问的同时代人所推崇的说话方式，我们并未充分注意到其中传递的伦理和社会信息。给予士绅们社会优越性的徽章还不够。聚集在利巴尼乌斯教室里的年轻人认为自己的社会地位是理所应当的。他们在安条克街头惹是生非——殴打店主，在毯子上抛掷一位助教——显示了他们明显沾有上层阶级的傲慢。[35] 如何让这种社会优越性显得"自然"，使其植根于与优越身份相符合的个人技能，这种微妙得多的工作才是重要的。

从修辞家学校毕业的人被认为具备比其他人更活跃的智力，更优美的谈吐，以及更加和谐而令人难忘的举止。这会让他们余生都与众不同。在晚期帝国，从公元前 4 世纪起便在希腊世界盛行的修辞训练的重要性并未降低。[36] 修辞学仍然是"学科皇后"，因为它研究的是古代晚期公共生活中仍然重要的东西，即士绅如何通过话语直接与他们的上级官员，与地位相当者，以及与听命于他们和受他们保护的人打交道。

我们在现代传统社会中看到的对高度形式化的话语的各种约

---

〔34〕 Kaster, *Guardians of Language*, 206-7.

〔35〕 Libanius, *Oratio* 58.4-5（IX. 183）, in Festugière, *Antioche*, 468.

〔36〕 H. I. Marrou, *A History of Education in Antiquity*（Madison: University of Wisconsin Press, 1982）, 194-205.

束法则也限制着这种修辞训练。与此类似，晚期罗马的修辞学是
"礼貌、可敬而神圣的，但从语言的创造性潜力来看是贫乏的"。[37]
对纯粹阿提卡式措辞的要求限制着词汇的选择。与晚期罗马生活
的复杂性相比，希腊修辞学通常涉及的主题被局限在区区几个问
题，依托于高度受限的例证和标签，以及历史和神话典故。[38]但
就像形式化话语的现代法则一样，正是这种"关节炎"式的状况
解释了修辞学在晚期罗马生活中延续的权威。这是一种极易预见
的话语形式。修辞的使用者是地位和训练允许他们使用的人，不
同的场合可以非常巧妙和活跃地利用修辞——从最正式的公开演
说到书信和即兴干预。但这种话语很少留有意外的空间。上层阶
级的形式化话语多用典故，充满了遥远时代的词汇和例证，它并
非用来表达突然的挑战和新颖的情感，更非用来沉浸于不受欢迎
的直白表达。这是它首要的社会和政治优势，因为"如果发言者
的话语预示着他将说些什么，那么它也将预示着他人的回答，只
要那个人同样遵循法则"。[39]

于是，我们看到了下面这个事实的直接政治意义，即在晚期
帝国的上层阶级中，统治者和被统治者都始终宣称，同为"缪斯
的奴仆"，他们懂得如何与彼此交谈。因为双方都遵循同样的法则
来维持自身权威。如果请愿和建议需要以正确的方式提出才会被
聆听，那么以同样的口吻下达的命令也必须被遵守。

在4世纪和5世纪，政治和教化如此费力地被联系在一起，

---

[37] M. Bloch, "Why Oratory?" in *Political Language and Oratory in Traditional Society*, ed. M. Bloch (London: Academic Press, 1975). 17.

[38] Bloch, "Why Oratory?" 15; H. I. Marrou, *Saint Augustin et la fin de la culture antique*, Bibliothèque des écoles françaises d'Athènes et de Rome 145 (Paris: E. de Boccard, 1949), 125-27.

[39] M. Bloch, "Why Oratory?" 19.

43   因为没有什么能保证修辞学影响的默认共识仍能发挥效力。一旦
形式化话语的共同法则和它代表的一切有了被抛弃的危险,希腊
世界的士绅们就会在皇帝及其仆人(他们无意让自己适应这些人)
面前显示出一定程度的脆弱性。他们会尽可能地维持自己的说话
方式。在那个社会和政治体系中,权力以暴力和专断的方式把矛
头对准日益广大的人群,后者宣称他们在自己的城市和地区拥有
"天然的"权威,表示这种权威的基础是针对克制、自律、冷静与
言辞和谐等品质的训练,它们与上述令人讨厌的特征相反。

就这样,鉴于这些普遍的考虑,让我们简要盘点一下士绅们在学校
里究竟学了什么,以及他们如何预期将其所学用于自己所处的
政治状况。首先,他们内化了对言辞得体的强烈感受。修辞学
老师开始教授一小群上层阶级的男孩,他们的父母亲自将孩子
托付给他,他们常常对老师怀有强烈的个人忠诚。在他们面前,
他就像举办大师班的歌剧明星一样严格要求自己:"他从不使用
非阿提卡的词汇,思路从不离开说话的目标;没有哪个音节与
应有的格律相悖,也不会把哪个让训练有素的耳朵觉得不和谐
的词放进表述。"[40]

就这样,年轻人学会了通过"与昔日的修辞学家相联系……
来净化自己的舌头。"[41]把为不可思议的案件辩护或者提出想象的
行动方略作为练习不仅能培养言辞技能,这些练习还要求有能力
准确地从正反两面分析案件,程度堪比中世纪的经院哲学家。[42]
但思想杂技只是训练的一部分,终极目标是打造"优雅而顺畅的

─────────

[40] Choricius of Gaza, *Oratio* 7.8, ed. R. Förster and E. Richtsteig (Leipzig: Teubner, 1929), 112.

[41] Libanius, *Oratio* 35.17 (III. 219), in Festugière, *Antioche*, 488.

[42] Schouler, *Tradition hellénique*, 1004.

演说".[43]这是公共表演的教育。它的高潮是论坛和市议会的迷你预演。孩子们"穿着小托加袍,头发笔挺地梳向后面".[44]修辞学被视作公共生活的准备,以至于利巴尼乌斯的教室与安条克的市议会仅仅隔了一条窄巷。在危急时刻,苦恼士绅的呼号成了他讲课的背景。[45]

44

我们永远不应忘记,自从雅典的高尔吉亚时代开始,利巴尼乌斯所教授的技能就带有某种古老的魔法意味。话语被认为会对人们施加某种力量。他的弟子(即便没有成为像他那样的明星表演者)被期待通过演说将一种"迷惑性"甚至"威慑性"的神秘力量带到公共世界。[46]教化之人懂得如何通过个人雄辩的强大"魔力",而非通过暴力(就像手握官方权力的官员可能做的)来赢得尊重。[47]他"拥有的神奇技巧要胜过任何区区行政官员的手段".[48]古老的词汇从他口中流出,"美丽而流畅,如闪电般迅捷".[49]正是这些让他可以"用劝诫建议的权威对抗官方权力的巨

──────────

〔43〕Ps.-Clement, *Recognitiones* 1.25.1.

〔44〕Jerome, *Contra Rufinum* 1.30; Augustine, *Confessions* 1.17.27; Libanius, *Declamatio* 8.7(Ⅶ.85)in Festugière, *Antioche*, 444; cf. Dale Eickelman, *Knowledge and Power in Morocco: The Education of a Twentieth-Century Notable* (Princeton: Princeton University Press, 1985), 65-66, 98-100.

〔45〕Libanius, *Oratio* 46.16(Ⅲ. 386); Paul Petit, *Libanius et la vie municipale à Antioche au ive. siècle après J.C.*(Paris: P. Geuthner, 1955), 64; Schouler, *Tradition hellénique*, 894.

〔46〕Libanius, *Oratio* 48.41(Ⅲ. 448), in *Libanius: Selected Works 2*, ed. and trans. A. F. Norman, Loeb Classical Library(Cambridge, Mass.: Harvard University Press, 1977), 456; 尤其见 J. de Romilly, *Magic and Rhetoric in Ancient Greece*(Cambridge, Mass.: Harvard University Press, 1975), 16-43, 78-85。

〔47〕Libanius, *Oratio* 11.141(Ⅰ. 483-84), in "Libanius' Oration in Praise of Antioch," trans. G. Downey, *Proceedings of the American Philosophical Society* 103(1959): 668.

〔48〕Libanius, *Oratio* 11.141(Ⅰ. 483-84), in Downey, 668.

〔49〕Libanius, *Oratio* 35.19(Ⅲ. 219), in Festugière, *Antioche*, 488.

大音量，通过修辞学的技能获得提出警告的能力，而不是恐惧地退缩"。[50]

难怪在晚期罗马帝国，热衷教育之人最推崇的故事是那些描绘修辞学技艺的大师如何对最难以应付的对象，即对"严厉而不饶人"的帝国总督施加魔力。[51] 在公元 4 世纪 30 年代末的雅典，亚盖亚总督（来自说拉丁语的帝国西部）以寻衅滋事为由逮捕了一批学生和他们的老师。最后时刻，年轻的普洛埃雷希俄斯（一位风度翩翩的高大的亚美尼亚人）被允许为他们求情。"他……首先做了开场白……一上来就令人同情地描绘了〔学生们的〕痛苦，并插入了对他们老师的赞颂。在这段开场白中，他只有一次〔对总督的专断行为〕表达了不满……总督被他有力的论证、铿锵的风格、熟练的技巧和洪亮的雄辩打动了。"普洛埃雷希俄斯用动人的表述结束了演说，在场的人直到四十年后还准确地记得他的措辞。对那些被吓坏了的老师来说，幸运的是总督"并非没受过教育，或者粗鲁和没教养地长大"。他知道接下去要做什么。"然后，猛地起身，晃着镶紫边的长袍（罗马人叫它 *tebennos*〔或托加袍〕），这位严厉而不容情的总督像学生一样为普洛埃雷希俄斯鼓掌。"[52] 这幅生动的场景与现实略有不同。它是一则来自受人尊敬的大学城的逸闻，那里仍然可能发生不可思议的事。但通过描绘扮演最志得意满的劝诫角色的教化之人，它燃起了整个希腊东方士绅的希望。

---

〔50〕 Libanius, *Oratio* 35.3（III. 211），in Festugière, *Antioche*，484-85.

〔51〕 Eunapius, *Lives of the Philosophers* 483, in *Philostratus and Eunapius*, ed. and trans. W. C. Wright, Loeb Classical Library（Cambridge, Mass.: Harvard University Press, 1952），468.

〔52〕 Eunapius, *Lives of the Philosophers* 483, ed. Wright, pp. 470-74.

当然，关键在于总督遵守了游戏规则。面对较为微不足道的事，他可以让自己服从于普洛埃雷希俄斯的"魔力"，但不会丢脸。事实上，听从这种劝诫提高了他在雅典的权威。因为教化不仅是一种劝诫演说的技能，而且是一所礼仪的学校。言辞的得体预设和促进了在人际关系中同样难以达到的得体感。它教会人们如何优雅地让步，仿佛面对着朋友。事实上，它会帮助他们认可这种朋友。教化通过 philia 这种精心培养的友谊得以体现。友情的目标是在公共生活的烦恼中唤起一些上层阶级青少年无忧无虑的热情。优雅［charis］和教养［hémerotés］，再加上它们最重要的伴侣，即愿意向类似背景的人施惠，这些构成了受过教育之人的标志。[53]

友谊的观念提供了一种语言，让人们用可以接受的方式谈论关于恩庇和结盟——这些让皇帝的代表可以在行省有效地行使权力——的不争事实。友情建立在有学问的人对彼此非常自然的赞美之上，它被认为描摹了精英与当权者的关系。因为这种友谊模糊了不受欢迎的不对称。它让皇帝代表在拉拢和控制行省士绅时进行的请求和恩惠的交换显得没有恶意，甚至是自然而然的。没有人会因为以友谊名义发生的政治交易而声誉受损。公元 371 年，身为该撒利亚主教的巴兹尔给一位来自君士坦丁堡的意图不明的总督写信，他首先小心地用"朋友"的称呼来套近乎。自从有位共同的熟人称赞了此人"精通文字"，巴兹尔就不自禁地如此想象他："悲剧诗人欧里庇得斯说，我把智者视作自己的朋友，即使他住在遥远的地方，即使我可能永远无法亲眼见到他……因此，可

46

---

［53］ Petit, *Libanius*, 259; Bernard Schouler, *Libanius: Discours Moraux*（Paris: Belles Lettres, 1973）, 63-78.

敬的先生，接受'我的朋友'这个称呼吧，我出于真心诚意的友
谊如此称呼您。"[54]事实上，巴兹尔无法想象有哪位来到卡帕多奇
亚的总督不是天然的"朋友"。以其他任何方式对待他们意味着承
认总督是他必须巴结的上级，"我们生性很不喜欢奉承"。[55]如果
在自发友谊的框架下向总督请愿就没有承认依附的意味。请求施
惠不过是两位朋友在他们对缪斯共同的爱所创造的永恒阿提卡世
界中交谈时身后所留下的没有重量的影子。[56]

　　研究地中海社会恩庇机制的学者不会对这种书信过于关注：
诉诸友谊被不屑地视作"次要的层面……是无权势者掩盖自身依
附地位的保护色"。[57]但就像我们看到的，权力的平衡并非对教化
之人严重不利，就像地中海人类学家最常研究的那种代理人—恩
主关系中通常的情况。诉诸对缪斯共同的爱巧妙地掩盖了行省总
督自身地位的弱点。在晚期罗马，以暧昧的方式同掌权者打交道
被认为是合宜的：其他任何行为会显得贪婪。[58]同样地，巴兹尔
书信中礼貌地掩饰的东西是他在卡帕多奇亚拥有巨大权力这个公
开的秘密。通过向被派往遥远荒芜的卡帕多奇亚行省的历任行政
长官提及友谊，巴兹尔视这些人与自己地位相当，含蓄但坚定地
指出自己是当地士绅这一关键集团的成员，更明智的做法是把他
们作为天然的"朋友"拉拢，而非试图威吓。

　　友谊可以形成网络，让地方士绅跨越帝国的广大疆域。我

［54］ Basil, *Ep.* 63, in *Saint Basil: The Letters*, ed. and trans. R. Deferrari, Loeb Classical Library (Cambridge, Mass.: Harvard University Press, 1962), 2: 19.

［55］ Basil, *Ep.* 63, in Deferrari, *Saint Basil* 2: 20.

［56］ Basil, *Ep.* 84, in Deferrari, *Saint Basil* 2: 104.

［57］ J. Davis, *People of the Mediterranean* (London: Routledge and Kegan Paul, 1977), 148.

［58］ Ammianus Marcellinus, *Res gestae* 16.5.11.

们不应只根据其即时的效果来评判教化之人所写的书信。高级官　*47*

员经常无视利巴尼乌斯的请求。[59] 不过，他的书信不只是"简

短的便条……特点［仅仅是］不知疲倦地卖弄礼貌交流的陈词滥

调"。[60] 重要的是这种通信传递的关于"传导力"［conductivity］

的累积印象。帝国政府不可能采用分而治之的政策，把各个城市

和行省当作蜂巢的孤立小室，可以分别应对它们。友谊的法则确

保每个地区都被联系人的网络所覆盖，这种网络向所有相邻的城

市延伸，最终可以到达首都。[61]

　　在这些场合交换的不仅是请求和恩惠。友谊意味着信息，在

晚期帝国，就像在菲利普二世的大帝国，消息是"一种奢侈商

品……比利巴尼乌斯黄金更值钱"。[62] 居洛斯的主教忒奥多雷特

［Theodoret］在给一位君士坦丁堡的庭臣写信时表示，即便朋友

做不了别的，他至少可以通过传递宫廷动态的消息来显示自己的

"仁爱"。[63] 在古代晚期的条件下，书信只是交换消息的媒介。它

---

〔59〕利巴尼乌斯，364 年致宫廷总管德肯提乌斯的信见 *Epp.* 1317，1463（XI. 376，
　　　497）；368 年致君士坦丁堡长官该撒利乌斯的信见 1435，1456（XI. 473，
　　　491-92）。

〔60〕Roger A. Pack，"Studies in Libanius and Antiochene Society under Theodosius"
　　　（Ph.D. diss.，University of Michigan，1935），36.

〔61〕J. F. Matthews，"The Letters of Symmachus," in *Latin Literature of the Fourth Century*，
　　　ed. J. W. Binns（London：Routledge and Kegan Paul，1975），80-89；J. H. W. G.
　　　Liebeschuetz，*Antioch：City and Imperial Administration in the Later Roman Empire*
　　　（Oxford：Clarendon Press，1972），17-19. 关于更晚近的时期，见 M. Mullett，
　　　"Writing in Early Medieval Byzantium," in *The Uses of Literacy in Early Medieval
　　　Europe*，ed. R. McKitterick（Cambridge：Cambridge University Press，1990），172-
　　　85；一种强有力的纽带将摩洛哥本地的士绅维系在一起，法国人因此无法孤立
　　　个体社群的精英们，关于这点参见 Eickelman，*Knowledge and Power*，137。

〔62〕Fernand Braudel，*The Mediterranean and the Mediterranean World in the Age of
　　　Philip II*（London：Collins，1972），1：356.

〔63〕Theodoret of Cyrrhus，*Ep.* 80，in *Théodoret de Cyr：Correspondance 2*，ed. Y.
　　　Azéma，Sources chrétiennes 98（Paris：Le Cerf，1964），188.

们像名片一样正式，但书信的送达需要亲戚、共同的朋友和可信的扈从组成的送信人网络。这种消息携带者的网络不断在帝国各地穿行，提高了有文化的阶层惊人的"传导力"。士绅总是可以威胁将他们眼中行省总督的行径报告给在帝国政府位高权重的"朋友"。[64]

愤怒与得体

48　　　尽管在我们的证据中，对友谊的强调不可避免地显得突出，但那只是故事的一部分。通过与总督结盟和借助地位显要的支持者不断地请愿，成功的士绅得以操控新的帝国体系的权力，而友谊为这种操控方式提供了旧式的尊严。不过，士绅的教育为应对晚期罗马政治中一个较为令人沮丧的方面提供了基础，即官方暴力对上层阶级成员愈演愈烈的侵犯。人们非常急切地诉诸与教化相联系的理想来遏制这种暴力。

　　我们不应忽视晚期罗马教化的这个方面。修辞学从未被仅仅视作一种文学成就，也没有被完全当成一种以严肃的口吻使人情不自禁地产生尊敬的讲话方式。形式化的话语本身被视作一种自我控制。有教养的希腊语或拉丁语使用者的审慎话语是"嘈杂海面上一个有条理的小点"。[65]它意味着无声地战胜人的声音中（言下之意是人的身体中）一切凌乱、未成形和无法控制的元素。这是暴力与不和的世界中一个脆弱的有序斑点。

_____

〔64〕 Synesius of Cyrene, *Ep.* 73, in *Synesii Cyrenensis Epistulae*, ed. A. Garzya（Rome: Istituto Poligrafico, 1979），130-31; A. Fitzgerald, trans., *The Letters of Synesius*（Oxford: Oxford University Press, 1927），163-64.
〔65〕 Kaster, *Guardians of Language*, 18.

如果正式讲话中所显示的优雅平静遭到破坏，那时的人们会产生警觉。此类事件中的一部分可怕得令人难忘。当两个挚爱的继女在巴尔干旅行途中被闪电击中身亡时，受过良好教育的雅典百万富翁赫罗狄斯·阿提库斯［Herodes Atticus］因为突如其来的痛苦而发狂，丧失了对自我的控制。公元173或174年，悲剧发生后不久，他不得不向在希尔米翁的皇帝马可·奥勒留辩解，因为他在雅典僭越权威而受到严厉指控："他被这一不幸逼疯……神志不正常，只想着去死。因为当他开始发言时，他咄咄逼人和口无遮拦地……攻击了皇帝。"这显然是自取灭亡的行为。审理重案的帝国特别法庭无法容忍突然口不择言，更不正常的是，这番话来自一个习惯于在典礼场合尽情发挥自己才识的人。多亏马可·奥勒留"哲学家般"的心平气和，此事才转危为安：在整个事件中，皇帝"从未皱过眉头或改变表情"。菲洛斯特拉托斯［Philostratus］向我们讲述这个故事时很少带着同情。作为明星演说家，赫罗狄斯·阿提库斯应该清楚不能抛弃有教养的人在压力下唯一可以依靠的东西："他甚至没有在讲话中使用精巧的委婉表达；人们觉得对这种说话风格训练有素的人能控制自己的脾气。"〔66〕

在这方面，像利巴尼乌斯这样的人所提供的教育代表了"教育理性"的胜利。诚如皮埃尔·布尔迪厄［Pierre Bourdieu］所言，我们面对的制度"对必要的东西有强制要求，虽然看上去要求的是些无足轻重的东西"。〔67〕通过一丝不苟的自省和追求与一

〔66〕 Philostratus, *Lives of the Sophists* 561, in Wright, *Philostratus and Eunapius*, 170-72；最后一段的译文，我用了 Graham Anderson, *Philostratus*（London: Croom Helm, 1986）, 2。

〔67〕 Pierre Bourdieu, *Outline of a Theory of Practice*（Cambridge: Cambridge University Press, 1977）, 94.

种协调声音的魔力相联系的和谐，有粗暴行为倾向的士绅子弟接受了一种关于秩序和自我约束的审慎而持续的训练。[68]与没有条理的话语一样，直接的身体暴力对他们也是不得体的。[69]他们学会了小心地驾驭平衡的表述。他们的修辞练习重演了严肃的交流场景，培养了有节制的情感表达。[70]技艺精湛的修辞术表演"具有吟唱般的振奋口吻，伴随着精心编排的手势"，被认为能对人们的情感产生巨大的影响，就像维多利亚时代对音乐的看法。[71]声音的性质本身让古代晚期的人们着迷。阿琳娜·鲁塞尔［Aline Rousselle］新近的研究显示了昆体良和他的继承者多么关注发声的医学问题。[72]在医学建议背后，我们可以窥见公共人物的清晰形象。小心地控制呼吸以及避免不合适的站姿和不和谐的手势旨在让有学问的人变得心平气和，让他们的声音和姿势散发出和谐的权威。从 2 世纪以来，节制［eutaxia］、庄重［euschémosuné］、威严［semnotés］，这些词汇表达了举止自律甚至令人敬畏的理想，它们是重要公民的墓志铭和赞美词中最常出现的字眼。[73]

　　失去对声音的控制会马上被注意到。一封新近被编校的书信显示了一位来自阿非利加小城的律师如何痛斥自己的同事。他写道，有学问的人不应在诉讼中向无知者的威胁咆哮［fremitus

---

[68] Festugière, *Antioche*, 217-25 仍然是对这方面最好的刻画。

[69] Libanius, *Oratio* 58.5（IV. 183）, in Festugière, *Antioche*, 468.

[70] George A. Kennedy, *Greek Rhetoric under Christian Emperors*（Princeton: Princeton University Press, 1983）, 66-73.

[71] Ibid., 147.

[72] Aline Rousselle, "Parole et inspiration: Le travail de la voix dans le monde romain," *History and Philosophy of the Life Sciences* 5（1983）: 129-57.

[73] Peter Brown, *The Body and Society: Men, Women and Sexual Renunciation in Early Christianity*（New York: Columbia University Press, 1988）, 11-12.

inertis〕让步。〔74〕当昔兰尼的许内西乌斯试图插手阻止一次鞭刑时，
总督的一位下属"以未经训练的思想和声音"冲着这位有教养的
主教叫嚣，这对此人同样是有失身份的。〔75〕

公众人物不应陷入语无伦次的暴怒，而是被认为要像撰写
〔compose〕他们的演说一样小心地让他们自己平静〔compose〕。
当建议一个有可能大动肝火的军人在城里保持低调时，基督教
教士佩鲁西翁的伊西多〔Isidore of Pelusium〕利用自己的古典手
腕："让你自己变得和谐〔Rhythmize sauton〕。让你自己做出符合
一个善良之人的姿态。不要让你的目光，你眉头的耸动，你声音
的顿挫或者你的步态中显露出一点傲慢的症状。"〔76〕在古代晚期的
文化中，精心编排和陈说的严肃话语〔logoi〕被认为会像一段段
古老可敬的音乐那样深入人心，仿佛一位亲切的俄耳甫斯让野兽
平静下来，这些野兽的破坏力量就潜伏在晚期罗马生活的表面之
下不远。〔77〕纳齐安的格里高利〔Gregory Nazianzen〕写道："我学
会了用节制的话语控制暴怒。"〔78〕

对举止如此之多的警觉关注显示了一个过于明显以至于几乎
被忽视的事实。行使权力时令人恐惧地缺少对暴力的法律约束是我
们面对的那个世界的特征。这种情况并非从晚期帝国才开始。许多

---

〔74〕 Sulpicius Severus, *Opera, Appendix, Ep.* 6.1, *Corpus Scriptorum Ecclesiasticorum Latinorum* (Vienna: C. Gerold, 1866), 254; 见 Claude Lepelley, "Trois documents méconnus sur l'histoire sociale et religieuse de l'Afrique romaine tardive, retrouvés parmi les *spuria* de Sulpice Sévère," *Antiquités africaines* 25(1989): 240-41.

〔75〕 Synesius, *Ep.* 58, ed. Garzya, *Ep.* 42, trans. Fitzgerald, p. 142.

〔76〕 Isidore of Pelusium, *Ep.* 2.292: *Patrologia Graeca* 78: 721C.

〔77〕 Marrou, *History of Education*, 194-205; Sister Charles Murray, *Rebirth and Afterlife: A Study of the Transmutation of Some Pagan Imagery in Early Christian Funerary Art*, B.A.R. International series (Oxford: B.A.R., 1982), 56-60.

〔78〕 Gregory Nazianzen, *Oratio* 6.6; *Patrologia Graeca* 35: 728.

个世纪以来，哲学家和老师都在试图解决古代社会中权力浓厚的个人性质。早期帝国的伦理作家对于严重依赖的情况很感兴趣。从妻子和家中的奴隶到专制统治者手下的悲惨庭臣，在如此之多的情况下，如此之多的人的生活似乎依赖于他们上级的心血来潮。对于不受法律和政治制约的专断暴力隐隐的恐惧不知不觉地将哲学讨论的重点引向伦理问题，包括自我塑造和对激情的控制。强调"对自我的关注"在公元后的前两个世纪盛行一时，这在许多方面是有思想的人对罗马社会悲观看法的反应。在那里，提高自我控制被认为是人性地对待他人的唯一和脆弱的保证。[79]

　　尽管与新柏拉图主义学派相联系的强烈的形而上学和来世思想的体系开始兴起（其作品在我们的现存资料中占据了很大部分），但这种反复出现的伦理担忧（坚持自我驾驭，在行为问题上极其小心翼翼）在古代晚期仍然没有改变。它为所有哲学体系奠定了坚实的基础，是为非哲学读者所写的手册不断问世的原因，这些手册由专业哲学家为专注于正确行为之问题的教化之人所写。[80] 晚期罗马帝国的人说到"哲学"或向哲学家寻求建议时，他们希望得到解答的是这些问题，而非某个普罗提诺的神秘崛起。因此，难怪在一部 5 世纪的文选中，新柏拉图主义哲学家杨布利科斯（上升到太一的秘法的严肃宣扬者）会在德摩斯梯尼和老加图之间被引用！这段节录来自对一位行省总督进行规劝的残篇。

〔79〕 M. Foucault, *The Care of the Self* (New York: Pantheon Books, 1986), 81-95; Aline Rousselle, "Gestes et signes de la famille dans l'Empire romain," in *Histoire de la famille*, ed. A. Burguière (Paris: A. Colin, 1986), 258-62.

〔80〕 A. M. Malingrey, *Philosophia* (Paris: Klincksieck, 1961), 101-5, 225-27, 280-83; P. Hadot, *Plotin*, 2d ed. (Paris: Etudes augustiniennes, 1972), 89-101; I. Hadot, *Le problème du néoplatonisme alexandrin: Hiéroclès et Simplicius* (Paris: Etudes augustiniennes 1978), 160-65.

它对一位掌权者使用了惯常和永远中肯的陈词滥调："当最高权威的严厉和威严融合了善良而人性的关怀，这种权力将变成它所应是的样子——和谐、礼貌、温和而可亲。"[81]

有充分的理由如此强调权力行使中的和谐与自我控制。精英之人生活的各个层面都被暴力包围。在他们成长的家中，奴隶制仍然是一所残酷的家庭学校。作为一种依靠鞭子维系的制度，奴隶制造成了一种独特的权力病症。[82]当盖伦医生在 2 世纪写到灵魂的疾病时，他的论述中出现最多的激情是愤怒，体现在奴隶主的盲目暴怒。他听说过克里特岛有一名地主，"此人在其他方面是个可敬的人"，但对自己的奴仆"会使用拳头，有时甚至是脚，不过更常见的是用鞭子，或者碰巧在手边的任何木头"。[83]到了 4 世纪，上层阶级流行的家庭暴力迫使基督教主教也开始关注。在巴兹尔的卡帕多奇亚，被殴打致死的奴隶数量已经多到被援引为过失杀人的惯用例子："当有人想要惩罚他人时，如果他用皮带或软棒击打他们，将他们打死，他同样不是出于本意。因为……他希望让犯事者变好，而不是杀了他们。"[84]帝国法律必须申明，某些

52

〔81〕 Johannes Stobaeus, *Florilegium* 46.76, ed. T. Gaisford（Oxford：Clarendon Press, 1822）, 2：279.

〔82〕 K. R. Bradley, *Slaves and Masters in the Roman Empire：A Study of Social Control*, Collection Latomus 184（Brussels：Latomus, 1984）, 118-23, 130-34; B. D. Shaw, "The Family in Late Antiquity：The Experience of Augustine," *Past and Present* 115（1987）：23-24.

〔83〕 Galen, *De cognoscendis animi morbis* 1.4, ed. C. G. Kühn, *Galeni Opera Omnia*（Leipzig：K. Knobloch, 1823）, 5：18; P. W. Harkins, trans., *On the Passions and Errors of the Soul*（Columbus：Ohio State University Press, 1963）, 38-39. Cf. Porphyry, *Ad Marcellam* 35, ed. A. Nauck, *Porphyrius：Opera Selecta*（Leipzig：Teubner, 1886）, 296.

〔84〕 Basil, *Ep.* 188, in Deferrari, *Saint Basil* 3：30; cf. Council of Elvira（in Spain, a little before A.D. 303）, canon 5, in *Acta et symbola conciliorum quae saeculo quarto habita sunt*, ed. E. J. Jonkers（Leiden：Brill, 1974）, 6.

形式的残酷行为是被公共司法所垄断的：主人不能对自己的奴隶这样做。[85]

在家庭之外，年轻人可以在各个法庭上看到对地位比他们低下之人的典型暴力。[86]甚至一本教拉丁孩子学希腊语的教材中也包括了拷问场景，将其描绘成富有的罗马人日常生活的一部分："总督的宝座已经摆好。法官登上审判庭……一个犯罪的匪徒被带了进来。他受到了应有的审讯。他被拷问：掌刑人痛殴了他，不断击打他的胸口；他被吊起来，拉直四肢，用棒子击打。他接受了全套拷问。他否认自己的罪行。他确信自己将受到惩罚……他被领到外面处决。"[87]

就这样，恐惧的浪花拍打所有受教育者的脚边。难怪即便士绅阶层中地位最低的成员也要坚定地捍卫使他们可以免受体罚的法律规定，视其为特权地位的标志。在一封新发现的奥古斯丁的书信中，我们看到有个年轻人因为与修女私奔而被当地教会判处鞭刑。这位小城的卡萨诺瓦对于身为公民士绅 [curialis] 的自己遭受如此侮辱感到愤怒，一路跑到罗马，向教皇塞莱斯廷 [Celestine] 讨公道。在为捍卫他的身体尊严免受耻辱刑罚的激烈战斗中，他在性关系上的不检点——对 5 世纪的人来说可谓罪大

---

〔85〕 *Codex Theodosianus* 9.12.1.

〔86〕 Ramsay MacMullen, "Judicial Savagery in the Roman Empire," *Chiron* 16（1986）: 147-66, now in *Changes in the Roman Empire*（Princeton: Princeton University Press, 1990）, 204-19, and *Corruption and the Decline of Rome*（New Haven: Yale University Press, 1988）, 137-42; Matthews, *The Roman Empire of Ammianus*, 256-57. 关于早期帝国与之类似，但可能没有那么不加选择的残暴行径，见 T. P. Wiseman, *Catullus and His World*（Cambridge: Cambridge University Press, 1985）, 5-9。

〔87〕 A. C. Dionisotti, "From Ausonius' Schooldays? A Schoolbook and Its Relatives," *Journal of Roman Studies* 72（1982）: 105.

恶极——被放到了一边。[88]

从利巴尼乌斯的作品中，我们可以最清楚地看到体罚对士绅阶层情感的影响。比如，384 年，总督伊卡里乌斯［Icarius］的行为让利巴尼乌斯震惊，前者对一个（在利巴尼乌斯看来）完全应该受到体罚的下层阶级成员网开一面，却命令公共掌刑人痛打一个出身士绅家庭的年轻人。此事发生在贝罗埃亚［Berroea，今天的阿勒颇］，利巴尼乌斯描绘了所有的生动细节。用力挥动的鞭子打碎了一盏吊灯，灯下的人被溅了一身灯油。目睹此景，年轻人的律师和支持者带着恐惧的哭号涌入法庭。他们乞求总督承认受刑者的"高贵出身和教化"。[89]此事为利巴尼乌斯和伊卡里乌斯的友谊画上了句号，他曾称赞这位总督是"缪斯之婴"。[90]几年后，利巴尼乌斯在写给总督居鲁斯［Cyrus］——此人在一座叙利亚小城中同样鞭笞了公民士绅——的信中指出，"接受过教化培养"的人不应该做出这种事。[91]居鲁斯不仅没能对同为"缪斯的奴仆"之人表现出尊敬，并且其暴力而不得体的举动还让他自己蒙羞。他的名誉将因此受损。

当利巴尼乌斯在公元 390—391 年写信给居鲁斯时，鞭打市议员已经成为司空见惯和令人不安的事。他们越来越多地被要求为欠税负责，受到相应的惩罚。在士绅阶层内部，一边是头面人

[88] Augustine, *Ep.* 9*.1-2, ed. J. Divjak, in *Corpus Scriptorum Ecclesiasticorum Latinorum* 88（Vienna：W. Tempsky, 1981），43-44；*Bibliothèque augustinienne：Oeuvres de Saint Augustin 46B：Lettres 1*-29*（Paris：Etudes augustiniennes），158-60；R. B. Eno, trans., *Saint Augustine: Letters VI（1*-29*）*, Fathers of the Church（Washington, D.C.：Catholic University of America Press, 1989），71.
[89] Libanius, *Oratio* 28.13-14（III. 52-53）.
[90] Libanius, *Oratio* 1.225（I.182）, in *Libanius' Autobiography*, ed. and trans. A. F. Norman（London：Oxford University Press, 1965），118；也见 p. 214。
[91] Libanius, *Ep.* 994.2（XI. 124）.

物，他们与帝国政府合作，通过为帝国效劳获得自己的地位；一边是普通的市议员，两者间日益加深的分歧意味着许多士绅发现自己像下层阶级成员一样遭到暴力和专横的对待。这类小士绅在希腊东方数量众多。像安条克这样的大城市拥有 600 人的市议会。他们并不都是富有或受过良好教育的人。不过，市议员的行列越是因为财务理由而被扩大（为政府提供能够负责支付税款的人，不管他们的家庭背景和文化如何），对于那些兼具市议员身份与好出身和教化的人来说，他们的微妙声望就越有危险。丧失地位的威胁让这些人更强烈地意识到他们的司法特权。他们被鞭笞和拷问的案例生动地留在了像利巴尼乌斯这样的城市捍卫者的记忆中。[92]

　　一旦市议员被认为在官方暴力面前是脆弱的，那么就说不定会发生什么。即便生活较为优渥的人也可能受害，如果在和政府打交道时丢脸，士绅本人将失去下级对他们的尊敬。他们将无法再担任下层阶级的恩庇者和保护人。[93] 在像安条克这样庞大喧嚣的城市，一旦"知道自己位置"的城市平民意识到可以对作为他们天然领袖的市议员不敬时，法律和秩序本身也将受到威胁。[94]

　　体罚是可怕的事。众所周知，某些用带铅头的鞭子施加的笞打无异于死刑。[95] 即便不那么严重，笞打仍然会给士绅带来毁灭性的耻辱。他们受刑时会被"剥光衣服，推倒在地"，仿佛是下层

---

[92] J. H. W. G. Liebeschuetz, *Antioch*, 166, 173; M. A. Wes, "Gesellschaft und Literatur in der Spätantike," *Ancient Society* 18（1987）: 186-87.

[93] Libanius, *Oratio* 35.7（III. 213），in Festugière, *Antioche*, 485.

[94] Libanius, *Oratio* 33.11（III. 171），in Norman, *Libanius 2*, 204.

[95] Augustine, *Ep.* 10*.4.3, ed. Divjak, p. 48; *Lettres 1*-29**, 174; Eno, *Saint Augustine: Letters VI*, 78.

阶级的成员；"自由的身体"从此将被受刑的痕迹玷污。[96]通过施加如此粗暴和可耻的刑罚，总督以独特的公开方式表明，他并不觉得自己受制于把他和上层阶级臣民联系起来的无声协议。

不过，即便在如此粗暴地展现了对教化"魔力"的漠视之后，总督仍然可能被说服，并后悔自己的举动。严厉的刑罚可以被视作脾气不好引发的一时失态。事实上，愤怒已经成为晚期罗马政治语言的一个核心元素。有时，它意味着自我约束突然可耻地崩溃，与公开场合爆发的怒火联系在一起。但它更多地表示对某些人的阴郁怨恨，后者拒绝让友谊和自尊要求发挥作用，正是这些要求把"缪斯的奴仆"一个个地联系起来。[97]这两种愤怒都被认为十分不得体。它们会带来污点。鉴于许多总督在行省面临不确定的情形，不得体行为的污点可能随时导致政治上的孤立，导致丢官和最终遭到报复。

通过将愤怒看作不得体，那个时代的政治评论者小心地强调了一个在其他方面无情的体系中的可逆性原则。因为愤怒是正直之人会感到后悔的灵魂激情。[98]愤怒可以被平息。总督或皇帝可以取消官方的暴力之举，而把它们当成人之常情的一时失态：通过展现出柔和 [praotés] 与文明 [hémerotés]，他们可以推翻自己的决定。这种"温和有礼"令人不安地不断出现在晚期帝国的铭文和请愿中。[99]就这样，对愤怒的强调成了晚期罗马大赦的语言

〔96〕 Libanius, *Oratio* 52.16（IV. 33）; Ammianus Marcellinus, *Res gestae* 29.2.20; cf. Libanius, *Ep*. 1414.5（XI. 456）; Augustine, *Ep*. 104.1.1.

〔97〕 Ammianus Marcellinus, *Res gestae* 29.2.18; 关于这种观点的悠久历史，见 R. S. Rogers, "The Emperor's Displeasure," *Transactions of the American Philological Association* 90（1959）: 224-37。

〔98〕 Libanius, *Oratio* 51.25（IV. 17）.

〔99〕 L. Robert, *Hellenica* 4（1948）: 15, n.7; idem, *Hellenica* 13（1965）: 224.

的一部分。愤怒的反面是慈悲。如果总督在听到宽恕请求后能平复自己"沸腾的激情",那么他可以带着"战胜了怒火的美名"离开那座城市。[100]

对于诉诸愤怒和得体这两个相互联系的概念而言,刻意的普遍化是其最明显的特征。它们无视现存罗马法律提供的保护。但尽管存在我们提到的那些令人不安的意外,一系列帝国法令在法律上仍豁免市议员本人遭受鞭刑。[101]每当有士绅赢得了这些法律对他们的保护,利巴尼乌斯就会急切地加以宣扬。[102]不过,诉诸帝国法律的效果总是无法预测的。有案例显示,弹劾总督无视这些法律的尝试会失败。[103]

在这点上,希腊东方的士绅受到了自己的形式化话语法则对他们的约束。只有通过这种话语,他们才能确信在与官方的关系中占据道德和文化高地。正是通过希腊语修辞,他们表明了自己*56*不受挑战地行使作为社会"天然"领袖的权威的要求。诉诸罗马法不仅意味着陷入一大堆相互矛盾的法令,它们并不全都适用于当地或与特定案例有关,[104]这样做还意味着离开安全的位置,进入不那么可靠的拉丁语世界。当然,许多人为了这样做而学习拉丁语和罗马法,这让利巴尼乌斯非常反感。[105]不过,作为母语是希腊语的人,他们永远无法像利巴尼乌斯诉诸教化一样泰然自若

---

〔100〕Libanius, *Oratio* 11. 155-56（I. 488）, trans. Downey, p. 669.

〔101〕*Codex Theodosianus* 12.1.75（A.D. 371）,12.1.80（A.D. 380）,and 12.1.82（A.D. 382）.

〔102〕Libanius, *Oratio* 50.12（III. 476）, in Norman, *Libanius 2*, 68; Libanius, *Oratio* 28.4-5（III. 49）.

〔103〕Libanius, *Oratio* 42.18（III. 316）.

〔104〕Augustine, *Ep.* 10*.4.1, ed. Divjak, p. 48; *Lettres 1*-29**, 172; Eno, *Saint Augustine: Letters VI*, 78.

〔105〕Libanius, *Oratio* 49.29（III. 466）, in Norman, *Libanius 2*, 484.

地踏上那片陌生的土地。他们无法再享受传统社会中的巨大优势，即唤起不容置疑的共识，那是许多个世纪以来从关于正确行为的道德观念中凝练而成的。

晚期帝国公共生活的一个变化积极地推动了这种诉诸得体的现象。这是一个仪式的时代。掌权者常常通过"手势、装饰和姿态等风格化的'直接语言'所表达的一系列仪式关系"来让人们感受到自己的存在。[106]对当地精英来说，如此着力地强调仪式元素可能就像坚持要求路易十三和路易十四的代理人保持"礼仪"[civilité]那样令人生畏。[107]不过，这没有在晚期帝国发生。在掌权者手中，晚期罗马生活的高度仪式性被证明是把双刃剑。仪式行为不仅是帝国宫廷自上而下强加的，而且其有效性还恰恰基于诉诸与教化联系在一起的和谐与自我控制的理想。因此，仪式不仅歌颂了当权者，通过把他们的反应仪式化和以慎重的姿态约束他们的原始天性，还对他们施加了控制。就这样，仪式不知不觉地将教化的理想融入了政府的肌理。只有以自我控制和有尊严的方式行使的权力才具有全部权威。与现代法律在案件中忽视程序类似，如果总督忽视了支撑他们权威的仪式元素对于得体的无声和坚决的要求，那么他们的行为随时可能无效。"总督，您忘乎所以了"[Aschémoneis hégemôn]这一斥责（出自一位基督教殉道者之口）触及了当权者"象征性的阿喀琉斯之踵"。[108]

以这种方式行事有跌跟头的危险。总是有可能对错误的人 *57*

---

[106] Matthews, *The Roman Empire of Ammianus*, 255.

[107] Orest Ranum, "Courtesy, Absolutism and the Rise of the State," *Journal of Modern History* 52（1980）: 426-51.

[108] *Martyrdom of Conon* 5.6, in *The Acts of the Christian Martyrs*, ed. H. Musurillo（Oxford: Clarendon Press, 1972）, 190. 我 从 James Scott, *Domination and the Arts of Resistance*（New Haven: Yale University Press, 1990）, 105 借鉴了这种说法。

发火。那样的话，当他们最终失势和遭到报复时，还会带上耻辱的污点。当士绅因为这类问题被得罪时，他们会显示出自己具有持久而无情的记忆。392 年，当叙利亚总督佛洛伦提乌斯［Florentius］失势后，利巴尼乌斯写了斥责他的小册子。[109] 小册子控诉了这个因为傲慢和残酷而逐渐让自己被孤立的人。利巴尼乌斯写道，佛洛伦提乌斯把用鞭笞取人性命的技艺带到了安条克。[110] 此人的兄弟，东方军伯路吉阿诺斯［Lucianus］更为不堪。他对安条克的士绅动用的体罚令他们自己的奴隶也心生同情：这些人遭受的伤害连他们的奴仆都不曾经受过。[111]

这是一个告诫故事。因为利巴尼乌斯不必告诉读者，路吉阿诺斯本人最终在安条克被鞭笞而死，而新任近卫军长官鲁非努斯［Rufinus］专程赶到该城，还小心地向市议会做出了和解姿态——同正确的人对话，（由这位无情的西部帝国人）展现新掌握的希腊语技能，甚至修建了新的柱廊——以便亲自主持对他的敌人的行刑。[112] 路吉阿诺斯得到了应有的下场，通过利巴尼乌斯，他在安条克的受害者确保了他的羞辱之死永远不会被忘记。

在这样的背景下，可以理解为何我们的材料如此关注大人物的风度，以及为何要如此生动地描绘他们偶尔爆发出的令人恐惧的怒火和残忍。这些地方可以作为杠杆的支点。现代史学家觉得

---

［109］Otto Seeck，"Libanius gegen Lucianus," *Rheinisches Museum*，Neue Folge 73（1920-24）：84-101.

［110］Libanius，*Oratio* 46.8-10（III. 382-83）；A. H. M. Jones，J. R. Martindale，and J. Morris，*The Prosopography of the Later Roman Empire*，vol. 1（Cambridge：Cambridge University Press，1971），364-65，Florentius 9.

［111］Libanius，*Oratio* 56.7（IV. 135）.

［112］Libanius，*Epp.* 1106.2，1111.3（XI. 213，218）；Jones，Martindale，and Morris，*Prosopography* 1：516-17，Lucianus 6.

"过于强调说教和性格"是该时期史学家一个特别令人不满的特征，比如阿米安和萨迪斯的欧那庇俄斯。[113] 不过，通过这种著史方式，有学问的阶层专注于他们认为帝国体系中可能改善的少数几个方面之一。"以性格为思考中心"的史学史[114] 反映了得体的政治，精英成员希望通过这种政治来约束当权者，甚至有时可以说服他们改变想法。

皇帝的举止

教化的成就在皇帝本人身上得到了最广泛的宣传。与早期帝国一样，皇帝既是帝国一切权力的保障者，也是行使这些权力的模板。[115] 比如，在利巴尼乌斯的演说中，"皇帝的形象贯穿于整个社会"。[116] 正是通过一个至高无上和不容置疑，而且令人高兴地代表了他们自己价值的权力形象，士绅们在自己的社会里行使着权威，对皇帝权力在当地的代表进行评判和控制，并与其展开合作。

皇帝接受了对自身的这种看法。他们意识到自己是在散布于帝国各城市中的警惕而顽固的观众面前表演，因此小心翼翼地用被接受的方式表现他们的权力。在那几个世纪中，出身于截然不

---

[113] R. C. Blockley, *The Fragmentary Classicising Historians of the Later Roman Empire*, ARCA 6 (Liverpool: Francis Cairns, 1981), 25.

[114] Ibid., 15.

[115] 见 A. Wallace-Hadrill, "Civilis Princeps: Between Citizen and King," *Journal of Roman Studies* 72 (1982): 32-48, 尤其是 47; and Richard Gordon, "The Veil of Power: Emperors, Sacrificers and Benefactors," in *Pagan Priests*, ed. Mary Beard and John North (Ithaca, N.Y.: Cornell University Press, 1990), 209。

[116] A. F. Norman, "Libanius: The Teacher in an Age of Violence," in *Libanios*, ed. G. Fatouros and T. Krischer, Wege der Forschung 621 (Darmstadt: Wissenschaftliche Buchgesellschaft, 1983), 153.

同的社会背景的皇帝都保持了高度的得体。成为皇帝意味着在公
共场合要戴着上层阶级威严和自我约束的面具。[117]

调整为如此端庄得体的角色往往是突然的，令许多人感到压
力。3 世纪初，刚刚坐上皇帝宝座的马克里努斯［Macrinus］在安
条克闹了笑话，因为他留了胡子，还"非常迟钝而费力地对观众
讲话，经常由于声音太小而听不清"。[118]这是一个身为皇帝的粗
鲁军人想要让自己展现出与马可·奥勒留联系在一起的那种哲学
家式从容的失败尝试。4 世纪中叶，叛教者尤里安在他的异教徒
推崇者看来做得更好。毕竟，他在公开碑铭中被称赞为"哲学的
实践大师"。[119]他注意听取自己的医生奥里巴希俄斯［Oribasius］
的建议，"即便感到愤怒时，他也不应该在目光和声音中流露出
来"。[120]面对反对者，他知道如何通过文学游戏"驱散圣怒"。[121]
于是，他写了一篇关于安条克城的特别欢乐的讽刺作品《厌胡者》
［Misopôgon］。这部小册子被张贴出来供所有人阅读。它并非显示
了尤里安饱受煎熬的心理，而是应该被解读为证明了晚期罗马统
治者有时会以这种技巧表现出礼貌的善意幽默，同时代的人将这
同温和（因为稳固）的统治风格联系起来。[122]在本该引发君王令

〔117〕Ammianus Marcellinus, *Res gestae* 25.10.15. 如果新近登基的约维安皇帝活得
　　　更长些，他很可能会"为了皇帝的尊严考虑"而改掉自己的坏习惯。

〔118〕Herodian, *History* 5.2.3, in *Herodian*, ed. and trans. C. R. Whittaker, Loeb
　　　Classical Library（Cambridge, Mass.: Harvard University Press, 1970）, 2: 13.

〔119〕H. Dessau, *Inscriptiones Latinae Selectae*, no. 751（Berlin: Weidmann, 1892）, 1:
　　　167-68.

〔120〕Eunapius, *Fragment* 28.2, in *The Fragmentary Classicising Historians of the
　　　Later Roman Empire*, ed. and trans. R. C. Blockley, ARCA 10（Liverpool:
　　　Francis Cairns, 1983）, 43.

〔121〕Eunapius, *Fragment* 25.3, ed. Blockley, p. 37.

〔122〕Maud W. Gleason, "Festive Satire: Julian's *Misopôgon* and the New Year at
　　　Antioch," *Journal of Roman Studies* 76（1986）: 106-19.

人难忘的暴怒的情形中，尤里安却用撰写《厌胡者》这种奇怪的方式表明，他可以"令人敬畏，但不残酷"。[123] 在下一个世纪里，基督教作家——君士坦丁堡的苏格拉底称赞了狄奥多西二世皇帝：没有人见过他动怒，而异教徒尤里安"虽然自诩为哲学家"，却在安条克大发雷霆。[124]

令人印象深刻的是这些逸闻的"长时性"［ longue durée ］。观察过马克里努斯、尤里安和狄奥多西二世公开举止的人都知道，他们看到的是罗马帝国拥有的唯一有效的制度。他们审视每位统治者的脸庞和手势，急切地想要衡量手握如此可怕权力的人会让自己在多大程度上受制于行为准则的丝网，这些准则被认为会把他和他的上层阶级臣民绑定起来。

当年轻的尤里安抵达米兰，准备被宣布成为凯撒时，庭臣们聚集到这位完全陌生的、意外地从小亚细亚被召回的人身边："他们长久而诚挚地注视着他的眼睛……和脸庞……猜想此人的举止会怎么样，仿佛他们在翻阅那些古老的书籍，从身体姿势中可以看出内在的精神品质。"[125]

面相学是晚期帝国的一个严肃行当。这是最适合个人权力时代的"克里姆林宫观察"的形式。基督徒纳齐安的格里高利在雅典见过年轻的尤里安，得出了自己的结论。不安分的眼睛、鼻孔中沉重的呼吸、拖曳的步伐和无法控制的大笑，这些都是不祥之

60

---

〔123〕Ammianus Marcellinus，*Res gestae* 25.4.8.

〔124〕Socrates，*Ecclesiastical History* 7：22，in *Library of the Nicene and Post-Nicene Fathers*，vol. 2，trans. A. C. Zenos（Grand Rapids，Mich.：Eerdmans，1979）。关于君士坦提乌斯二世在基督徒口中的好脾气，见 Gregory Nazianzen，*Carmina* 1.2.25，lines 290-303：*Patrologia Graeca* 37：833-34。

〔125〕Ammianus Marcellinus，*Res gestae* 15.8.16.

兆。教化有益的免疫作用对这个年轻人无效。[126]基督徒应该提防这样的人成为皇帝。

　　在阅读史学家阿米安的作品时（4 世纪 90 年代，他在罗马用拉丁文写了帝国的历史），我们会发现自己用恐惧的目光审视着大人物的脸庞。他向我们展现了权力的凶恶面相。阿尔纳多·莫米里亚诺〔Arnaldo Momigliano〕曾经描绘说，他的作品中流露出"近乎可怕的敏锐洞见"，这种洞见令人不安，因为它生动得扣人心弦。[127]比如，瓦伦提尼安一世致命的易怒倾向越来越多地表现在此人的"声音、表情和步态"中。[128]因为阿米安是根据平静和近乎标志性的公共人物形象来评判同时代人的行为的，这种形象与正确地行使权力联系在一起。在他的史书中，愤怒"几乎总是被记录下来，当它来自本该有教养的人时"，他最喜欢用"燃烧、沸腾和膨胀"这类字眼。[129]他叙述中的人物被那些无视阿米安理想的品质严重扭曲。夸张挥舞的手臂，跳跃的步伐，像犄角般扬起的眉梢，像蹦跳的公牛般向后甩去的头颅，闪着致命怒火的眼睛，主审者脸上凝固的微笑，"野兽般的咆哮"：阿米安栩栩如生地描绘了这一切来提醒有教养的读者，像他们一样的人近年来已经堕入了何种梦魇。[130]

　　这是一场夸张的影子游戏，现代读者从中对可能伴随晚期罗

---

〔126〕Gregory Nazianzen, *Orationes* 4.56, 5.21-23, 34; *Patrologia Graeca* 35: 560B, 689B-692B, 717A.

〔127〕A. D. Momigliano, "The Lonely Historian Ammianus Marcellinus," *Annali della Scuola Normale superiore di Pisa*, ser. 3, 4（1974）: 1404, now in *Essays in Ancient and Modern Historiography*（Oxford: Blackwell, 1977）, 136; Matthews, *The Roman Empire of Ammianus*, 258-62, 459-60.

〔128〕Ammianus Marcellinus, *Res gestae* 29.3.2.

〔129〕Robin Seager, *Ammianus Marcellinus: Seven Studies in His Thought and Language*（Columbia: University of Missouri Press, 1986）, 49, 34.

〔130〕Ammianus Marcellinus, *Res gestae* 14.7.1, 28.1.3, 20.1.2, 28.4.10, 20.9.2, 28.1.12.

马专制的残酷、唯利是图和惊慌恐惧难以忘却。[131] 但我们必须记住，就像在影子游戏中那样，这些可怕的事件以如此夸张的形态出现，是因为有教养者的想法这束小心倾斜的明亮光线把它们投射到了屏幕上。阿米安也许是利巴尼乌斯的同胞，他们无疑共享着同样的文化。作为游历广泛的士兵，他比利巴尼乌斯更清楚教化在帝国高层政治中的影响力。但和利巴尼乌斯一样，阿米安确信只有他和他的读者们才能用他们自己极其精确的语言讲述故事。我们已然看到，阿米安对自己时代的叙述充满了"怀旧"，这种"怀旧"的基础是强烈地拒绝放弃他所在阶层的最后特权，即有能力记录他希望从未发生的事件。[132]

直言不讳［*parrhésia*］：哲学家

因此，精英在当权者面前享有许多优势。他们拥有特别顽强的共同法则。对那些无视他们关于公共行为的理想的人，他们可以默默地坚持不与不受欢迎的官员合作。他们缺少的是勇气。作为城邦的真正遗产，他们的言论自由［*parrhésia*］遭到严格的限制。他们可能仍然希望说服当权者，但无法对其提出挑战。

这一切的理由足够简单。为了继续发挥影响，士绅需要留在将城市同帝国政府和宫廷联系起来的恩庇网络中。对他们来说，直言不讳是友谊的结果。只有觉得自己能仰仗与大人物友谊的人

---

［131］Matthews, *The Roman Empire of Ammianus*, 460.

［132］T. D. Barnes, "Literary Convention, Nostalgia and Reality in Ammianus Marcellinus,"in *Reading the Past in Late Antiquity*, ed. Graeme Clarke (Rushcutters Bay, New South Wales: Australian National University Press, 1990), 83. G. W. Bowersock, *Journal of Roman Studies* 80（1990）: 247-48 暗示，阿米安的家乡是亚历山大里亚，而非安条克。

才有言论自由。比如，362 年，当利巴尼乌斯在尤里安面前为安条克的市议会辩护时，他十分相信自己同皇帝的友谊。即使那样也需要一些勇气。在他发言的时候，有人听见庭臣们大声表示，奥龙特斯河就从宫殿的窗下流过：把这位烦人的教授扔进河里也许是个好主意。[133]

利巴尼乌斯知道自己只能做到这些。当他为自己的叔叔法斯加尼乌斯［Phasganius］发表葬礼演说时，演说的最后三分之一不得不在私下进行，因为其中谈到了法斯加尼乌斯反抗尤里安的兄弟伽卢斯凯撒［Caesar Gallus］时的直言不讳。尤里安可能会被这个话题激怒。于是利巴尼乌斯退入一个房间，"要求听众……不要大声鼓掌，免得引起人群的注意。目前为止——但愿复仇女神仍然仁慈——还没有导致可怕的后果"。[134]

利巴尼乌斯对官员最强有力的攻击发生在他们失势和被取代后，这表明在他的生涯中，颇为流行的人格毁损一直是他特别不屑的东西。[135]对于利巴尼乌斯的行为，最善意的解释是他的两难处境很普遍。与奥斯曼帝国统治下一样，"士绅政治"受制于非常严格的可能性局限：他们的"行动模式在正常情况下必须是小心而暧昧的……私下施加影响；通过对统治者避而不见来小心地表达不满；慎重地鼓励反对意见——但尚不至于招致统治者怒火的致命打击"。[136]

---

〔133〕Libanius, *Oratio* 1.126（I.143-48）, in Norman, *Libanius' Autobiography*, 74.

〔134〕Libanius, *Ep.* 283.2（X.268）; Liebeschuetz, *Antioch*, 26.

〔135〕Paul Petit, "Recherches sur la publication et la diffusion des discours de Libanius," *Historia* 5（1956）: 479-509.

〔136〕A. Hourani, "Ottoman Reform and the Politics of Notables," in *Beginnings of Modernization in the Middle East in the Nineteenth Century*, ed. W. R. Polk and R. L. Chambers（Chicago: University of Chicago Press, 1968）, 46.

因此，言论自由被赋予给另一类以古怪著称的人物——哲学家。他们是得天独厚的代言人。哲学家几乎总属于士绅阶层，在很大程度上共享着后者的教化。比如，对于萨迪斯的欧那庇俄斯笔下的哲学家英雄而言，他们所活动之世界的固定背景仍然是富有的行省士绅的生活，很少深入到对他们令人更加难忘的怪癖的描绘背后。士绅代表了"哲学、修辞学和神圣知识的典型融合"。[137] 但哲学家的生活方式截然不同。他们被认为完全不受制于恩庇和友谊关系。通过勇敢的思想努力他们从社会中找到了自由。因此，他们自己身上就带有直言不讳的权利。他们可以直接按照一套礼貌得体和自我约束的法则（这些人本身是其最高限度的典范）与大人物对话，因为他们不会为政治联系而妥协。

在帝国早先的世纪里，平静、留着胡须、裸露胸膛和穿着朴素长袍、背着皮包和手账的哲学家形象曾是明确定义且稳定预期的焦点：哲学家不受制于任何人，得天独厚地成为当权者的对立面。[138] 在古代晚期，哲学家保持了这种形象；尽管雅典和其他地方的异教哲学学派的领袖"逐渐滑向社会边缘"，这种形象却幸免于难。[139]

63

当然，这主要是一种形象。4世纪对哲学家的看法与现实中普罗提诺或杨布利科斯热情且具有强烈非政治色彩的研究圈子截

---

〔137〕Penella, *Greek Philosophers and Sophists*, 75.

〔138〕Johannes Hahn, *Der Philosoph und die Gesellschaft: Selbstverständis, öffentliches Auftreten und populäre Erwartungen in der höhen Kaiserzeit* (Stuttgart: Franz Steiner, 1989), 尤其是 12-29 对此做了出色的研究。

〔139〕Garth Fowden, "The Pagan Holy Man in Late Antique Society," *Journal of Hellenic Studies* 102 (1982): 33, 51-59; 关于引人瞩目的新的视觉证据，见 R. R. R. Smith, "Late Roman Philosopher Portraits from Aphrodisias," *Journal of Roman Studies* 80 (1990): 144-46, 148-50.

然不同，就像爱因斯坦的现代形象与科学家的真正工作截然不同。但不应因此而无视它。正如爱因斯坦的形象所显示的，此类形象"加深了具体的偏见"。[140] 而哲学家形象所加深的"具体偏见"首先集中在对权力的控制上。能够掌控自身激情的人有权以权威的口吻向难以做到这点的人进言，他可以充当这些人的精神导师，有必要的话甚至可以充当批评者。[141] 当哲学家索帕特〔Sopater〕从阿帕米亚〔Apamea〕前往新建成的君士坦丁堡时，他的仰慕者确信，他这样做是为了"以理性控制和改变作为君士坦丁性格基础的冲动"。[142] 欧那庇俄斯认为，如果他成功了，历史将截然不同。

因此，4世纪的哲学家形象具有两面性。哲学家是不受社会制约的人。他与身份相当者没有瓜葛，并主动回避当权者。即便喜欢财富、文化和社会地位（正如许多人那样），他们也不会为这些物质利益而牺牲自由。他们常常性情上便是遁世者，往往坚守哲学传统，特别是极端的柏拉图主义，把沉思看得比其他一切人类活动更加重要。

不过，正是在自我营造的孤独中，哲学家发展出的智识和性*64* 格力量让他们能够介入周遭的世界。许多哲学家非常安于孤独，但这个事实并不意味着其他人就不会觉得有必要，甚至有欲望偶

---

〔140〕A. J. Friedman and C. C. Douley, *Einstein as Myth and Muse*（Cambridge：Cambridge University Press，1985），193-94.

〔141〕I. Hadot, "The Spiritual Guide,"in *Classical Mediterranean Spirituality*,ed. A. H., Armstrong（New York：Crossroad，1986），436-59；Hahn, *Der Philosoph und die Gesellschaft*，61-65.

〔142〕Eunapius, *Lives of the Philosophers* 462, in Wright, *Philostratus and Eunapius*，380；我更喜欢 Penella, *Greek Philosophers and Sophists*，51 的译文。当然，除了提高自我，君士坦丁还有其他理由青睐哲学家；见 Garth Fowden, "Nicagoras of Athens and the Lateran Obelisk," *Journal of Hellenic Studies* 107（1987）：51-57.

尔冒险进入公共生活。多亏了社会上的身份相当者仍能对他们施加压力，特别是他们被认为应该忠于自己的家乡，至少有几位 4 世纪的哲学家同意在劝诫喜剧中扮演自己的戏份。在那些情况下，哲学家形象中不那么避世的一面给了他们坚实的行动平台。只有像哲学家这样克服了自身的愤怒和恐惧的人才能抵挡他人的怒火。他们不会在大人物气势汹汹的权力面前退缩，可以确保让市议会听到自己的声音。他们被认为可以帮助那些在政治体制中苦苦挣扎的人摆脱困境，就像我们看到的，那里总是弥漫着愤怒。因此，我们看到哲学家因为他们同"权力之巅"——即皇帝及其侍从——打交道的能力而不断受到赞美，但很少有士绅敢这样做。

哲学家将某些精心培养的美德带到了他们的工作中。首先是坚韧［karteria］，即在面对强权者时的忍耐力。在一个残忍行为如此普遍的社会，我们永远不应低估肉体勇气的政治分量。最令人惊叹的是那些我们知道的挺过拷问的人。许多人做不到这点。376 年，在瓦伦斯皇帝于安条克发起的叛国罪审判中，一位重要人物叫来了利巴尼乌斯。此人"认为友谊是神圣的，但受不了拷问。因此，他乞求我们向命运女神祈祷让他死去……他沐浴、用餐和入眠，死神随着睡眠到来；第二天黎明，当宫廷来人逮捕他时，我们正在参加他的葬礼"。［143］利巴尼乌斯描绘的仁慈的心脏病发作事实上可能是他本人所提议的自杀。［144］

相反，在阿米安笔下，哲学家没有表现出这种恐惧。拷问室里的可怕火光清晰地衬托出了他们的形象。在 356 年的叛国罪审判中，只有伊庇戈诺斯［Epigonus］一人在审讯中崩溃，暴露了

---

［143］Libanius, *Oratio* 1.173-74（I.164）, in Norman, *Libanius' Autobiography*, 99.

［144］Eunapius, *Fragment* 39.2, ed. Blockley, p. 55.

自己是个"徒有其表的哲学家"。[145] 其他人则经受住了考验。比如帕西非洛斯[Pasiphilus]，"尽管遭受严刑拷打，要求他用虚假指控毁了[一个同事]，但还是无法动摇他坚定的信念"。[146]

65　　　阿米安强烈地感到需要肉体勇气，尽管忠于旧的神明，他的话还是对基督教信仰的殉道者表示尊敬。在其他许多人看来，真正的基督教殉道者与被处决的罪犯和可怕的骸骨无异，[147] 但让阿米安印象深刻的地方在于，和哲学家一样，他们在面对痛苦和死亡时会将自己的身体"置于险地"："当被强迫背离信仰时，他们会忍受拷问的痛苦，不惜带着纯洁的信仰迎接光荣的死亡。"[148]

在需要勇气、顽强和智识的情况下，4世纪的社群有时仍然会向当地的哲学家求助。近卫军长官佩特罗尼乌斯·普罗布斯[Petronius Probus]的苛捐杂税令伊庇洛斯[Epirus]的士绅纷纷破产，更糟糕的是，他们"还被迫派使者向皇帝谢恩"。他们强迫一位名叫伊菲克勒斯[Iphicles]的哲学家担当此职，"此人以灵魂的坚毅著称"。他的勇气和才干让他可以同刻意显露凶相的瓦伦提尼安一世对峙，将计划中例行展现的歌功颂德的修辞变为直抒胸臆的机会。[149]

此外，正因为这位哲学家以无所畏惧闻名，他拥有了直言不讳

---

[145] Ammianus Marcellinus, *Res gestae* 14.9.5.

[146] Ibid., 29.1.36; cf. 14.9.5, 19.12.12, 29.1.37, 29.2.25.

[147] Eunapius, *Lives of the Philosophers* 472, in Wright, *Philostratus and Eunapius*, 424; Isidore of Pelusium, *Epp.* 1.55, 4.27: *Patrologia Graeca* 78: 217BC, 1080c; Theodoret of Cyrrhus, *Graecarum Affectionum Curatio* 8.11: *Patrologia Graeca* 83: 1012C; P. Canivet, *Théodoret de Cyr: Thérapeutique des Maladies Helléniques* 2, Sources chrétiennes 57 (Paris: Le Cerf, 1958), 314; Severus of Antioch, *Homeliae cathedrales* 72: *Patrologia Orientalis* 12: 84-87.

[148] Ammianus Marcellinus, *Res gestae* 22.11.10; 见 E. D. Hunt, "Christians and Christianity in Ammianus Marcellinus," *Classical Quarterly* 35 (1985): 192-99.

[149] Ammianus Marcellinus, *Res gestae* 30.5.9-10.

这一至关重要的特质，即无畏而公正地直抒胸臆和提供忠告。在我们所描绘的世界中，这是一种无比宝贵的社会灵药。盖伦认定，没有哪个公民士绅［politeuomenos］可以被相信会说真话；不能对士绅推心置腹，或者相信他们会提供客观的建议。[150] 相反，作为坦诚的提供者，哲学家被认为给公共生活带来了一种具有最直接的政治价值的美德。在个人专制的体系下，"忠告"的观念概括了罗马人对于消除公共弊病的期待，它产生的共鸣堪比今天的"民主"一词。[151]

当然，哲学家在这方面并不孤独。尽管同时代的许多记述给人留下了不好的印象，但在政府上层从不缺少忠告。阿米安只是谴责了没能尽到职守的"权力之巅"，即政府部门的首脑和皇帝的谋士。他们本该控制皇帝的怒火，打消他的报复心。他的指责中假设有许多人仍然能做到这些。[152] 战争和税收专家在御前会议［consistorium］上直抒胸臆仍然是可能的。哥特人将军弗拉维塔［Fravitta］并非哲学家，但他"高声和公开地对皇帝说话……边说边做着鬼脸"。尽管宦官对于打破皇帝在场时通常的庄严静谧感到恼火，他仍被邀请继续。[153] 听说有法令将于432—433 年强迫

66

［150］Galen, *De cognoscendis animi morbis* 1.3, ed. Kühn, 5: 8-9, trans., Harkins, pp. 32-33.

［151］Paul Veyne, *Le Pain et le Cirque* (Paris: Le Seuil, 1976), 711, trans. *Bread and Circuses* (London: Allen Lane Penguin Press, 1990), 404; Fergus Millar, *The Emperor in the Roman World* (London: Duckworth, 1977), 83-122; Karlheinz Dietz, *Senatus contra principem, Untersuchungen zur senatorischen Opposition gegen Kaiser Maximinus Thrax* (Munich: C. H. Beck, 1980), 313-14。关于瓦伦提尼安一世，见 Ammianus Marcellinus, *Res gestae* 27.7.9；关于克劳迪乌斯，见 Aurelius Victor, *De Caesaribus* 4.1；关于理想，见 *Scriptores Historiae Augustae*: *Severus Alexander* 16.3；关于缺乏建议的危险，见 *Scriptores*: *Aurelian* 43.3。

［152］Ammianus Marcellinus, *Res gestae* 14.1.10, 28.1.25, 29.3.2.

［153］Eunapius, *Fragment* 48.8, ed. Blockley, pp. 111-13.

乞里奇亚主教接受一个不受欢迎的神学方案后，近卫军长官陶鲁斯［Taurus］"在神力［也可能是亚历山大里亚牧首私下所送的礼物］的感召下拒绝允许颁布它。他来到皇帝面前，发誓说城市会被毁灭，非常直白地表示色雷斯［被蛮族入侵摧毁的行省］的今天就是乞里奇亚的明天，那里几乎没有城市还在纳税"。[154]

不过，相比哲学家介入的想法，这些来自现实生活的事例没能在当时的上层阶级中得到同样的重视。因为哲学家的活动浓缩了风格化程度可接受的权力运作的传统形象。他们不像弗拉维塔和陶鲁斯一样仅仅是公职人员。在个人统治时代，他们直接与统治者最重要的个人品质对话。在阿米安看来，愤怒是专制的表面下腐烂着的溃疡。[155]愤怒一直是哲学家的专长。一位哲学家教奥古斯都背诵整个希腊字母表，以便让他感到心头火起时有时间控制自己。[156]

因此，哲学家驯服皇帝之心的场景在晚期帝国的政治想象中一直非常重要。这解释了为何最糟糕的情况不会总是发生。比如，虽然叛教者尤里安被认为对教会充满怨怒，而那个时代的基督徒又被认为富有英雄气概，但在他的统治时期只出现了很少的殉道者。面对这个令人尴尬的事实，后来用叙利亚语创作《叛教者尤里安传奇》［*Romance of Julian the Apostate*，很可能创作于 5 世纪末］的人用宫廷哲学家的形象来做解释。[157]在《传奇》中，异教徒暴君尤里安的怒火总是被一位又一位谨慎的谋士所平息。这些

---

〔154〕*Collectio Casinensis* 211, ed. E. Schwartz, in *Acta Conciliorum Oecumenicorum* 1.4（Berlin: de Gruyter, 1932-33）, 155.

〔155〕Ammianus Marcellinus, *Res gestae* 27.7.4.

〔156〕*Epitome de Caesaribus* 48.14-15.

〔157〕M. van Esbroeck, "Le soi-disant Roman de Julien l'Apostat," in *IV Symposium Syriacum 1984*, Orientalia Christiana Analecta 229（Rome: Pontificium Institutum Studiorum Orientalium, 1987）, 191-202.

谋士中的第一位是哲学家阿普拉托斯［Aplatus］：

> 此人学识精深，在哲学家中很知名；虽然是个虔诚的异教徒，但他为人正直，能够提出忠告……［他说］"您的王国有权毁灭或表示慈悲……没有比您地位更高的人会指责您的意志……由于我不受制于您的权力，并发誓不怠慢责任，我回答说，您拥有作为国王的权力……［但］您的王国僭越了正义法则时神明给予了它仁慈，因为看到对责任的一切规定都只来自您。"〔158〕

尽管可能因为不断地使用而显得陈旧，但哲学家的形象仍然浓缩了正直和直率的理想，它们在统治者圈子里通常并不流行。对官僚而言，扮成哲学家意味着为一个有风险的行当披上旧世界正直的斗篷。赫尔墨根尼斯［Hermogenes］曾担任凶残的伽卢斯凯撒的私人秘书。〔159〕他因为带着清白的记录离开那个艰难的岗位而受到称赞。根据他的颂词作者，修辞学家希梅里俄斯［Himmerius］的说法，赫尔墨根尼斯"在和［伽卢斯］的谈话中直言不讳，通过讲述来自诗歌和历史的古老神话与故事，他让那位统治者的统治变得更温和"。〔160〕

当然，在现实中，并非一切介入都牵涉皇帝的怒火。宫廷的正常事务关注的是庞大的恩庇制度的运作。就像莎士比亚的《暴风雨》中米兰公爵的宫廷，统治的艺术依靠恩典和施惠：

---

〔158〕H. Gollancz, trans., *Julian the Apostate* (Oxford：Oxford University Press, 1929), 39-49.

〔159〕T. D. Barnes, "Himerius and the Fourth Century," *Classical Philology* 82 (1987)：219.

〔160〕Himerius, *Oratio* 48.19, ed. A. Colonna (Rome：Istituto Poligrafico, 1951), 205.

68

> 如何接受请愿，
>
> 如何拒绝它们，谁应当提拔，
>
> 谁因为升迁太快而应被贬抑。[161]

作为直言不讳的人，哲学家能够如实描绘个人的价值，辨别事情的对错，这让他们成了完美的恩主秘书。作为哲学家归隐了一段时间后，赫尔墨根尼斯的名望焕然一新，然后他开始在尤里安统治下的请愿部门工作："他执行的哪项法令不是慷慨的？哪个遭遇危险的人没有通过他化险为夷？哪个有资格的人没能通过他获得职位？"[162]

4 世纪时，哲学家作为得天独厚的皇帝谋士的古老形象仍能在政府的边缘引导现实中的人们行动。这正是君士坦丁堡的忒米斯提乌斯［Themistius］，一位成功得令人难忘的哲学家的故事。忒米斯提乌斯曾在君士坦图乌斯二世、瓦伦斯和狄奥多西二世这几位作风截然不同的皇帝治下活动，他浓缩了同时代人对于仍能给宫廷哲学家留下空间的统治风格的期待。[163]

一边是意外，一边是家族传统和宗教忠诚的坚实纽带，两者确保了忒米斯提乌斯恰巧在君士坦丁堡逐渐发展为东部帝国枢

---

〔161〕*The Tempest* 1.2.79-81. 摘自 Stanley Wells and Gary Taylor, eds., *William Shakespeare: The Complete Works* (Oxford: Clarendon Press, 1986), 1318.

〔162〕Himerius, *Oratio* 48.30, ed. Colonna, p.209.

〔163〕G. Dagron, "L'Empire romain d'Orient au ive. siècle et les traditions politiques de l'Hellénisme: Le témoignage de Thémistius," *Travaux et Mémoires* 3 (1968): 1-242; Jones, Martindale, and Morris, *Prosopography* 1: 889-94; L. J. Daly, "In a Borderland: Themistius' Ambivalence toward Julian," *Byzantinische Zeitschrift* 73 (1980): 1-11; idem, "Themistius' Refusal of a Magistracy," *Jahrbuch der österreichischen Byzantinistik* 32(1982): 177-86; Scott Bradbury, "The Date of Julian's Letter to Themistius," *Greek, Roman and Byzantine Studies* 28 (1987): 235-51. 关于忒米斯提乌斯的文献，见 B. Colpi, *Die paideia des Themistius* (Bern: Peter Lang, 1987)。

纽之时成了该城的哲学家。他特别有效地利用了这种形势。他身体力行地实践了古老的角色。在和君士坦提乌斯二世皇帝共同进餐和出行时，他总是注意让人看到自己穿着哲学家朴素的小斗篷[tribônion]；他还显示出对财富的无动于衷，放弃了君士坦丁堡资深执政官惯常领取的粮食津贴。[164] 作为享有直言不讳美名的人，忒米斯提乌斯甚至能够向坏脾气和没受过良好教育的瓦伦斯直接进言，"[瓦伦斯]总是警惕地在一切看似出于公心的请求背后探查个人利益"。[165] 忒米斯提乌斯的书信显示，他是一个触手状的恩庇网 *69* 络的领导者。作为君士坦丁堡元老院的名义首脑，他参与了将其成员从 300 人扩大到 2000 人的改革，因此得以向一大批行省士绅施惠，这些人急于获得元老身份和宫廷职位带来的特权。[166]

赦免与愤怒这两个相关的主题在忒米斯提乌斯的公开发言中扮演了重要角色。他担任了皇帝仁慈的代言人。他甚至引用了"一句亚述箴言"（事实上来自《旧约》）来表示"王的心在耶和华手中"。[167] 作为一切赦免的来源，皇帝是"活的法律"，是上帝的怜悯在人间的化身。[168]

----

[164] Themistius, *Oratio* 34.14, 23.291c-292b, in *Themistii Orationes*, ed. G. Downey and A. F. Norman（Leipzig: Teubner, 1971）, 2: 222, 85-86.

[165] Themistius, *Oratio* 34.14, ed. Downey and Norman, 2.222；见 Daly, "Themistius' Refusal of a Magistracy," 163。

[166] Themistius, *Oratio* 34.13, ed. Downey and Norman, 2: 221; G. Dagron, *La naissance d'une capitale: Constantinople et ses institutions de 330 à 451*（Paris: Presses universitaires de France, 1974）, 129-32.

[167] Themistius, *Oratio* 7.89d, 11.147c, 19.229a, ed. Downey and Norman, 1: 135, 2: 22, 333, citing Proverbs 21: 1; Lellia Cracco Ruggini, *Simboli di battaglia ideologica nel tardo ellenismo*（Pisa: Pacini, 1972）: 17, n. 35.

[168] Themistius, *Oratio* 5.64bc, ed. Downey and Norman, 1: 93-94. 关于尤里安去世的余波，以及对宗教宽容的请求，见 5.67b, ed. Downey and Norman, 1: 98-99；参见 11.154a and 16.212d, ed. Downey and Norman, 1: 230, 303-4; Dagron, "L'Empire romain de l'Orient," 127-34。

　　忒米斯提乌斯伴君三十多年，让虚构人物阿普拉托斯的箴言变得有血有肉。在安条克，他甚至通过发表倡导宗教宽容的演说平息了瓦伦斯皇帝的怒火。基督徒相信，他成功地说服皇帝把对尼西亚信条的固执支持者的死刑威胁变成了流放。[169] 正是得益于忒米斯提乌斯这样的人，尽管后来有了各种让人难以置信的添油加醋，但哲学家的形象在中世纪拜占庭传说中仍保留了他们在古代晚期的角色的清晰轮廓。哲学家被认为是活跃于宫廷的人，"既接近权力，又独立于它"。[170]

　　因此，哲学家的形象仍然处于想象中的金字塔之巅，这座金字塔将上层阶级谨慎但坚定的劝诫网络同皇帝的宫廷联系起来。*70* 尽管活跃在这个网络中的人可能是谨小慎微的，完全没有英雄气概，但在 4 世纪的大部分时候，他们几乎完全垄断了与帝国政府的沟通。君士坦丁在 312 年皈依基督教对于仍然基于同当地精英合作的统治风格几乎没有影响。公元 388 年，当狄奥多西一世皇帝离开君士坦丁堡，前往征服高卢篡位者马克西姆斯控制的意大利时，他以传统的方式行事。现在已经年近七旬、德高望重的忒米斯提乌斯等人被留下负责对狄奥多西之子，年轻的阿卡狄乌斯 [Arcadius] 皇子的教育。但不久，皇子的另一位教师阿森尼乌斯 [Arsenius] 逃离宫廷，在埃及的沙漠中隐身了一代人之久的时间：他自称在文盲僧侣中找到了一种迷人的新字母表，这种新的字母表与他对希腊语和拉丁语古典作品的了解无关。[171] 至于皇帝

---

〔169〕Sozomen, *Ecclesiastical History* 6.36; R. Snee, "Valens' Recall of the Nicene Exiles and Anti-Arian Propaganda," *Greek, Roman and Byzantine Studies* 26（1985）：413-17.

〔170〕G. Dagron, *Constantinople imaginaire*（Paris：Presses universitaires de France, 1984），123.

〔171〕*Apophthegmata Patrum*：*Arsenius* 5：*Patrologia Graeca* 65：89A.

的愤怒这个包含一切的话题，狄奥多西很快将不得不与昔日的行省总督，现在的米兰主教，已经五十出头的安布罗斯打交道：这次冲突被证明要比他与更加温文尔雅的忒米斯提乌斯打交道时所经历过的更加激烈。一种新的"哲学家"出现了。我们必须在下一章关注这一发展。

第3章 贫穷与权力

普世之道 [*Universalis via*]

4世纪初，两位哲学家前来拜见圣安东尼 [Saint Anthony]。当两人沿着山道向他的隐居处攀登时，他"从他们的外貌"马上认出了这两人。[1]还有一次，有位前来拜访的哲学家吃惊地发现，安东尼进入沙漠时没有带着书。面对小屋外可怕的沉寂，安东尼说："哲学家啊，我的书是上帝创造的自然；每当我想要阅读上帝的文字，它就在那里。"[2]

一系列关于埃及僧侣的逸闻都提到了此事，这些逸闻通过上层阶级的基督徒在5世纪的君士坦丁堡流传。在现实中，僧侣来自截然不同的社会背景，完全不反感阅读和生产书籍。[3]但基督教作家一直将他们描绘成未受教化的人。僧侣是哲学家的反面，后者代表了有学问的上层阶级。安东尼是农民之子，他不谙希腊

---

[1] Athanasius, *Life of Anthony* 72.

[2] Socrates, *Ecclesiastical History* 4.23, in *Library of the Nicene and Post-Nicene Fathers*, trans. A. C. Zenos (Grand Rapids, Mich.: Eerdmans, 1979), 2: 107.

[3] Peter Brown, *The Body and Society: Men, Women and Sexual Renunciation in Early Christianity* (New York: Columbia University Press, 1988), 252; Clemens Scholten, "Die Nag-Hammadi-Texte als Buchbesitz der Pachomianer," *Jahrbuch für Antike und Christentum* 31 (1988): 144-72.

语，完全由上帝教导。[4] 这正是《安东尼传》之类的文献——不久就和亚历山大里亚牧首阿塔纳修斯［Athanasius］关联起来，并很快被译成拉丁语——想要传递给帝国精英的信息。[5] 当时在米兰担任修辞学教师的奥古斯丁——在拉丁世界扮演了较他年长的同时代人安条克的利巴尼乌斯的角色——的反应并非独一无二。386 年，在听完一位来访官员讲述了圣安东尼的故事后，他得出了一个极端的结论。他的文化被宣判了死刑，"没有学问的人突然飞上了天；而我们这些人尽管有学识，却仍然在血和肉里挣扎"。[6]

帝国各地的非基督徒对僧侣所表达的仇恨也体现了后者对同时代人的想象的即时影响。在 4 世纪末写作的异教徒，萨迪斯的欧那庇俄斯认为，蛮族西哥特人声称他们中有基督教僧侣并不奇怪。鉴于帝国的可悲状态，这完全在意料之中，因为"只需穿着灰色斗篷和短袍溜达，做一个废物并享有废物之名就够了。蛮族用这些伎俩欺骗了罗马人，因为他们精明地注意到，罗马人尊崇这些东西"。[7]

基督教僧侣的声名鹊起是一个警告信号。它宣示着晚期罗马文化和社会中更广泛的改变。士绅曾经把自己的权威建立在对高度形式化的话语法则的垄断上。他们对当权者进行劝诫的

---

[4] Athanasius, *Life of Anthony* 1, 73, 93.

[5] 见 T. D. Barnes, "Angel of Light or Mystic Initiate? The Problem of the *Life of Anthony*," *Journal of Theological Studies*, n.s., 37（1986）: 353-68. 许多论据仍然支持将《安东尼传》归于阿塔纳修斯名下的传统观点。

[6] Augustine, *Confessions* 8.8.19.

[7] Eunapius, *Fragment* 48.2, in *The Fragmentary Classicising Historians of the Later Roman Empire*, ed. and trans. R. C. Blockley, ARCA 10（Liverpool: Francis Cairns, 1983）, 77.

权力依赖于一个不情愿的认识，即在行省日常行政的广大领域，他们的合作必不可少，就像他们的文化——基于许多个世纪来的未间断传统——似乎不可替代。这两个方面相辅相成。具有独特话语和行为模式的传统文化适合那些作为市议员，受命按照屡试不爽的传统方法治理自己的城市和收税的人。士绅对形式化话语的垄断反映在他们对当地政治中同样形式化的"戏剧性风格"的垄断上。[8]

73　　　因此，僧侣的形象浓缩了激烈的挑战。他们被描绘成颠覆文化和政治垄断的行动先锋："由于过去的掌权者在形式化的法则内活动，他们无法被逐步挑战，而是必须彻底对传统文化表现出近乎故意和亵渎的不屑。"[9]

　　僧侣能够说出打破教化魔力的"粗话"[gros mots]。作为狄奥多西一世儿子们的老师，阿森尼乌斯应该认识他在宫廷的同事，年事渐高的哲学家忒米斯提乌斯。为了拯救自己的灵魂，他从君士坦丁堡的宫廷逃往埃及。十多年后，他离开纳特伦河谷[Wadi Natrun]的隐居处，在亚历山大里亚附近的卡诺波斯[Canopus]的神庙区住了一段时间。仅仅一代人之前，哲学家—英雄萨迪斯的欧那庇俄斯曾经光顾过那里。[10]阿森尼乌斯已经洗心革面。他曾经代表了教化在帝国宫廷的特权。现在，他坚守着自己的精神导师，一位年长的埃及人的话："我懂希腊和拉丁语学问。但是我

〔8〕　E. P. Thompson, "Patrician Society, Plebeian Culture," *Journal of Social History* 7 (1974): 389.

〔9〕　M. Bloch, "Why Oratory?" in *Political Language and Oratory in Traditional Society*, ed. M. Bloch (London: Academic Press, 1975), 25.

〔10〕　Eunapius, *Lives of the Philosophers* 470, in *Philostratus and Eunapius*, ed. and trans. W. C. Wright, Loeb Classical Library (Cambridge, Mass.: Harvard University Press, 1952), 416.

还没有向这位农民学过最基本的东西。"[11]

来自沙漠的逸闻之所以有影响，是因为它们迎合了已经在城市中萌芽的态度。遵循可以回溯到2世纪和3世纪护教者的悠久传统，基督徒作家们坚称，在整个罗马世界传播基督教的是没有教化的卑微之人，这种传播方式证明了他们的宗教的神奇性质。[12]埃及僧侣的"神授"智慧对当时的基督徒如此重要，因为那被认为是当初"渔民、税吏和制造帐篷的人"——使徒和圣保罗——充满灵性的布道，"神却拣选了世上愚拙的，叫有智慧的羞愧"。[13]

基督徒论战中一种老生常谈的观点是，教会带来了智慧和道德法则，这些东西之前最多只有少数伟大的头脑才能勉强获得。用奥古斯丁在《上帝之城》中的话来说，对于天使和魔鬼的不可见世界的本质，作为受洗基督徒的任何一个老妇人现在都比波菲利[Porphyry]这样差不多同时代最博学的哲人了解得更多。[14]基督把救赎的"普世之道"[universalis via]带给了这个世界，只有骄傲的多神崇拜者继续对此视若无睹。[15]公教教会把所有民族和所有阶层纳入了自己的"大众胸怀"[populari sinu]。[16]《圣经》

74

---

[11] *Apophthegmata Patrum*：*Arsenius* 6：*Patrologia Graeca* 65：89A；B. Ward, trans., *Sayings of the Desert Fathers*, Cistercian Studies 59（Kalamazoo, Mich.：Cistercian Publications, 1975），8.

[12] Origen, *Contra Celsum* 7.60；cf. 6.2.

[13] 1 Corinthians 1：27. Theodoret of Cyrrhus, *Graecarum affectionum curaio* 5.6：*Patrologia Graeca* 83：945B；P. Canivet, ed., *Théodoret de Cyr：Thérapeutique des maladies helléniques*, Sources chrétiennes 57（Paris：Le Cerf, 1957），246.

[14] Augustine, *City of God* 10.11.37；John Chrysostom, *Baptismal Catechism* 8.6, in *Jean Chrysostome：Huit catéchèses baptismales*, ed. A. Wenger, Sources chrétiennes 50bis（Paris：Le Cerf, 1970），250.

[15] Augustine, *City of God* 10. 32.

[16] Augustine, *Confessions* 6.5.8；类似的看法，见 J .H. W. G. Liebeschuetz, *Barbarians and Bishops：Army, Church and Sate in the Age of Arcadius and Chrysostom*（Oxford：Clarendon Press, 1990），173-74。

拥有看似无穷无尽的意义层次，是基督教会中社会和思想多样性的缩影。"平实的语言和简朴的风格让所有人都能理解它……这本书脱颖而出，独自占据权威之巅，但又能将人群吸引到它受启示的淳朴的怀抱中。"[17]在奥古斯丁看来，罗马帝国从未像基督教教义在它的所有民众中传播时那么幸运："在高高的座席上，教士按照神性的权威宣读'不要以恶报恶'的训诫，在我们的会众集会上，向所有性别、所有年龄和社会阶层的人宣示有益的建议，仿佛在公开的教室里。"[18]

我们正在讨论的东西可以被称作基督教民粹主义，它摒弃统治阶层的文化，自称将被赋予神性权威的简朴话语带给帝国大众。

如此描绘基督教是一些本身受过良好教育的作家的妙招。4世纪或5世纪的基督教作家令人目眩地使用了矛盾修辞法。[19]这种修辞法的效果来自将高贵同低俗，以及地位、财富和文化的传统标志同它们意味深长的缺失紧密并置起来。这种语言小心地强调了其使用者高贵的社会地位：我们和他们一起从他们所处的悬崖边缘往下看，居高临下地观察着世界。作为希腊和拉丁语风格的使用大师，安布罗斯、哲罗姆和奥古斯丁等人以及他们在希腊语世界的无数同行回到了照亮文盲僧侣、使徒和殉道者的聚光灯之下。他们坚称自己的皈依和后来在基督教会的责任很大程度上促使自己牺牲了与财富和精致措辞相关的利益，这恰恰吸引人们注意那些特质。与我们这个世纪的大众政治运动中的伟大印度领袖一样，他们无法摆脱（而且经常不愿摆脱）高贵地位标志的坚韧之网，这种地位支持了

[17] Augustine, *Confessions* 6.5.8.

[18] Augustine, *Letter* 138.2.10.

[19] Averil Cameron, *Christianity and the Rhetoric of Empire: The Development of Christian Discourse* (Berkeley: University of California Press, 1991), 178-88.

他们在罗马社会的权威。这些人拥有渊博的学识，即便并不总是拥有庞大的物质财富，他们在生活中尽可能地践行着暧昧的"老爷—苦力关系"［babu-coolie relationship］："诉诸牺牲的理念事实上是在诉诸源于不平等的权力。为了能够做出牺牲，首先需要拥有……因此，谈论牺牲就是谈论拥有，因而就是谈论权力。"[20]

许多基督教主教的社会威望很大程度上归功于他们曾是修辞学家，这是个公开的秘密。一封新近发现的奥古斯丁（步入老年的他当时刚刚完成《上帝之城》）的书信中提到，有个名叫菲尔慕斯［Firmus］的迦太基士绅向其请教。菲尔慕斯还没有受洗成为基督徒。他对《上帝之城》没什么兴趣，但毫不介意向年老多病的希波主教（当年曾经是修辞学家）请教对于他儿子在学校里写的模板演说词有什么专业意见！[21] 居洛斯主教忒奥多雷特（奥古斯丁在希腊东方的同时代晚辈）是一位狂热的僧侣传作者，他在自己的《希腊信仰之弊病的药方》［*Remedy for the Malady of Hellenic Beliefs*］中对于基督教的传播提出了与奥古斯丁类似的观点，但此人与著名智术师伊索卡希俄斯［Isocasius］关系亲密，众所周知后者不是基督徒。[22]

不过，不应草率地认为，晚期罗马基督教作品显著的民粹主义色彩仅仅与修辞有关。我们处理的是对晚期帝国整个社会和文

［20］Dipesh Chakrabarty, *Rethinking Working Class History: Bengal, 1890-1940*（Princeton: Princeton University Press, 1989）, 144, 152.

［21］Augustine, *Ep.* 2*.12-13, ed. J. Divjak, in *Corpus Scriptorum Ecclesiasticorum Latinorum 88*（Vienna: W. Tempsky, 1981）, 19-21; *Bibliothèque augustinienne: Oeuvres de Saint Augustin 46B: Lettres 1*-29***（Paris: Etudes augustinienne, 1987）, 88-93; R. B. Eno, trans., *Saint Augustine: Letters VI（1*-29***）, Fathers of the Church（Washington, D.C.: Catholic University of America Press, 1989）, 28-29.

［22］R. A. Kaster, *Guardians of Language: The Grammarian and Society in Late Antiquity*（Berkeley: University of California Press, 1988）, 89.

76　化变革的持久"再现"［representation］。[23]善于表达的基督徒正是用这种方式向他人和他们自己解释教会的成功。精心选取的晚期罗马的经验片段——基督教会众毫无疑问的社会多样性，[24]基督教经文的质朴，许多基督教英雄缺乏文化，以及基督教对穷人的关怀程度，就像我们将要看到的——成了同时代人关注的焦点。在那个时代的基督教布道和叙事中，它们被赋予了特别的重要性。因为这些生动的特征让基督教形象的宏大轮廓有了具体感，教会在上帝的眷顾下有能力吸收罗马社会的各层次成员。

事实上，4世纪的基督教完全不是"大众"运动。无法确定它在312年君士坦丁皈依前是否已经成为某一地区的主流宗教，更别提吸引人口中的任何主要阶层。[25]4世纪末时，教会完全不是下层阶级的教会，而是反映了罗马社会鲜明的分界：教会上层被来自城市士绅阶层拥有良好教养的人占据。他们的布道一般面向会众中较为富有和有文化的成员。[26]在像意大利北部这样部分基督教化的地区，基督教布道的效果取决于教士同那些成为基督徒的士绅家族的结盟。[27]但正是在此时，基督徒对于教会胜利的描绘中更加激进的民粹主义成分达到了顶峰。

这一点也不奇怪。我们面对的是一个准备在罗马社会中占据

---

〔23〕Françoise Thélamon, *Païens et chrétiens au ivème siècle: L'apport de l' "Histoire ecclésiastique" de Rufin d'Aquilée* (Paris: Etudes augustiniennes, 1981), 86, 96 使用了这个有用的艺术术语。

〔24〕R. Lane Fox, *Pagans and Christians* (New York: A. Knopf, 1987), 293-312.

〔25〕Fox, *Pagans and Christians*, 265-93；但也见 T. D. Barnes, *Constantine and Eusebius* (Cambridge, Mass.: Harvard University Press, 1981), 191.

〔26〕Ramsay MacMullen, "The Preacher and His Audience," *Journal of Theological Studies*, n.s., 40 (1989): 503-11.

〔27〕Rita Lizzi, *Vescovi e strutture ecclesiastiche nella città tardoantica* (Como: New Press, 1989), 15-57; idem, "Ambrose's Contemporaries and the Christianization of Northern Italy," *Journal of Roman Studies* 80 (1990): 157-61, 164-68.

有利地位的群体夸张的自我描绘。必须引入这些主题，才能以尽可能夸张的方式挑战与传统非基督徒领袖联系在一起的文化垄断。在许多市议员看来，对城市的忠诚仍然要求忠于当地的神明。许多人担心，在基督教的统治下，他们的城市会遭遇最坏的事："城里的所有神庙将倒塌，城市的宗教将消亡，我们的敌人将起来反对我们，我们的城市将毁灭，你看到的这一切伟大的荣耀将不复存在。"〔28〕不过，尽管基督徒声称战胜了城市的神明，尽管身居高位的非基督徒在那个时期始终受到隐忍但根深蒂固的怨恨，问题并不在于宗教之间的直接冲突。那只是基督教文献的描绘。相反，我们面对的是对新的城市领导方式展开的争夺。

　　4世纪的精英已经在我们所描绘的过程中产生了严重分歧，现在他们又要面对一个相对较新但坚定的派系，其成员大多来自自己的阶层。基督教主教和他的教士们在城市的权威行使中扮演了越来越重要的角色。通过这样做，他们提供了动员和控制城市居民的新方法。反过来，这些方法又让劝诫的策略变得更有分量，教化之人在与总督和皇帝宫廷打交道时就使用过这种策略。在充满悖论（似乎有可能造成新与旧的彻底断裂）的基督教语言的外衣下，晚期罗马城市的主要派系开始重新整合。在对城市实施控

〔28〕 A. Mingana, ed. and trans., *The Vision of Theophilus*, Woodbrooke Studies 3（Cambridge：W. Heffer, 1931）, trans. p. 25, Syriac p. 65. 尤其见 Claude Lepelley, *Les cités de l'Afrique romaine au Bas-Empire*（Paris：Etudes augustiniennes, 1979）, 1: 351-69; M. Salzman, "Aristocratic Women: Conductors of Christianity in the Fourth Century," *Helios* 16（1989）: 207-20. 萨尔茨曼（Salzman）有力地批评了对基督徒妇女在罗马贵族中间传播基督教的成功进行夸大的倾向。Pierre Chuvin, *A Chronicle of the Last Pagans*（Cambridge, Mass.：Harvard University Press, 1990）, 55-56; E. Wipozycka, "La christianisation de l'Egypte aux ive.-ve. siècles. Aspects sociaux et ethniques," *Aegyptus* 68（1988）,117-64; Z. Borkowski, "Local Cults and Resistance to Christianity," *Journal of Juristic Papyrology* 20（1990）: 25-30.

制和向外部世界描绘其需求这一永无止境的任务中，公民士绅默默地接受了新的伙伴，来自基督教宫廷的清晰信号加快了这一过程。基督教主教成了"可敬之人"[*vir venerabilis*]，即被当权者认为是"值得尊敬"的人。[29] 通过主教，当地的基督徒会众这一新形成的城市群体开始在帝国的政治中发声。

基督徒自我形象的清晰性和戏剧化基调源于冲突的各派非常接近。它明确的清晰性是为了应对日常实践中的许多模糊之处。愿意以基督徒身份同米兰的安布罗斯、希波的奥古斯丁、居洛斯的忒奥多雷特等主教合作的士绅发现，他们的文化以及由之而来的财富和政治影响完全没有被无视。[30]

没有什么比基督教主教声称要成为"怜贫者"更能积极地支持基督徒对教会的新社会角色的描绘。"怜贫"主题产生的引力作用与 4 世纪的基督教慈善的真实运行状况很不成比例。它把两个关系密切的问题拉入了自己的轨道，即事实上谁是城市下层阶级最有效的保护者和抚慰者，以及富人如何最好地在城里花钱。传统上，教会对穷人的关心略显封闭，而上述两个主题远远超越了这一狭隘范围。这种关心差不多只是对贫穷的信教者给予关怀，对刚刚从其他城市来的同一信仰者给予支持，以及对基督徒家庭的孤儿寡妇给予保护。[31] 不过，在 4 世纪的形势下，"怜贫"获得

78

---

〔29〕 Ernst Jerg, *Vir venerabilis: Untersuchungen zur Titulatur der Bischöfe in den ausserkirchlichen Texten der Spätantike*, Wiener Beiträge zur Theologie 26 (Vienna: Herder, 1970), 94-128.

〔30〕 Kaster, *Guardians of Language*, 76-81.

〔31〕 Fox, *Pagans and Christians*, 322-25; A. Harnack, *Die Mission und Ausbreitung des Christentums* (Leipzig: J. C.Hinrichs, 1924), 127-61; H. L. Strack and P. Billerbeck, *Kommentar zum Neuen Testament aus Talmud und Midrasch* (Munich: C. H. Beck, 1975), 4: 536-610. 这些作品收集的早期基督教和犹太教证据仍然是最全面的。

了新的意味，成为影响整个城市的活动。莫米里亚诺非常贴切地指出，基督教主教和有学问的僧侣推崇者带来的变化相当于罗马早期的贵族转向平民［*transitio ad plebem*］。以挑战精英价值的宗教为名，上层阶级的基督徒控制了城里的下层阶级。[32]到了4世纪末，新创立的选民群体成了他们的权威的基础。通过频频与僧侣合作行动，主教展现了一种直言不讳，而非教化之人小心翼翼地游说它更多是为了影响皇帝及其仆从的意志。因为他们自诩在一个危机愈演愈烈的时代为动荡城市的人口代言。

城市的供养者

认识到上述发展所处形势的潜在危险很重要。士绅成了自己城市的人质。在皇帝眼中，市议会的价值不只是他们每年征税时同皇帝代表合作。征税把他们带入了截然不同的农村世界。城市平民不必缴纳土地税。据估计，城市仅仅贡献了帝国税收预算的二十分之一。[33]从财政角度来看，晚期帝国是农业社会。但城市居民——特别是地中海东部人口达数十万的重要中心——不得不保持沉默。一项对2世纪和3世纪北非与意大利城市自治的新研究显示，这些城市的自我管理降低了帝国当局监管下层阶级的需要。公民士绅负责让民众保持良好的行为。正是由士绅灌输的对法律的敬意和尊崇感，确保造就了最温和的人民［*quietissimus*

79

---

〔32〕 A. D. Momigliano, "After Gibbon's *Decline and Fall*," *Annali della Scuola Normale Superiore di Pisa*, ser. 3, 8（1978）: 435-54, 现收入 *Sesto Contributo alla storia degli Studi Classici e del mondo antico*（Rome: Edizioni Storia e Letteratura, 1980），282-83。

〔33〕 A. H. M. Jones, *The Later Roman Empire*（Oxford: Blackwell, 1964），1: 464-65.

populus] 和无害的秩序 [*innocens ordo*]。[34]

　　这种状况在 4 世纪得到了延续。维持敬意是城市上层阶级一直关心的事。[35] 对利巴尼乌斯来说，他穿行在安条克时得到店主们的问候非常重要："'他得体而礼貌，不是吗？对于一贫如洗者的问候，他也会礼貌地回复。'……他们喜欢我的样子和声音。"[36] 为了对公民生活做好准备，他的弟子学习向地位较低者展现出彬彬有礼的教养："愿工匠们永远不会遭到致力于教化的男孩的粗暴对待。他必须学会与这些人和平相处，永远不被认为配不上那些自力更生者的赞美。"[37]

　　首先，当地士绅被期待成为下层阶级的代言人和庇护者。利巴尼乌斯对他在这方面的记录感到自豪。他保护了工匠，特别是面包商行会的成员。382—383 年物价上涨时，为了安抚人民，总督决定下令公开鞭笞一群面包商：

　　　　他坐在马车上，每打一鞭，就问他们从谁那里得了多少贿赂，居然为面包开出这个价……我沿着平日的道路而行，来的时候一无所知。我听到了鞭笞声……我马上用手分开人群，默默而嗔怒地来到轮子边。我在那里高声说了一大段

---

[34] François Jacques, *Le Privilège de la Liberté*, Collection de l'école française de Rome 76 (Rome: Palais Farnèse, 1984), 801, 379-404.

[35] Peter Brown, "Dalla 'plebs romana' alla 'plebs Dei': Aspetti della cristianizzazione di Roma," in *Passatopresente 2* (Turin: Giapichelli, 1982), 126-27.

[36] Libanius, *Oratio* 2.6 (I.240-241), in *Libanius, Selected Works 2*, ed. and trans. A. F. Norman, Loeb Classical Library (Cambridge, Mass.: Harvard University Press, 1977), 12; cf. Eunapius, *Lives of the Philosophers* 481, in Wright, *Philostratus and Eunapius*, 462.

[37] Libanius, *Oratio* 58.4 (IV. 468), trans., A. J. Festugière, *Antioche païenne et chrétienne*, Bibliothèque des écoles françaises d'Athènes et de Rome 194 (Paris: E. de Boccard, 1959), 468.

话……如果不平息自己的怒火，明天他会看到自己并不希望
看到的东西。[38]

　　利巴尼乌斯晚年表达得最强烈的忧虑之一是，如果年轻士绅 *80*
不愿或无法在总督面前直言不讳，他们就将失去下层阶级依附者
的尊敬。手工劳动者不会敬仰一位无法自保，更别提保护别人的
士绅。[39]总督对市议员不敬是件严重的事，它意味着保障城市安
全的敬意和恩庇的微妙关系遭到了破坏。[40]

　　4世纪的情况是真正危险的。上层阶级要求的敬意一定程度
上是基于他们参与城市的经济生活。从帝国最大的城市到最小的
那些，城市人口消费的部分食物来自士绅的庄园。城市上层阶级
的许多收入来自向城市市场出售食物，特别是谷物和酒。[41]那些
期待得到敬意（以利巴尼乌斯所倡导的彬彬有礼的方式）的人恰
恰是那些被指责压迫民众的人，他们制造食物短缺，利用随之而
来的价格飞涨牟利，或者不按照足够低的价格出售皇帝向该城提
供的食物。354年的伽卢斯凯撒和362—363年的尤里安皇帝都
认为安条克的市议会要为他们在该城停留期间高企的食物价格负

───────────

〔38〕 Libanius, *Oratio* 1.208（I.176）, in *Libanius' Autobiography*, ed. and trans. A. F.
　　　Norman（London：Oxford University Press，1965）, 113, 207-8.

〔39〕 Libanius, *Oratio* 35.7（III. 213）, in Festugière, *Antioche*, 485.

〔40〕 Libanius, *Oratio* 33.11（III. 171）, in Norman, *Libanius 2*, 204.

〔41〕 Lellia Cracco Ruggini, *Economia e società nell'Italia Annonaria*（Milan：A. Giuffre,
　　　1961）, 112-52；Peter Garnsey, *Famine and Food Shortage in the Graeco-Roman
　　　World*（Cambridge：Cambridge University Press，1988）, 257-68；M. Wörrle,
　　　Stadt und Fest im kaiserzeitlichen Kleinasien, Vestigia 39（Munich：C. H. Beck,
　　　1988）,66-68. 见 J. Durliat,*De la ville antique à la ville byzantine*,Collection de l'école
　　　française de Rome 136（Rome：Palais Farnèse，1990）, 514-39 and 564-602, 这项
　　　重要研究将帝国当局描绘成所有大城市的基本食物的唯一供应者。如果这种观
　　　点是正确的，它将修正其他所有者认同的模型，即存在广泛的私人商业。

责。[42] 在罗马，卢基乌斯·奥雷利乌斯·阿维安尼乌斯·叙马库斯［L. Aurelius Avianius Symmachus］（演说家和旧宗教的拥护者昆图斯·奥雷利乌斯·叙马库斯［Quintus Aurelius Symmachus］的父亲）在特拉斯特维利［Trastevere］的一幢漂亮的城中住宅于 375 年被暴徒焚毁，"这些人受到一个普通平民的鼓动，此人声称……［叙马库斯］曾表示，他宁可拿他的酒浇灭石灰窑，也不愿以人民希望的价格出售"。[43] 如果本该保证下层阶级行为良好的恩庇和尊敬之网可以被这种事如此轻易地破坏，那么像利巴尼乌斯这样的人觉得他们不得不大费周章地来维持它也就不奇怪了。

市议会几乎不用强制性的暴力来对付自己城市的居民。军队通常驻扎在远离地中海重要城市中心的地方。只有在很少见的情况下，才会派常规军的部队进城维持秩序。[44] 在正常情形下，总督只有一小队扈从；不过，这群人中可能包括应付紧急状况的弓箭手。[45] 在晚期罗马的城市中，维系正常的法律和秩序依靠工匠行会的首领和街区的头人。至少可以在事后让他们为任何混乱负责。[46]

4 世纪的罗马是一个拥有将近 50 万居民的庞大集聚体，奥古斯都设立的三支城市卫队和七支城市巡夜队［*vigiles*］已经不复

---

［42］ J. H. W. G. Liebeschuetz, *Antioch: City and Imperial Administration in the Later Roman Empire* (Oxford: Clarendon Press, 1972), 129-31; John Matthews, *The Roman Empire of Ammianus* (London: Duckworth, 1989), 406-14. Durliat, *De la ville antique à la ville byzantine,* 360-65 认为，市议会只是帝国食物供应的管理者。在这个案例中，该结论太犀利了。

［43］ Ammianus Marcellinus, *Res gestae* 27.3.4; Symmachus, *Epp.* 1.44, 2.38.

［44］ Liebeschuetz, *Antioch*, 126.

［45］ Libanius, *Oratio* 19.35-36 (II. 401-2), in Norman, *Libanius 2*, 290.

［46］ Liebeschuetz, *Antioch*, 122-24; *Codex Theodosianus* 16.4.5 (A. D. 404).

存在。罗马的市政长官发现他们无法调动任何武装力量。[47] 365年，当暴徒试图点燃市政长官兰帕迪乌斯［Lampadius］的宅邸时，他仓皇地逃到米尔维乌斯桥［Milvian Bridge］的另一头，"仿佛想在那里等待骚乱平息"，留下他的邻居和他们的家奴从屋顶上用石头和瓦片驱赶攻击者。[48] 第二年，他的继任者维文提乌斯［Viventius］遭遇了因为罗马主教选举争议而爆发的骚乱。有一天，在西西尼乌斯［Sicinnius］大会堂，即日后的圣母大殿［Santa Maria Maggiore］的冲突导致 137 人死亡。[49] 维文提乌斯"既不能结束也不能缓和这场纷争……被迫向严重暴力屈服，退归城郊"。[50] 以容易爆发骚乱著称的亚历山大里亚同样缺少常规警力，总督是在"恐惧和颤抖中"进入该城的。[51]

按照古代的标准，罗马、安条克和亚历山大里亚是特别庞大和松散的城市。但它们也是罗马世界城市生活最精彩的代表。它们的街道上发生的事为较小的城市奠定了基调，并处于皇帝宫廷的关切注视之下。因此，在整个地中海世界，市议员要为城市人口的良好行为负责，除了沿袭之前世纪里传统而脆弱的城市领导技能，他们没有别的控制方法。 *82*

因此，在整个 4 世纪，对士绅与城市关系的"描绘"仍然有现实意义。不消说，就像许多基督徒所做的截然不同的描绘，这种描绘同样是风格化的，同样故意无视晚期罗马现实的许多方面。但它仍然解释了晚期罗马公民生活的许多内容。它总结了几个世

---

〔47〕 Jones, *Later Roman Empire* 2：693.

〔48〕 Ammianus Marcellinus, *Res gestae* 27.3.8-9.

〔49〕 Ibid., 27.3.13.

〔50〕 Ibid., 27.3.12.

〔51〕 *Expositio Totius Mundi et Gentium* 37，ed. J. Rougé, Sources chrétiennes 124（Paris：Le Cerf, 1966），174.

纪以来城市政治的经验。整个希腊世界的城市上层阶级在城市中的角色形象成了他们的集体思想状况的组成部分（生活在当地的罗马元老院的成员同样如此，尽管方式略有不同，但同样持久），这种形象作为与教化相关的教育过程的一部分而被灌输，因而采用高度传统的表达方式。来自许多城市的古代晚期碑铭和同时代基督教布道中关于城市慷慨性的语言显示，对古代城市的传统描绘完全不是仿古的修辞，而是在同时代人的思想中保有持久和重要的存在。[52]

至关重要的一点是，城市里财富的使用情况。作为占据主导的地主，城市上层阶级掌握着广泛的交通网络和交通工具，他们控制了当地的大量财富。[53]通过城市共同体的传统形象，这种经济主导地位被认为转变成了施惠和家长式的关系。市议员是公民的"父亲"。[54]好的士绅是所在城市的"供养者"［tropheus］。[55]他通过源源不断的馈赠来偿报年轻时从城市获得的"滋养"。[56]这些馈赠有的面向整个城市，以建筑的形式；有的面向 démos 这一

〔52〕 关于为解释一个碑铭主题而对基督教布道所做的经典考察，见 L. Robert, *Hellenica* 13（1965）：226-27。

〔53〕 C. R. Whittaker, "Later Roman Trade and Traders," in *Trade in the Ancient Economy*, ed. P. Garnsey, K. Hopkins and C. R. Whittaker（Berkeley：University of California Press, 1983）, 169-80.

〔54〕 Libanius, *Oratio* 11.51（I. 486-87）, in "Libanius' Oration in Praise of Antioch," trans, G. Downey, *Proceedings of the American Philosophical Society* 103（1959）：669；Paul Veyne, *Le Pain et le Cirque*（Paris：Le Seuil, 1976）, 271-327, trans. *Bread and Circuses*（London：Allen Lane Penguin Press, 1990）, 131-56；Evelyne Patlagean, *Pauvreté économique et pauvreté sociale à Byzance*（Paris：Mouton, 1977）, 181-88. 见 M. Sartre, *L'Orient romain : Provinces et sociètès provinciales*（Paris：Le Seuil, 1991）, 163-66。

〔55〕 Robert, *Hellenica* 13（1965）：226-27.

〔56〕 Charlotte Roueché, *Aphrodisias in Late Antiquity*, Journal of Roman Studies Monographs 5（London：Society for the Promotion of Roman Studies, 1989）, 46.

明确界定的受惠群体，即市议会之外的公民群体，以分发钱和食物的形式。

正如出身体面者天生的优越性通过教化的打磨得到了最好的体现，对家乡永久的好意［eunoia］、对城市行善的愿望［euergesia］、对慷慨之举的高尚热情［megalopsychia］也被认为流淌在士绅的血脉中。在安条克城郊的达芙尼［Daphne］地区的一幢大别墅里，一幅 5 世纪的马赛克将"慷慨"［megalopsychia］人格化，描绘了她伸出的手中流淌下来的金币。[57]在婚礼当晚，年轻的士绅会带着这样激动人心的告诫与新娘同房："用配得上你父亲的方式去战斗……以便为城市带来孩子，他们将在文化、慷慨和仁慈的施惠中茁壮成长。"[58]大肆花钱被认为是家族传统：士绅"以他们的先辈为师，向城市表达善意……这些人因为好运而继承了祖产，因为慷慨而自由地花钱"。[59]

事实上，他们的财富并非因为好运，更不能说来自剥削。持有财富是"为了公共的利益"。[60]财富让他们有机会展现最可贵的个人品质，这种"天生的高尚"让士绅永不满足，直到他为城市所花的钱超过了其他士绅，确保这样做能让他的城市为其他所有城市艳羡。[61]

在布道中批评安条克的虚荣时，教士金口约翰［John Chrysostom，利巴尼乌斯的弟子］描绘了仍被认为是一位安条克士绅人生巅峰时刻的场景：

———————

［57］ Patlagean, *Pauvreté*, 183.

［58］ Menander, *Epideictica* 2.406, 408, in *Menander*, ed. and trans. D. A. Russell and N. G. Wilson（Oxford: Clarendon Press, 1981）, 149, 151.

［59］ Libanius, *Oratio* 11: 133-34（I. 480-81）, trans. Downey, p. 667.

［60］ Libanius, *Oratio* 11: 133（I. 480）, trans. Downey, p. 667.

［61］ Libanius, *Oratio* 11: 138（I. 482）, trans. Downey, pp. 667-68.

剧场逐渐坐满，人们都坐在高处，构成了由无数张脸组成的壮观景象……你看不见屋瓦和石头，到处是人的身体和脸。然后，当把他们聚到一起的施惠者在众人的目光下进场时，他们起身，异口同声地欢呼起来。他们众口一词地称他为他们共享的城市的保护者和统治者，伸出手向他致意……他们把他比作最大的河……他们称他为礼物的尼罗河……表示被礼物包围的他就像被水域包围的环洋神……然后呢？这个伟大的人向人群鞠躬，以此表示对他们的尊重。然后，他在赞美他的其他士绅的祝贺声中落座，他们都祈祷自己也能获得同样的荣光。[62]

84　　　士绅应该馈赠什么和向谁馈赠显然是由传统规定的。大部分施惠面向整个城市。公共捐赠旨在让城市变成拥有炫目设施的地方，成为公民"寻欢"和"享乐"[apolausis]的绿洲，与周围乡间的贫穷状况形成鲜明的对照。[63]因此，重点总是放在维护公共建筑的外观，放在将清水引入闷热的黎凡特城市中心，完全为满足感官享乐而建造的精美水池和喷泉，放在与公共竞技联系在一起的盛大仪式，也放在装点举办这类仪式的剧场和赛马场。这些是刻意追求的宏大和遥不可及的举动，可能给人留下深刻的印象。它们旨在确认士绅个人对城市怀有天生好意[eunoia]的印象。

　　这部分馈赠的主要接受者是démos，即严格和古老意义上的

---

〔62〕 John Chrysostom, *De inani gloria* 4-5, in *Christianity and Pagan Culture in the Later Roman Empire*, trans. M. L. W. Laistner（Ithaca, N.Y.: Cornell University Press, 1951）, 87-88; A. M. Malingrey, ed., *Jean Chrysostome: Sur la vaine gloire et l'éducation des enfants*, Sources chrétiennes 188（Paris: Le Cerf, 1972）, 74-79.

〔63〕 Patlagean, *Pauvreté*, 183; *Expositio Totius Mundi*, ed. Rougé, pp. 245-46.

全体公民。公民并不涵盖城里所有的居民。士绅只对自己的"公民同胞"有责任。因为只有他们像他一样得到了这座城市的"养育"。尽管远不如他们的施惠者那样富有，安条克的公民成员也是已婚的一家之主，可靠的公民后代。[64]事实上，他们正是利巴尼乌斯通过礼貌和恩庇赢得敬意的那些工匠和劳动者。作为首领和行会成员，他们中较为成功的人负责维护城市各街区的秩序。

对传统城市的自我形象来说，至关重要的一点是，公民不应只包括穷人。事实上，情况恰恰相反。无家可归者和一贫如洗者被排除在外。"礼物的尼罗河"自上而下地浇灌着在城中扮演积极角色的任何阶层，仿佛飞泻的大河瀑布。因为城市施惠者对城中所有阶层的关怀反映和确证了皇帝对帝国所有阶层的巨大关怀。[65]

古代晚期的公民群体并不抽象，而是通过在大剧场和赛马场的频频集会成为实在，这是晚期罗马城市生活中一个持久的特征。安条克的赛马场能容纳 8 万人，[66]以弗所的剧场能容纳 2.4 万人。[67]卡利亚的阿芙洛狄西亚斯［Aphrodisias］的剧场能容纳 8000 人，较小的有顶剧场也能容纳 1700 人，城墙边的运动场则能容纳 3 万人。[68]这些庞大的集会场所并不总是满的。重要行省治所的此类场地会为附近城市的来访者，甚至是该地区的村民留下空间。不过，剧场中像这样一排接一排地坐着的就是整个城市。安条克人

85

〔64〕 Libanius, *Oratio* 11.151（I. 486），trans. Downey，p. 669.

〔65〕 从 Richard Gordon，"The Veil of Power：Emperors，Sacrificers and Benefactors," in *Pagan Priests*，ed. Mary Beard and John North（Ithaca，N.Y.：Cornell University Press，1990），220-30 可以清楚地看到这点；另见 Wörrle，*Stadt und Fest*，254。

〔66〕 John H. Humphrey，*Roman Circuses*（Berkeley：University of California Press，1986），444-61.

〔67〕 Clive Foss，*Ephesus after Antiquity*（Cambridge：Cambridge University Press，1979），61.

〔68〕 Kenan T. Erim，*Aphrodisias*（New York：Facts on File，1986），79，62，68.

正是在剧场中通过精心组织的欢呼向总督传达了他们的愿望。他们有时会像石头一样沉默，这足以让不受欢迎的总督因为恼怒和焦虑而面色苍白。[69]

像这样集聚起来的公民是个多元的群体。阿芙洛狄西亚斯的剧场和体育场的座位上所刻的铭文表明了这点。我们发现座位上标记着供"年轻人"，供"犹太人"，供竞赛中的蓝队和绿队的支持者，供屠户、硝皮匠、园丁和金匠。[70]但这个共同体总是由那些属于它的人组成。它的成员必须来自公民家庭，而且就像阿芙洛狄西亚斯的例子所显示的，成员必须属于受到承认的公民群体。城市设施可能对所有到来者开放，甚至剧场也是这样；但是否有资格获得其他形式的礼物——特别是免费或廉价的食物——就需要身份证明。[71]有资格的人可以受任监督食物的分发：罗马平民 [plebs] 以食物短缺时"强烈反对"任何阶层和地区的外来者著称。[72]

因此，对城市的传统描绘由严格界定的成分组成。只有作为传统社群核心的那个群体才认为自己有资格获得士绅的礼物。即使在小城市，并非所有居民都是这个群体的成员：大部分下层阶级人口不在其中。礼物本身是高度形式化和相当遥不可及的。在晚期罗马的条件下，它们的数量和频率大大减少。现在，更高的税收以及追求帝国体系内的官职和地位所需的大笔金钱意味着潜

〔69〕 Libanius, *Oratio* 41.3, 5（III.296）, 301-2；idem, *Ep.* 811.4（X.734）；Liebeschuetz, *Antioch*, 211-19.

〔70〕 Roueché, *Aphrodisias in Late Antiquity*, 218-26. 见 C. Roueché, *Performers and Partisans at Aphrodisias*, Journal of Roman Studies Monographs 6（London：Society for the Promotion of Roman Studies 1992）。

〔71〕 R. J. Rowland, "The 'Very Poor' and the Grain Dole at Rome and Oxyrhynchus," *Zeitschrift für Papyrologie und Epigraphik* 21（1976）：69-72.

〔72〕 Ammianus Marcellinus, *Res gestae* 14.6.19, 28.4.32；Ambrose, *De officiis* 3.45.

在的"供养者"再没有多余的钱给自己的城市。公民显贵被要求 *86*
做出的那些举动（诸如维护公共浴场，以及在剧场或赛马场中定
期举办竞赛）并非反映了他们对公民同胞施惠的内心愿望，而是
被帝国政府强加的。尽管他们可能从未像自己宣称的那么由衷，
但现在行善［*euergesia*］之举成了对富人的强制要求，就像其他
税收一样，而且同样经常被逃避。〔73〕

　　士绅也无法控制行善对人群的影响。现实中，竞赛的上演不
再完全是当地的事，而是需要帝国的不断介入。从帝国各地运送
野兽和纯种赛马的成本大大上升。只有通过与帝国当局合作，市
议会成员捐助的竞赛才可能实现。〔74〕这类竞赛数量下降，举办城
市也减少了。由安条克的一个头面家族捐助的盛大狩猎表演不得
不推迟七年之久。〔75〕当这些表演真正上演时，它们将被用来培养
对皇帝及其代表的忠诚，这只间接提高了城市上层阶级的声望。
总而言之，在 4 世纪的情形中，重要的市议员的经济实力和由此
肩负的对城市福祉的责任与之前任何时候一样显而易见。但现在，
他们更多被视作替罪羊，而不是"供养者"。

　　所有人都能感受到士绅在他们的城市中面临的危险。罗马大
族和蠢蠢欲动的平民的关系是像叙马库斯这样的 4 世纪元老生活
中的重要主题：这是他在书信中动情地谈起的几个问题之一。〔76〕
阿米安留下的对 4 世纪罗马的描绘包括令人难忘的成功对峙的场

---

〔73〕 A. Marcone, "L'allestimento dei giochi a Roma nel iv secolo d.C.," *Annali della Scuola Normale Superiore di Pisa*, ser. 3, 11（1981）：105-22.

〔74〕 Brown, "Dalla 'plebs romana' alla 'plebs Dei'," 137.

〔75〕 Paul Petit, *Libanius et la vie municipale à Antioche au ive. siècle après J.C.*（Paris：P. Geuthner, 1955）, 129.

〔76〕 J. F. Matthews, "The Letters of Symmachus," in *Latin Literature of the Fourth Century*, ed. J. W. Binns（London：Routledge and Kegan Paul, 1975）, 70-73.

景，记录了城市长官如何阻止潜在的混乱，他们大多是（尽管并不总是）元老，在该城定居多年。莱昂提乌斯［Leontius］的公务马车缓缓穿过气势汹汹的人群："他坐在马车上，满怀自信地用锐利的目光扫过人群中一排排的脸。"[77]长官的马车轮子发出的隆隆声据说就能激发敬意。[78]

87　　还有的被迫向平民求情。有一年爆发饥荒时，长官德尔图鲁斯［Tertullus］"把他年幼的儿子们带到疯狂骚动的人群面前……流着眼泪说：'看看你们的公民同胞，他们将和你们忍受同样的命运。'"。[79]

讲述这些故事是因为它们有好的结局。它们表明，至少有一部分士绅在与下层阶级打交道时仍能仰仗传统的敬意这一资源。但对于同公民的传统关系是否总是有效，无论阿米安还是利巴尼乌斯都没有把握。利巴尼乌斯认识的一位来自贝鲁特的士绅拒绝成为罗马的长官：他太清楚元老院与平民间惯常的紧张关系，故而不愿接受该职。[80]只需几次暴力事件就能造成焦虑得令人恐惧的气氛。阿米安谈到354年饥荒时有一位安条克的总督被处私刑："此人惨死后，人人都在他的结局中看到了自己面临的危险。"[81]大约四十年后，利巴尼乌斯回忆起这件可怕的事，将其作为对市议会的警告。[82]

---

[77] Ammianus Marcellinus，*Res gestae* 15.7.4.

[78] Cassiodorus，*Institutiones* 1.5，ed. R. A. B. Mynors（Oxford：Clarendon Press，1937），81. 这里指僧侣对审判日基督的可怕降临的恐惧。感谢巴尼什（S. J. B. Barnish）博士指出这点。

[79] Ammianus Marcellinus，*Res gestae* 19.10.2-3.

[80] Libanius，*Ep*. 391.14（X. 387）.

[81] Ammianus Marcellinus，*Res gestae* 14.7.6.

[82] Libanius，*Oratio* 46.29（III.393）.

不过，就像在 18 世纪的英格兰，"民众的放肆"是公民士绅为城市的相对自主而愿意付出的代价。[83]即便发生骚乱，民众仍然是他们自己的民众。骚乱最严重的暴力形式是私刑，要不是伽卢斯凯撒事实上将受害者交给了安条克暴徒，354 年的饥荒中本不会出现私刑。[84]在人们的记忆中，骚乱从未升级成真正的起义。

骚乱的形式是对不受欢迎的个体人物展开"迅速而短暂的直接行动"，[85]通常在试图点燃有权势居民的宅邸时达到高潮。[86]在一次此类事件中，利巴尼乌斯记得他从窗口看到一位不受欢迎的市议员的宅邸冒起了烟，此人带着家眷仓皇逃到山上。[87]有时，民众暴力甚至会与城市的节日生活融为一体。在让人兴奋的元旦夜晚，"城市的秩序被推翻和更新了"（用一位 5 世纪叙利亚诗人的话来说）。[88]就连皇帝也可能被节日期间街头传唱的顽皮小调所取笑，就像尤里安曾经遭遇的。[89]这是民众主张自己有权发动骚乱的机会。384 年的元旦对康蒂度斯［Candidus］而言是个危险的日子，这位士绅被指要对前一年夏天的食物短缺负责："他坐在家里，捂着脸……为自己的宅邸忧心忡忡，浑身发抖，因为一大群

88

［83］ E. P. Thompson, "Eighteenth-Century English Society," *Social History* 3（1978）: 145.

［84］ Ammianus Marcellinus, *Res gestae* 14.7.6.

［85］ Thompson, "Patrician Society, Plebeian Culture," 402; Ammianus Marcellinus, *Res gestae* 27.3.4；关于叙马库斯的例子，见 Symmachus, *Epp.* 1.44, 2.38 和 *Oratio* 5.1。

［86］ Ammianus Marcellinus, *Res gestae* 14.7.6, 27.3.8; Ambrose, *Ep.* 40.15.

［87］ Libanius, *Oratio* 1.103（I.133）, in Norman, *Libanius' Autobiography*, 62.

［88］ Isaac of Antioch, *Homily on the Night Vigil*, line 17, in *Homiliae S. Isaaci Syri Antiocheni*, ed. P. Bedjan（Leipzig: O. Harassowitz, 1903）; S. Landersdorfer, trans., *Ausgewählte Schriften der syrischen Dichter*, Bibliothek der Kirchenväter（Munich: J. Kosel, 1913）, 212.

［89］ Maud W. Gleason, "Festive Satire: Julian's *Misopôgon* and the New Year at Antioch," *Journal of Roman Studies* 76（1986）: 108-14.

少年正在逼近，他们手持火炬，要求他交还不当所得。"[90]

事实上，在狄奥多西一世统治之前的世代中，帝国城市生活最引人瞩目的特征正是城市对此类放肆的宽容，以及暴力可以相对容易地被平息。[91]公民士绅和帝国当局都接受在城市里放松权威，在农村他们永远不会允许如此。无论是城里的食物骚乱、相互竞争的宗教群体之间的冲突，还是后来敌对的竞赛阵营的争斗，这些都被认为相对无关紧要。它们仿佛是与大城市生活联系在一起的勃勃野心［ambitio］的一部分。[92]上述现象被认为完全不同于整个东部帝国对土匪持续不断的残酷战争，或者高卢和西班牙北部地区的巴高达人［Bagaudae］鲜为人知但持续不断的威胁。[93]

不过，这种宽容有着严格的条件。士绅可能会忍受偶尔的骚乱，但对他们来说，更严重的起义是"统治者的灾难"，即便不会导致大量伤亡或财产破坏。[94]他们要为动乱负责。366年，亚历山大里亚爆发了反对基督徒的骚乱。在随后的调查中，"许多市议员受尽了折磨"。[95]不仅如此，骚乱让市议会控制城市的能力遭到

89

〔90〕Libanius, *Oratio* 1.230（I.184）, in Norman, *Libanius' Autobiography*, 121.

〔91〕H. P. Kohns, *Versorgungskrisen und Hungerrevolten in spätantiken Rom*, Antiquitas 1.6（Bonn: R. Habelt, 1961）, 104-8; Lellia Cracco Ruggini, "Felix Temporum Reparatio," in *L'Eglise et l'empire au ive. siècle*, ed. A. Dihle, Entretiens de la Fondation Hardt 34（Vandoeuvres: Fondation Hardt, 1989）, 229.

〔92〕Ammianus Marcellinus, *Res gestae* 27.3.14.

〔93〕Brent Shaw, "Bandits in the Roman Empire," *Past and Present* 105（1984）: 3-52; K. Hopwood, "Bandits, Elites and Rural Order," in *Patronage in Ancient Society*, ed. A. Wallace-Hadrill（New York: Routledge and Kegan Paul, 1990）, 171-87; J. Drinkwater, "Patronage in Roman Gaul and the Problem of the Bagaudae, " in *Patronage in Ancient Society*, 189-204.

〔94〕W. Beik, *Absolutism and Society in Seventeenth-Century France*（Cambridge: Cambridge University Press, 1985）, 191.

〔95〕Annick Martin and Micheline Albert, *"Histoire Acéphale" et Index Syriaque des lettres festales d'Athanase d'Alexandrie*, Sources chrétiennes 319（Paris: Le Cerf, 1985）, 268.

质疑。一旦公民士绅无法确保城市的和平，他们在帝国政府面前的公信力将被严重削弱。

怜贫者

因此，城市的和平成了传统公民精英的阿喀琉斯之踵。到了4世纪末，他们遭遇了一个对手。自称放弃了教化之好处的"普世之道"宗教不仅是文化挑战，它还具有了社会形式：在城市本身，士绅令人印象深刻，但相对少见，即使公开现身也有些遥不可及，但相比之下基督教会的组织影响了更多的人，而且被证明能够更有效地赢得尊敬。

为何会发生这些是一个没有简单答案的复杂故事。君士坦丁和君士坦提乌斯二世给予基督教会的大量特权为教会后来的地位奏响了宏大的序曲。[96] 在君士坦提乌斯二世统治时期，针对多神教神庙的暴力表明，一些主教已经发觉他们可以不受惩罚地行事。他们的暴力本身意味着宣示自己代表了城市的大部分人口。[97] 矛盾的是，教会在当地社会的自信可能更多归功于基督徒在整个4世纪的频繁分歧，而非皇帝的青睐和对个别暴力行为的纵容。

大规模的就业不足是晚期罗马城市的特征。[98] 在东方的阿里乌斯派论战和北非的多纳图斯派分裂的众多阶段中，这些城市的

---

[96] C. Pietri, *Roma christiana*, Bibliothèque des écoles françaises d'Athènes et de Rome 224 (Rome: Palais Farnèse, 1976), 1: 77-96; idem, "La politique de Constance II: Un premier 'césaropapisme' ou *imitatio Constantini*?" in Dihle, *L'Eglise et l'empire*, 140.

[97] T. D. Barnes, "Christians and Pagans under Constantius," in Dihle, *L'Eglise et l'empire*, 324-27.

[98] Patlagean, *Pauvreté*, 170.

居民不断发生争辩和冲突。有学问的基督徒表示，所有阶层都卷入了他们的争论："如果你要求找零，店主会对你谈神学，讨论受生和非受生的；如果你询问面包的价格，得到的回答是：'圣父更高，圣子在下'；如果你问：'浴室准备好了吗？'侍者会回答，'圣子是虚无'。"[99]

　　基督教论战在各个城市动员了各自的信徒会众，有时会引发大骚乱，[100] 以及频繁的游行和反游行。[101] 在帝国各地，基督教的宗派主义导致暴力气氛的显著上升。[102] 无论是否有大规模的暴力，在基督徒与敌对的基督教团体的论战中，对暴力的指控都是典型的特征。阿米安不无道理地得出结论说，基督教团体对待彼此"就像野兽"。[103]

　　这种阵发性的暴力本身很难让当局将基督教会视作城市的法律和秩序的保障者。但这种暴力显示，地方组织动员和控制大规模会众的力量有了提高。敌对教会通过模仿对手提供的社会服务来与之竞争。比如，主教对布施的控制成了一个争夺激烈的问题。布施被用来确保获得支持。早在 3 世纪，迦太基的居普良 [Cyprian of Carthage] 在救济穷人时便只发给那些仍然忠于他的人。[104] 在 4 世纪，迦太基主教多纳图斯和亚历山大里亚的阿塔纳修斯都抱怨说，官方夺走或取代了传统上由他们发放给忠实的穷

---

〔99〕Gregory of Nyssa, *De deitate Filii et Spiritus Sancti*: *Patrologia Graeca* 46: 557.

〔100〕Socrates, *Ecclesiastical History* 2.13.

〔101〕Socrates, *Ecclesiastical History* 6.8; Sozomen, *Ecclesiastical History* 8.8.

〔102〕Ramsay MacMullcn, "The Historical Role of the Masses in Late Antiquity," in *Changes in the Roman Empire* (Princeton: Princeton University Press, 1990), 267-76.

〔103〕Ammianus Marcellinus, *Res gestae* 22.5.4.

〔104〕Cyprian, *Ep.* 5.1.2, 12.2.2; 尤其见 G. W. Clarke, trans., *The Letters of Saint Cyprian*, Ancient Christian Writers (New York: Newman Press, 1984), 1: 163。

苦会众的布施。[105] 从为穷人服务到新的会堂，人们忙着提高基督教的影响。[106] 各个基督教团体都急于在城市留下永久的印记。同样地，对基督教会的统一和潜在包容性做出最动人表述的正是那些自己的会众在教派纷争中事实上占少数的布道者。属于这种情况的包括奥古斯丁和金口约翰，在前者所处的阿非利加，每个城市都因为多纳图斯派和公教派而分裂，而后者是安条克一个四面楚歌的"正统"群体的教士。[107]

皇帝的支持和激烈的内斗在一定程度上解释了4世纪的基督教会众对城市的影响。不过，基督教主教和教士在主张自己的重要地位时采用的一贯方式才是关键。这种方式基于选择在城市共同体的传统模型中没有地位的某一类人作为关心的对象。主教是"怜贫者"，教会的财富是"穷人的财富"："怜贫的主教是富有的，城市及其所在地区应该向他致敬。"[108]

城市士绅曾经将自己描绘成站在由城市生活的所有积极参与者组成的整个社会阶序的顶端。相反，基督教主教对权威的主张建立在社会空缺之上。穷人被定义为不属于任何城市群体的人。卡利亚的阿芙洛狄西亚斯的屠户和硝皮匠可能是卑微之人，按照现代的标准甚至是穷苦之人。但通过把自己的名字刻在体育场的

————————

[105] Optatus of Milevis，*De schismate Donatistarum* 3.3；见 G. A. Cecconi，"Elemosina e propaganda：Un'analisi della 'Macariana persecutio' nel III libro di Ottato di Milevi," *Revue des études augustiniennes* 36（1990）：42-66；Athanasius，*Historia Arianorum* 61.2.

[106] R. Krautheimer，*Three Christian Capitals：Topography and Politics*（Berkeley：University of California Press，1983），88-92.

[107] Peter Brown，*Augustine of Hippo*（Berkeley：University of California Press，1967），225；R. L. Wilken，*John Chrysostom and the Jews：Rhetoric and Reality in the Late Fourth Century*（Berkeley：University of California Press，1983），16，159.

[108] Ps.-Athanaiius，*Canon 14*，in *The Canons of Athanasius*，ed. and trans. W. Reidel and W. E. Crum（Amsterdam：Philo Press，1973），25-26.

座椅上，作为清晰可辨的团体参与在那里为颂扬自己城市的繁荣和忠诚而举行的漫长仪式，他们主张自己应该被视作公民，即传统城市共同体的一员。[109] 相反，利巴尼乌斯认为，穷人在剧场中没有位置：无家可归或没有城市接纳的被逐者永远不会被视作公民的一员。[110] 即便真有穷人出现在公民活动的场合，也是作为大人物的矛盾举动中的演员，故意嘲讽了公民关于自己是城市施惠者之馈赠的唯一接受者这一主张。335—340 年的罗马就发生过这样的事：兰帕迪乌斯［Lampadius］是

> 一个就连他的吐痰方式得不到赞美也会非常耿耿于怀的人，理由是他吐痰的技巧也要好过其他任何人……当此人担任市政长官时［在他的生涯伊始］，他举办了盛大的竞赛，而且赏赐非常大方，因为他无法忍受平民的聒噪，这些人经常要求重赏［表演者］……为了表现自己的慷慨和对暴民的鄙视，他从梵蒂冈山［那里曾是被乞丐占据的墓地区，很久之后才成为圣彼得的圣所］召集了一些乞丐，送给他们厚礼。[111]

92　　　穷人也不受任何人"供养"。由于不属于任何社会群体，穷人无法从大人物对整个城市的关怀中得益。没有什么比是否有资格获得免费分发或折价销售的食物更好地表明这点。作为最大的施惠者，皇帝不遗余力地维持着对"他们的"城市罗马和君士坦丁堡（显然还有其他晚期罗马的城市）的特权食物供

---

［109］Roueché, *Aphrodisias in Late Antiquity*, 225.

［110］Libanius, *Oratio* 41.11（III, 300）.

［111］Ammianus Marcellinus, *Res gestae* 27.3.5.

应［*annona*］。[112] 在 3 世纪晚期和 4 世纪，帝国的做法是继续把城市共同体古老的公民模式作为基础。每当皇帝想向某些城市馈赠食物时，接受者都是全体公民，无论穷富。获得馈赠的资格取决于公民身份，而不是需求。比如，在 3 世纪晚期的奥克西林科斯［Oxyrhynchus］，奥雷利乌斯·梅拉斯［Aurelius Melas］甚至无法用希腊语签自己的名字。与三分之二的公民同胞一样，梅拉斯是文盲。[113] 他显然是个卑微之人。但他获得粮食并非因为贫穷，而是因为他是"最荣耀的奥克西林克斯城"的公民的儿子和孙子，"现在我当然可以拿出……我出身的证据……我要求自己也能分享馈赠的粮食……就像和我同等的人那样"。[114] 直到后来，基督教文献才向我们展现了奥克西林科斯真正的穷人，为了在周日分发食物时不失去位置，他们在主教堂的门廊处度过沙漠里寒冷的夜晚。[115] 这群依偎在一起的穷人不属于奥雷利乌斯·梅拉斯的世界。他们中有许多是乡下人或"异乡人"，即来自战火肆虐的南部的难民。奥克西林科斯一位富有的基督徒每年可以提供多达 1000 苏勒德斯用于救济穷人——足以维持 250 个家庭。但这笔钱给了僧侣、乞丐和难民。[116] 他并非自己城市的"供养者"。

---

［112］J. M. Carrié, "Les distributions alimentaires dans les cités de l'empire romain tardif," *Mélanges de l'école française de Rome: Antiquité* 87（1975）: 995-1101; P. Herz, *Studien zur römischen Wirtschaftsgesetzgebung*, Historia Einzelschrift 55（Stuttgart: F. Steiner, 1988）, 208-337; Durliat, *De la ville antique à la ville byzantine*, 3-163（Rome）; 185-317（Constantinople）; 326-34（Alexandria）; 351-81（Antioch）.

［113］Kaster, *Guardians of Language*, 88.

［114］*Oxyrhynchus Papyri* 40, no. 2898（London: British Academy, 1972）, 46-47.

［115］F. Nau, "Histoire des solitaires d'Egypte," *Revue de l'Orient chrétien* 13（1908）: 282.

［116］Richard Raabe, *Petrus der Iberer*（Leipzig: J. C. Hinrichs, 1895）, 61; 叙利亚语文本见 p. 60。

93　总而言之，穷人始终是士绅的城市地图上的空白。我们不应夸大异教徒对穷人的铁石心肠。在一个只考虑公民的世界里，谈论古代世界对于穷人特有的"严苛气氛"是误导性的。[117]对于在罗马地中海最常见的那种有凝聚力的小城，我们并不了解足够多的细节。比如，在安条克这样的城市和更加偏远的地区，许多穷人会在大神庙周围栖身，就像后来在基督教会堂周围的院子里那样。[118]在2世纪和3世纪初的意大利小城，公民士绅提供的宴席和施舍可能让许多下层阶级的居民免于冻饿：这些城市存在穷人，但得益于仍然称他们为"公民"而非"穷人"的制度网络，才得以维持生存线以上的水平。[119]

不过，到了4世纪，在东部罗马许多城市的穷人数量似乎显著增加。周围农村的人口似乎上升了。[120]都会城市吸收较小行省中心的财富和人口的趋势导致移民数量增加。[121]这些移民并不都是穷人。但从他们是城市异乡人的意义上来说，他们是"穷人"。与19世纪的德意志"乡土城市"[Home Towns]一

---

[117] Veyne, *Le Pain et le Cirque*, 58-59; idem, *Bread and Circuses*, 30-31.

[118] Libanius, *Oratio* 2.30, 30.20（I.248, III.98), in Norman, *Libanius 2*, 26, 118; F. Nau, "Résumé de monographies syriaques," *Revue de l'Orient chrétien* 18（1913）: 385. 巴尔萨乌玛［Barsauma］和他的僧侣与摩押的一座大神庙外成群的乞丐混在一起。G. W. Bowersock, "The Mechanisms of Subversion in the Roman Provinces," in *Opposition et résistance à l'empire d'Auguste à Trajan*, Entretiens de la Fondation Hardt 33（Vandoeuvres: Fondation Hardt, 1987), 304-10.

[119] S. Mrozek, *Les distributions d'argent et de nourriture dans les villes italiennes du Haut Empire romain*, Collection Latomus 198（Brussels: Latomus, 1987), 103-6. P. Garnsey, in the *Journal of Roman Studies* 79（1989): 232, 则不那么乐观。

[120] Patlagean, *Pauvreté*, 231-35; G. Tate, "La Syrie a l'époque byzantine," in *Archéologie et histoire de la Syrie II*, ed. J. M. Dentzer and W. Orthmann（Saarbrücken: Saarbrücker Drückerei, 1989), 107-9.

[121] Santo Mazzarino, *Aspetti sociali del quarto secolo*（Roma: Bretschneider, 1951), 251-55.

样，像安条克、亚历山大里亚和罗马这些较大的城市比小城市更能在不马上引起关于资格的冲突的情况下吸收移民。[122]外来者只有在发生严重的食物短缺时才会被驱逐。不过，大量新来者模糊了公民和其他下层阶级的鲜明区别，前者中有许多成员是穷人，而作为异乡人的后者因为不完全是公民成员而处于弱势，即便并非是严格的贫穷意义上的"穷人"。这些人急于找到自己所属的群体。他们可能会指望其他领袖，感激其他形式的馈赠。他们在城市中的存在让人不安地想起一个比利巴尼乌斯这样的人所描绘的传统有序的形象更大和更难以管理的城市共同体。

在安条克布道时，金口约翰谈到穷人占据了该城人口的十分之一。[123]这是个令人信服的数字，接近中世纪晚期巴黎的贫困水平。[124]在金口约翰看来，这些穷人仿佛属于"另一座城市"。[125]正是通过强调自己与穷人的"另一座城市"的关系，主教们将一种超越了士绅传统领袖地位的权威引入了城市，就像基督徒对僧侣——这些来自沙漠的文盲英雄——的赞美超越了士绅基于对教化的垄断而主张的尊敬。

因为穷人代表了主教的关怀范围，在城市的社会地图上，他们标志着与基督教会联系在一起的"普世之道"的外沿，就像僧侣们的非书本智慧显示了范围远远超过希腊教化狭窄疆域的文化沙漠。一种神秘的纽带把主教和他所在城市的穷人联系起来。这

94

---

〔122〕W. Walker, *German Home Towns* (Ithaca, N.Y.: Cornell University Press, 1971), 391-98.

〔123〕John Chrysostom, *Homiliae in Matthaeum* 66.3: *Patrologia Graeca* 58: 630.

〔124〕B. Geremek, *The Margins of Society in Late Medieval Paris* (Cambridge: Cambridge University Press, 1987), 193-94.

〔125〕John Chrysostom, *De elemosyna* 1: *Patrologia Graeca* 51: 261.

种纽带穿越了各个社会阶层，名副其实地"囊括了"从最顶层到最底层的整个城市共同体，将其变成包括全体人口的"上帝之民"。富人和乞丐都会进入施洗池，聚集在祭坛周围领受圣餐。[126] 即便在多神教徒和犹太人面前仍然只是少数，一个向遥远的社会边缘（就像穷人戏剧性地展现的）伸出双手的教会已经确立了在将来代表整个共同体的道德权利。

怜贫还为教会日益增加的财富提供了可以接受的存在理由[raison dêtre]。在这点上，主教作为"怜贫者"的崇高象征形象解决了基督徒共同体内部由来已久的矛盾，即谁是共同体内部授权的布施者。理论上，基督教的布施并非富人的特权。对犹太人和基督徒来说，这都是为每个信徒赎罪的虔诚之举，无论他们是否富有。哪怕一小笔钱也可以。就像由交叠的圆形甲叶组成的晚期罗马骑兵装甲，信徒通过布施而披上的"公义的护心镜"由无数经常施给穷人的小钱币组成。[127]

事实上，每个基督徒家庭往往都会救济自家的穷人，最富有的家庭提供得最多。一位富有基督徒的家可以被想象成财富和保护的中心："所有的穷人都把马尔克鲁斯[Marcellus]称作他们的恩主，而他的家被称作朝圣者和穷人之家。"[128]因此，关爱穷人是基督教共同体内部潜在的向心力。它更有利于富人，可以绕过

95

---

[126] John Chrysostom, *Baptismal catechism* 2.13, ed. Wenger, p. 140; idem, *Homiliae in I Cor. 10.1*: *Patrologia Graeca* 51: 247AB; Liebeschuetz, *Barbarians and Bishops*, 175-76, 187.

[127] *Baba Bathra* 9a, in *Babylonian Talmud*, trans. M. Simon（London: Soncino Press, 1935）, 45. 在杜拉欧罗波斯[Dura Europos]发现的马盔甲的甲片（现藏于大马士革国家考古博物馆）大小与钱币完全一致。

[128] Acts of Peter 4, in *New Testament Apocrypha*, ed. E. Hennecke and W. Schneemelcher（Philadelphia: Westminster Press, 1965）, 2: 289.

主教和教士。正是通过向穷人做了大笔布施，富有的寡妇卢基拉〔Lucilla〕确保了她的一个仆人在311年当选迦太基主教。[129]描绘教会理想秩序的小册子让我们可以衡量4世纪的主教和教士眼中布施"私有化"这一潮流的力量："如果有人绕过主教做了什么，他是在白费力气；因为这不会被视作善行……因为主教很熟悉那些受苦的人。"[130]

但私人财富的色彩还是留了下来。只要走进4世纪意大利北部或其他地方的一座教堂，我们就会看到私人如何在基督教共同体内部展现他们的财富。新会堂闪亮的马赛克地面被分成小块，每块上有捐助者及其家人的名字，甚至还有他们的画像。[131]行善〔euergesia〕，通过广为人知的给予来寻求个人声誉的古老做法，这一公民理想以特别显眼的形式进入了教会。

非常重要的一点是，基督教会增长的财富（由无数私人捐赠组成）应当被描绘成整个基督教共同体的财富。没有什么比这笔财富被分发给依偎在社会边缘的无名之人更清楚地显示它摆脱了家庭导向的意味。为了给远在巴尔干的战俘筹集赎金，米兰的安布罗斯熔炼了教堂的圣餐具，此举事实上毁掉了对那些基督教家庭（他的阿里乌斯派前任的支持者）的记忆，他们的名字无疑曾

96

---

〔129〕Augustine, *Ad Catholicos Epistula* 25.73; W. H. C. Frend, *The Donatist Church* (Oxford: Clarendon Press, 1952), 21.

〔130〕*Didascalia Apostolorurn* 9, ed. A. Vööbus, *Corpus Scriptorum Christianorum Orientalium* 402: *Scriptores Syri* 176 (Louvain: C.S.C.O., 1979), 100.

〔131〕Lizzi, "Ambrose's Contemporaries," 164-65; idem, *Vescovi e strutture ecclesiastiche*, 141-45. 比如，我在大马士革国家考古博物馆的花园里看到过类似的镶板。关于更多的捐助者画像，见 M. Piccirillo, *I Mosaici di Giordania* (Rome: Quasar, 1986), 68-69, 71, 82-83, 85, 204-5; idem, *Madaba* (Milan: Edizioni Paoline, 1989), 288-89。这条信息要感谢澳大利亚国立大学普莉希拉·亨德森（Priscilla Henderson）的帮助。

被刻在巨大的银质圣餐盘的边缘和圣餐杯的杯口。[132]作为"穷人的财富"落入主教的掌握后，教会的财富成了公共财富。主教将用旨在让其他所有群体蒙羞的方式来展示它。"教会的财产是用来救助穷人的。让异教徒算算神庙赎回了多少战俘，给了穷人什么救济，为多少难民提供了生活补贴。"[133]

　　我们不知道基督教会在各个地区究竟为晚期帝国城市的穷人做了什么。[134]但根据现有的证据，我们知道在描绘主教在共同体中的权威时，基督徒如何把关爱穷人变成一个戏剧化的元素。

　　主教和教士的活动提高了穷人的可见度。[135]教会的建筑取代神庙，成为穷困者宽敞的新聚集点。比如在安库拉［Ancyra］，"大城市经常发生的事也会在这里发生：因为在教堂的门廊上聚集了一群人，有的已婚，有的未婚，他们躺在那里等待每天的食物"。[136]

97

---

〔132〕Ambrose, *De officiis* 2.28.136-41；cf. Socrates, *Ecclesiastical History* 4.25. 耶路撒冷主教几乎因为一名在俗教徒的指控而被罢黜，此人捐给祭坛的丝绸布匹被主教出售，后来被用来给一位著名的女演员做袍子。一代人之后，埃德萨主教拉布拉［Rabbula］被劝阻不要出售有人为了拯救自己亲属的灵魂而捐给教堂的圣餐具：*Panegyric on Rabbula*, in *S. Ephraemi Syri, Rabbulae episcopi Edessensis, Balaei et aliorum opera selecta*, ed. J. J. Overbeck（Oxford：Clarendon Press，1865），173.5-7。关于这类圣餐具，见 Marlia Mundell, *Silver from Early Byzantium: The Kaper Karaon and Related Treasures*（Baltimore：Walters Art Gallery，1986），68-85。

〔133〕Ambrose, *Ep.* 18.17.

〔134〕C. Pietri, "Les pauvres et la pauvreté dans l'Italie de l'Empire chrétien," in *Miscellanea Historiae Ecclesiasticae* 6, Bibliothèque de la Revue d'histoire ecclésiastique 67（Brussel：Nieuwelaarts，1983），267-300；K. Mentzou-Meimari, "Eparkhiaka evagé idrymata mekhri tou telous tés eikonomakhias," *Byzantina* 11（1982）: 243-308；Judith Herrin, "Ideals of Charity, Realities of Welfare：The Philanthropic Activity of the Byzantine Church," in *Church and People in Byzantium*, ed. R. Morris（Birmingham：Centre for Byzantine, Ottoman and Modern Greek Studies，1990），151-64.

〔135〕John Iliffe, *The African Poor*（Cambridge：Cambridge University Press，1987），29，42.

〔136〕Palladius, *Lausiac History*, trans. R. T. Meyer, Ancient Christian Writers 34（New York：Newman Press，1964），149.

被吸引到这些中心后，穷人很快被动员起来，成了主教的"象征性侍从"的一部分。他们成了主教的追随者，就像僧侣和神圣贞女一样，象征了主教权力独一无二的结构。他是未婚者和无家可归者这些从传统社会最少得到帮助的人的保护者。[137]在每年的盛大节日上，穷人通过游行队伍和严肃的宴席得到展示："对于穷人，我们可以这样说：上帝为了宴席而安排了主教，好让他在宴席上招待他们。"[138]

事实上，上述活动并不会显著改善穷人的状况，但它们传递了被同时代人密切关注的清晰信号。安布罗斯因为向穷人分发金币而遭到对手的指控。[139]对手将他的布施举动描绘成对皇帝特权的僭越。只有因为运气而从来不必为财富担心的皇帝才能向民众大量赠送黄金这种最珍贵的金属。[140]

重要的是，这种仪式性的对立在4世纪开始被容忍。通过让穷人变得可见，他们也变得易于控制。作为大城市边缘潜在的破坏性元素，穷人怀着尊敬和热情赞美主教和富有的基督徒，就像公民赞美城市士绅那样。现在，他们在大教堂的庭院里致谢时高举的双手是剧场中那些把城市同它的施惠者维系在一起的严肃场景的缩影。[141]

与对公民士绅"礼物的尼罗河"的期待相比，上述场合的馈赠金额微不足道。关爱穷人的合适馈赠并非建筑和盛大的竞赛，而是基本的生活所需——食物、衣物、居所和零钱，以及最终得

---

〔137〕Brown, *Body and Society*, 259-60。

〔138〕Ps.-Athanasius, *Canon* 16, ed. Reidel and Crum, p.27.

〔139〕Ambrose, *Sermo contra Auxentium* 33.

〔140〕Justinian, *Novella* 105.2.1; Wörrle, *Stadt und Fest*, 129, n.296.

〔141〕Paulinus of Nola, *Ep.* 13.11, 13-15.

体的丧葬。[142]不过，相比士绅行善的崇高仪式感，这类布施更加
频繁，而且采用更加坦诚的面对面的方式。这类布施被分解成较
小的单位而更频繁地得到展现，由此便以公民施惠所费的毫厘提
供了一种增进好感的方式。

　　这种关爱被认为是必需的。皇帝一直关注着下层阶级的流动
性。382 年，瓦伦提尼安二世皇帝颁布了禁止在罗马流浪行乞的法
令。上层阶级所倾向的传统方案是，应该把身体健全的乞丐变成向
当局告发他们之人的奴隶或农奴（根据他们之前的身份）。[143]基督
教会则提出了不那么严厉的方案来稳定这部分人口，愿意承担让穷
人留在某一个地方的成本。他们被登记进由主教和教士掌管的穷人
名册［*matricula*］。像北非的希波和叙利亚东部的埃德萨这样相距
遥远的城市都提到了此类名册。[144]通过成为"教会的穷人"，他们
安定下来，无法迁移到其他城市。乞讨本身需要主教签字许可。[145]
也许正是出于这个原因（而不仅是为了增加基督教的吸引力），君

〔142〕Palladius，*Dialogus de Vita Johannis Chrysostomi: Patrologia Graeca* 47：22；
　　　Durliat，*De la ville antique à la ville byzantine*，552-58，176。

〔143〕*Codex Theodosianus* 14.18.1；cf. Raabe，*Petrus der Iberer*，30-31，叙利亚语文
　　　本 25.3-5。

〔144〕M. Rouche，"La matricule des pauvres," *Etudes sur l'histoire de la pauvreté*，ed. M.
　　　Mollat（Paris：Publications de la Sorbonne, 1974），1：83-110；M. de Waha，"Quelques
　　　réflexions sur la matricule des pauvres," *Byzantion* 46（1976）：336-54. 关于埃德
　　　萨，见 *Panegyric on Rabbula*，ed. Overbeck，p. 190.7-8；G. G. Blum，Rabbula von
　　　Edessa，Corpus Scriptorum Christianorum Orientalium 300：*Subsidia* 34（Louvain：
　　　C.S.C.O.，1969），71-73. 关于希波，见 Augustine，*Ep.* 20*.2，ed. Divjak，p. 95；
　　　Lettres 1-29**，294；Eno，*Saint Augustine: Letters VI*，134. 关于埃及，见 Ps.-
　　　Athanasius，*Canons*，Coptic fragment，ed. Reidel and Crum，pp. 98，127。

〔145〕*Council of Chalcedon: Canon 11*，ed. J. J. Mansi，*Sacrorum Conciliorum Nova
　　　et Amplissima collectio*（Florence，1762），7：364AB；J. Flemming，ed.，
　　　Akten der ephesinischen Synode vom Jahre 449，in *Abhandlungen der Königlichen
　　　Gesellschaft der Wissenschaften zu Göttingen*，Phil.-hist. Klasse 15.1（1917）：
　　　82.17，trans. 83.25。

士坦丁大张旗鼓地推动扩大对重要城市的穷人进行救济。他向教会的穷人分配食物和衣物供给，这些都完全由主教管理。[146]

一旦确立后，废除这种体系只会造成危险的后果。在亚美尼亚，牧首纳塞赫［Narseh］于4世纪50年代建立的济贫院被他的敌人摧毁，据说导致流浪汉人数急剧上升。[147]巴兹尔于370年左右在该撒利亚外建立的大医院躲过了同样的危险。它把周围农村的麻风病人收容进一个精心管理的庇护所。[148]

救助病人、穷人和流浪汉的方案本身为城市下层阶级提供的东西永远无法令人信服地取代公民成员这一古老理想。卑微之家的主人会觉得和区区乞丐相提并论是对自己的贬低。但到了4世纪，"穷人"的概念不知不觉地扩大了范围。与4世纪的罗马一样，公民身份在希腊东方的城市里仍然关系重大。但这只是对自己身份的一种带有强烈地方色彩的看法，并不反映法律实践。从2世纪开始，罗马帝国的通行刑法典就清楚地区分了"较尊贵者"［honestiores］和"较卑微者"［humiliores］。[149]

99

---

[146] Athanasius, *Apologia contra Arianos* 18.30；cf. Eusebius, *Life of Constantine* 3.58. 在那个时候加入教会的异端欧诺米乌斯［Eunomius］被指只是为了获得食物。见 R. P. Vaggione, "Some Neglected Fragments of Theodore of Mopsuestia's *Contra Eunomium*," *Journal of Theological Studies*, n.s., 31（1980）：413。

[147] Faustus of Byzantium, *History of Armenia* 5.31, trans. N. Garsoian, *The Epic Histories Attributed to P'awstos Buzand*（Cambridge, Mass.: Harvard University Press, 1989）, 212；N. Garsoian, "Sur le titre du *Protecteur des Pauvres*," *Revue des études arméniennes*, n.s., 15（1981）：21-32.

[148] Gregory Nazianzen, *Oratio* 43.63: *Patrologia Graeca* 35：577；Sozomen, *Ecclesiastical History* 6.34；Patlagean, *Pauvreté*, 195；T. S. Miller, *The Birth of the Hospital in the Byzantine Empire*（Baltimore: Johns Hopkins University Press, 1985）, 50-88；M. Avi-Yonah, "The Bath of the Lepers at Scythopolis," *Israel Exploration Journal* 13（1963）：325-26.

[149] Patlagean, *Pauvreté*, 11-17. 见 D. Grodzynski, "Pauvres et indigents, vils et plebéiens," *Studia et Documenta Historiae et Iuris* 53（1987）, 140-218.

　　随着越来越多地接受了在犹太人和基督徒圈子里早已流行的新的社会关系的语言，与公民身份联系在一起的法律保护在 4 世纪开始急剧贬值。这种语言无视与古典希腊—罗马城市相联系的微妙区别。《诗篇》的语言反映了更加古老和泾渭分明的近东社会秩序。它强调清楚地区分"富人"和"穷人"，前者拥有保护同胞的权力和责任，后者没有自保的能力。在这种社会模式下，"穷人"不仅是贫穷者，他们是依赖于有权势者的仁慈和施恩的所有人，包括乞丐、工匠、小户主和门客。[150]

　　对社会的上述描绘极其忠实地呈现了晚期罗马社会生活的许多方面，就像城市的下层阶级所经历的。它也不仅是基督教的。比如在巴斯的密涅瓦苏利斯［Minerva Sulis］疗病泉水中发现的那些来自 4 世纪的诅咒铅板中严厉的"大众律法主义"［popular legalism］——罗杰·汤姆林［Roger Tomlin］对其做了精辟的分析——表明，晚期罗马行省的普通人希望自己的神明通过惩罚盗窃、伪证和行巫来显示他们作为法官的力量。[151]在埃及，崇拜者仍然用类似希伯来《诗篇》语言的古老用语同神明交流。他们是义愤填膺的"穷人"，除了通过自己神明的正义，没有别的救济手段。[152]

　　因此，君士坦丁对主教裁判庭［episcopalis audientia］的认可对于实现基督教的社会图景是决定性的。因为这个裁判庭

---

[150] G. J. Botterweck and H. Ringgren, eds., *Theologisches Wörterbuch zum alten Testament*（Stuttgart: W. Kohlhammer, 1973）, 1: 28-43, s.v. '*ebyon*.

[151] R. S. O. Tomlin, "The Curse Tablets," in *The Temple of Sulis Minerva at Bath: The Finds from the Sacred Spring*, ed. B. Cunliffe et al.（Oxford: Oxford University Committee for Archaeology Monographs, 1988）, 71.

[152] C. L. Gallazzi, "Supplica ad Atena su un ostraka di Esna," *Zeitschrift für Papyrologie und Epigraphik* 61（1985）: 107.

让作为"怜贫者"的主教成为下层阶级保护者的这一微妙变化成为现实。

主教裁判庭并非只向卑微者开放。4 世纪末，它的管辖权建立在当事双方都同意遵守主教的裁决之上。[153] 当事方可能是富有的地主。主教是廉价而方便的仲裁者，为了能够得到他的服务，有人甚至成为了基督徒。[154] 主教经常被指责在裁决时站在富人一边。[155] 主教裁判庭的程序也没有任何异乎寻常和特别具有宗教色彩的内容。建立在与专家进行细致磋商基础上的罗马法决定了主教的裁决。[156] 但城市中一直都有主教裁判庭的存在。奥古斯丁可以整个上午都在裁判，甚至到了午休时间。[157] 在这种与主教或教士的日常亲密接触中，晚期罗马城市的下层阶级不知不觉地带上了《旧约》色彩。对他们来说，更方便的做法是不再把自己视作公民同胞，而是作为古代以色列的"穷人"——这些弱势的人有资格在基督教主教这位新的父权领袖手中享有正义。

在令人激动的新型地方政治中，下层阶级一般以"教会的穷人"这一身份获得话语权。在主教选举时，城里的穷人可以作为 *101*

----

[153] *Codex Theodosianus* 1.27.2（A. D. 408）；A. Steinwenter，s.v. *Audientia episcopalis*，in *Reallexikon für Antike und Christentum*（Stuttgart：A. Hiersemann，1950），1：916-17.

[154] Augustine，*Enarratio in Psalmos* 46.5.

[155] Augustine，*Enarratio in Psalmos* 25，*Sermo 2.13*；*Life of Epiphanius of Salamis* 55：*Patrologia Graeca* 41：93A. 感谢克劳迪娅·拉普（Claudia Rapp）让我注意到了这段生动的文本。J. G. Keegan，"A Christian Letter from the Michigan Collection，"*Zeitschrift für Papyrologie und Epigraphik* 75（1988）：267-71，这可能是一位主教在裁判时做出的裁决。这个案例涉及在家族墓地的埋葬权——不大可能是穷人所关心的事。

[156] Augustine，*Ep.* 24*，ed. Divjak，pp. 126-27；*Letters 1*-29**，382-86，评论见 pp. 547-53；Eno，*Saint Augustine*：*Letters VI*，172-74.

[157] Possidius，*Life of Augustine* 19.

一个特殊群体发出自己的声音。主教是"他们的"主教。比如，当纳齐安的格里高利成为君士坦丁堡主教时，"教会的穷人"向这个倒霉蛋扔了石头。[158]

419 年，在该撒利亚毛里塔尼亚［Mauretanian Caesarea］，教会的穷人支持结过婚的霍诺里乌斯［Honorius］当选主教，此人已经是一个较小教区的主教（他马上安排自己的儿子做继任者！）。这个选择让奥古斯都和其他"虔信宗教的人"感到不安。但众所周知，霍诺里乌斯是个能干的恩主。和该城之前的主教一样，他曾活跃在皇帝宫廷。[159]不仅是教会穷人名册上的贫民支持一个以善于同当权者打交道而闻名的人当选主教，整个该撒利亚毛里塔尼亚的下层阶级都是如此。

因此，关爱穷人推动了主教成为重要城市的恩主这一鲜为人知但具有决定意义的过程。以巴兹尔为例：在成为该撒利亚主教前不久，巴兹尔在组织救济 368 年饥荒受灾者的过程中扮演了重要角色。[160]成为主教后，他马上在该撒利亚郊外建立了一所大型麻风病医院。他的医院是城市之外的新城市。这些是可以用旧式语言描绘的了不起的冒险。那里很快以他的名字被命名为巴兹莱亚斯［Basileias］。[161]在写给一位官员的信中，他表示这不过是任何有善

---

［158］Gregory Nazianzen, *Ep.* 77.3, in *Saint Grégoire de Nazianze: Lettres*, ed. P. Gallay（Paris: Belles Lettres, 1964）, 1: 95.

［159］Augustine, *Ep.* 22*.7-10, ed. Divjak, pp. 116-19; *Lettres 1*-29**, 354-63; Eno, *Saint Augustine: Letters VI*, 158-60.

［160］Gregory Nazianzen, *Oratio* 43.63: *Patrologia Graeca* 36.577; P. Maraval, "La date de la mort de Basile de Césarée," *Revue des études augustiniennes* 24（1988）: 31.

［161］Sozomen, *Ecclesiastical History* 6.34; Firmus of Caesarea, *Letter* 43, ed. M.-A. Calvet-Sébasti and P.-L. Gatier, *Firmus de Césarée: Lettres*, Sources chrétiennes 350（Paris: Le Cerf, 1989）, 167.

意的总督都应该做的：他用新建筑恢复了城市的古老荣光。[162] 不过，就像他的朋友纳齐安的格里高利小心指出的，上述活动都是旨在关爱在该撒利亚的政治生活中不值一提的人：人们看到巴兹尔服侍用餐的穷人和照顾麻风病人，这一事实证明这位主教完全没有世俗恩主的欲望。[163]

巴兹尔在城中的权力以穷人为基础，不带任何野心。但事实上，我们从他的书信中了解到，巴兹尔试图把他在统治阶层中的影响力一直延伸到君士坦丁堡。甚至他在修道院的实验也依赖他作为恩主的才干。为了帮助未来的僧侣和济贫院创办者获得免税和个人豁免，巴兹尔充分利用了他作为地方士绅和教化之人的声望。[164] 巴兹尔的恩庇还深入该撒利亚本地的城市人口。[165] 有一次，城中的行会在一场令人难忘的与总督的冲突中站在了他这边："每个人都拿起了他们使用的工具，或者任何当时在手边的东西。他们手持火把，冒着如雨的石头，准备好了短棒，众人怀着统一的热情一起奔跑和呐喊。"[166]

在亚历山大里亚，我们可以最清楚地看到主教如何决定性地征服了市场［bazaar］。君士坦丁统治时期，牧首们在城里的行会

〔162〕Basil, *Ep.* 94, in *Saint Basil: The Letters*, ed. and trans. R. Deferrari, Loeb Classical Library（Cambridge, Mass.: Harvard University Press, 1962）, 2: 150-53; L. Robert, "Epigrammes du Bas-Empire," *Hellenica* 4（1948）: 60-64.

〔163〕Gregory Nazianzen, *Oratio* 43.64: *Patrologia Graeca* 36.577.

〔164〕Basil, *Epp.* 3, 36, 104, 117, 142, in Deferrari, *Saint Basil* 1: 28, 191; 2: 197, 237, 345.

〔165〕Lellia Cracco Ruggini, "Le associazioni professionali nel mondo romano-bizantino," in *Settimane di Studio sull'Alto Medio Evo* 18（Spoleto: Centro italino di Studio sull'Alto Medio Evo, 1971）, 171.

〔166〕Gregory Nazianzen, *Oratio* 43.57: *Patrologia Graeca* 36: 568-69, trans. in *Library of the Nicene and Post-Nicene Fathers*（Grand Rapids, Mich.: Eerdmans, 1974）, 7: 413.

中赢得了支持。在一个针对部分公民的独特的慷慨之举中，君士坦丁不仅委派牧首将亚麻布分发给穷人做衣服，而且还设立了由教士管理的免费丧葬服务。[167] 不过，这些服务的执行人员由城市的工匠行会提供，以可观的免税作为交换，因而许多富有的店主都渴望加入。[168] 牧首有权决定所有申请：395 年，他被授权拒绝让非基督徒担任行会首领。[169] 418 年，"最受尊敬的主教"掌管着一支他亲手挑选的由 500 名身强壮者组成的队伍，称为"救险队"[parabalani]，名义上作为担架工和医院勤杂工负责"照顾体弱者"。[170] 在亚历山大里亚的剧场里、法庭上和市议会厅前都能看到大批救险队员。市议会被迫向皇帝抱怨这种恐吓。[171]

103　　　虽然亚历山大的牧首因利用这些群体而臭名昭著，但他绝不是唯一的。安条克的牧首同样掌管着一支可怕的"抬棺队"[lecticarii]，负责埋葬城中的穷人。[172] 从 3 世纪初开始，罗马基督教社群著名的地下墓地有了大规模发展，这让主教掌握了一支掘墓队[fossores]，他们善于挖掘凝灰岩，像介入了 19 世纪混乱选举的传奇达勒姆[Durham]煤矿工人一样强壮和好

---

[167] Justinian, *Novella* 59, Praef. (A.D. 537); cf. *Novella* 43.1 (536) and *Codex Justinianus* 1.2.4 (409); Epiphanius, *Panarion* 3.1.76; *Patrologia Graeca* 42: 516D-517A.

[168] *Codex Theodosianus* 16.2.43.1.

[169] *Codex Theodosianus* 1.4.5.

[170] *Codex Theodosianus* 16.2.43.

[171] *Codex Theodosianus* 16.2.42; J. Rougé, "Les débuts de l'episcopat de Cyrille d'Alexandrie et le *Code Théodosien*," in *Alexandrina: Mélanges offerts au P. Claude Mondésert* (Paris: Le Cerf, 1987), 346-49.

[172] Flemming, *Akten der ephesinischen Synode*, 118, 133; *Life of John of Tella*, ed. E. W. Brooks, in *Vitae Virorum apud Monophysitas celebrerrimorum, Corpus Scriptorum Christianorum Orientalium, Scriptores Syri*, ser. 3: 25 (Leipzig: O. Harrassowitz, 1907), 55.33, 叙利亚语文本, p. 88.24。

斗。[173] 366 年，在达玛苏斯［Damasus］成为罗马主教的那场充满争议的选举中，掘墓队在一系列针对其对手支持者的残忍攻击中扮演了突出的角色。[174] 在帝国各地，与主教对穷人的关爱联系在一起的人员成了实质上的城市民兵。

穷人的控制者

作为穷人的保护者，基督教主教在 4 世纪的最后十年里获得了意想不到的公共威望。388 年，在回顾帝国城市中未受惩罚的骚乱记录时——公开对皇帝喝倒彩，多次焚烧高官的宅邸，米兰的安布罗斯得出了自己的结论："主教是穷人的控制者，是和平的热心维护者，当然［他令人不安地补充说］，除非激怒他们的是对上帝及其教会的攻击。"[175]

政治和财务发展增加了安布罗斯说话的分量。378 年的亚德里安堡［Adrianople］战役后，我们进入了一个更危险的时代。东部帝国承担着重新确立巴尔干边界的主要成本。[176] 379 年 1 月，狄奥多西一世被立为东部帝国的皇帝。在巴尔干与西哥特人交战后，他在塞萨洛尼卡［Thessalonica］身染重病，于 380 年 *104*

---

〔173〕H. Brandenburg, "Überlegungen zum Ursprung und Entwicklung der Katakomben Roms", in *Vivarium: Festschrift für T. Klauser*, Jahrbuch für Antike und Christentum: Ergänzungsband 11 (Münster im Westfalen: Aschendorff, 1984), 11-49; Marc Griesheimer, "Génèse et développement de la catacombe S. Jean à Syracuse," *Mélanges de l'école française de Rome: Antiquité* (1989): 751-82.

〔174〕*Collectio Avellana* 1.7, *Corpus Scriptorum Ecclesiasticorum Latinorum* (Vienna: Tempsky, 1895), 3; Ammianus Marcellinus, *Res gestae* 27.3.12.

〔175〕Ambrose, *Ep.* 40.6.

〔176〕John Matthews, *Western Aristocracies and Imperial Court* (Oxford: Clarendon Press, 1975), 101-45; Liebeschuetz, *Antioch*, 164.

秋受洗。380 年 11 月，他进入了君士坦丁堡，"不仅是作为胜利的将军，而且作为受洗的公教基督徒。这被证明是个强有力的组合"。[177]

　　无论是否受洗，作为东部皇帝的狄奥多西都是君士坦丁革命的直接继承者。在君士坦丁及其基督徒继任者看来，他统治着那些旧宗教最有可能被确定无疑的基督教帝国所取代的地区。[178] 然而，他虽然继承了梦想，却没有继承实现梦想的手段。他从未像君士坦丁那样感到胸有成竹。从 383 年到 388 年，他的权威在西部受到自己的亲戚马克西姆斯的挑战，此人自称是个和他一样热情的公教教徒。387 年，马克西姆斯进入意大利，为了帮助年轻的瓦伦提尼安二世皇帝在西部卷土重来，狄奥多西与他兵戎相见。内战的结果非常扑朔迷离，当狄奥多西阵亡的谣言传来时，君士坦丁堡爆发了骚乱；以防万一，亚历山大里亚的主教派他的代表带着两封信前往罗马，分别写给马克西姆斯和狄奥多西，准备交给胜出的皇帝！[179]

　　在那些年里，通货最终朝着偏爱黄金铸币的方向发展，这影响了帝国的整体经济。[180] 这种被一位同时代人上溯到君士坦丁统治时期的状况现在变得无法逆转。通过与帝国当局合作而获得黄金的富人进一步从帝国的其他人口中独立出来，后者被迫使用价值很低的钱，却不得不面对越来越多的以金苏勒德斯 [*solidi*] 纳

〔177〕Matthews, *Western Aristocracies*, 122.

〔178〕T. D. Barnes, "Religion and Society in the Age of Theodosius," in *Grace, Politics and Desire: Essays on Augustine*, ed. H. A. Meynell (Calgary, Alberta: University of Calgary Press, 1990), 157-60, 重要而富有见地。

〔179〕Socrates, *Ecclesiastical History* 6.2.

〔180〕J. P. Callu, "Le 'centénaire' et l'enrichissement monétaire au Bas Empire," *Ktema* 3 (1978): 311.

税的要求："有权势的人家里堆得满满的，穷人的毁灭反倒增添了他们的光彩……但苦难迫使穷人从事各种犯罪活动……他们失去了对法律的一切尊重和所有的忠诚感。"[181]

狄奥多西被迫向这些城市征收比以往更重的税。[182] 如果想要这样做，他必须向整个帝国表明，他更愿意与哪个群体协商，以便在自己变得日益不受欢迎的时候维持城市人口对他的忠诚。事实上，在 4 世纪 80 年代，狄奥多西不得不在他与城市的关系中展现出一种新的"戏剧化风格"。他非常巧妙地做到了这点。人们以骚乱的形式违抗他的意志，这让他展现出可怕的怒火。但这种愤怒遵循了由来已久的传统。显示怒火是为了等人来平息。问题在于，应该由谁这样做？狄奥多西审慎地利用自己的不悦，授权一个新的群体让自己息怒。出于宗教和政治原因，他认为那些人更符合自己的目标。狄奥多西决定求助于主教和僧侣，而非严肃的忒米斯提乌斯或者小心翼翼的利巴尼乌斯。

这种情况在 387 年春天安条克的塑像骚乱后第一次上演。对公民士绅来说，那次骚乱的所有细节都是最严重的"统治灾难"。

¹⁰⁵

---

〔181〕*Anonymus de rebus bellicis* 2.2, ed. and trans. E. A. Thompson, in *A Roman Inventor and Reformer* (Oxford: Clarendon Press, 1952), 94, 110. 受到 H. Brandt, *Zeitkritik in der Spätantike: Untersuchungen zu den Reformsvorschlagen des Anonymus de rebus bellicis*, Vestigia 40 (Munich: C. H. Beck, 1988), 83 中的论据影响，我认为该文本属于狄奥多西的统治时期，但这完全不是定论。有人把文本的时间提前二十年，但仍然认为它指的是瓦伦斯统治时期东部的情况: Alan Cameron, "The Date of the *Anonymus de Rebus Bellicis*," in *Aspects of the de Rebus Bellicis: Papers presented to Professor E. A. Thompson*, ed. M. W. C. Hassall and R. I. Ireland, B.A.R. International Series 63 (Oxford: B.A.R., 1979). 1-10. 对该问题的全面讨论，见 A. Giardina, ed. and trans., *Anonimo: Le cose della guerra* (Milan: Mondadori, 1989), xxxvi-lii.

〔182〕M. F. Hendy, *Studies in the Byzantine Monetary Economy* (Cambridge: Cambridge University Press, 1985), 189-90.

暴动之前经历了连年的粮食短缺，尽管人们尽了很大的努力来改善城市的食物供应。[183] 城中居民将再次被征收黄金的消息成了最后的稻草。[184] 人群无视市议会，首先涌向了主教的宅邸。[185] 弗拉维安［Flavian］主教不见踪影。无论如何，现在为时已晚：皇帝和皇后的塑像已经从基座上被推倒，被拖着穿过街道。[186] 后来的一位叙利亚作家用比喻描绘了此举的大逆不道：基督教徒可以犯罪，但只有叛教者才会否认受过洗礼；与之类似，城市可以发生骚乱，但只有当它推倒了城中的皇帝塑像时才犯下了叛国罪。[187] 此举让安条克的命运完全掌握在愤怒皇帝的手中。事实上，这意味着狄奥多西取得了非常有利的位置，可以自由决定让谁来收获说服皇帝开恩的功劳。随后，主教和公民士绅都不遗余力地发动了各自的劝诫力量；在这场盛大的行动中，天平明显地倾向于基督教主教和僧侣。[188]

387 年 3 月，皇帝的专员抵达安条克，在一片死寂中入城。居民害怕惩罚性的屠杀，最好的情况下也会让安条克失去叙利亚都会的地位。但弗拉维安主教已经把以隐修士马克多尼乌斯

---

〔183〕G. L. Kurbatov, "K voprosu o korporacii khlebopekov v Antiokhii," *Vestnik Drevnei Istorii* 109（1965）: 141-53；Franz Tinnefeld, *Die frühbyzantinische Gesellschaft*（Munich: W. Fink Verlag, 1977）, 127；Libanius, *Oratio* 1.205-12（I.175-77）, in Norman, *Libanius' Autobiography*, 110-15.

〔184〕Libanius, *Oratio* 19.25（II.396-97）, in Norman, *Libanius 2*, 285；R. Browning, "The Riot of 387 A.D. in Antioch," *Journal of Roman Studies* 42（1952）: 14.

〔185〕Libanius, *Oratio* 19.28（II.398）, in Norman, *Libanius 2*, 287.

〔186〕Libanius, *Oratio* 19.29-30（II.398-99）, in Norman, *Libanius 2*, 287.

〔187〕A. Tanghe, "Memra de Philoxène de Mabboug sur l'inhabitation du Saint Esprit," *Le Mouséon* 73（1960）: 53, trans. 62-63.

〔188〕Lellia Cracco Ruggini, "Poteri in gara per la salvezza di città rebelli: il caso di Antiochia（387 d.C.）," in *Hestiasis: Studi di tarda antichita' offerti a Salvatore Calderone. Studi tardoantichi 1*（Messina: Sicania, 1988）, 265-90.

〔Macedonius〕为首的叙利亚僧侣带到城中。〔189〕马克多尼乌斯来自叙利亚内陆。他几乎不会希腊语,以致弗拉维安授予他圣职时,他连仪式上的一个字都听不懂。获悉他们对自己做了什么后,马克多尼乌斯跑到主教身后,用拐杖抽打了他!〔190〕

有教养的基督徒对这类故事津津乐道。现在,他们需要马克多尼乌斯这类人的求情。虽然城中的教士为了让几个人获释都不得不低声下气,抓住皇帝专员的脚,亲吻他们的膝盖,〔191〕但作为与安条克全无瓜葛的圣人,马克多尼乌斯可以为整个城市说话。他理直气壮地站在专员面前,样子令人称异,仿佛拥有圣灵的可怕力量。"他命令他们告诉皇帝",他和那些叛乱者是"同样天性的人"。威胁要大肆处决的皇帝必须明白"他放纵了自己过度的怒火"。当他说的话从叙利亚语被译成希腊语后,专员们"不寒而栗"。因为"义人胆壮像狮子"。〔192〕直言不讳之风明显地从另一个地方吹来。专员在远离主人时通常行事谨慎,他们决定向狄奥多西报告此事。弗拉维安主教急忙穿过小亚细亚,听凭皇帝发落。后来,据说他说服了皇帝桌前的歌童用哀歌的形式歌唱安条克人的请愿。狄奥多西"流下的眼泪滴进了他手持的杯子里"。〔193〕这是个好兆头。

〔189〕John Chrysostom, *Homilies on the Statues* 17.6: *Patrologia Graeca* 49: 174-75, trans. in *Library of the Fathers*(Oxford: J. Parker, 1842), 284.

〔190〕Theodoret, *Historia Religiosa* 9.4-5: *Patrologia Graeca* 82: 1401C; R. M. Price, trans., *Theodoret: A History of the Monks of Syria*, Cistercian Studies 88(Kalamazoo, Mich.: Cistercian Publications, 1985), 102.

〔191〕John Chrysostom, *Homilies on the Statues* 17.8: *Patrologia Graeca* 49: 175, trans. *Library of the Fathers*, 285.

〔192〕Theodoret, *Historia Religiosa* 9.7-8: *Patrologia Graeca* 82: 1404B-1405A, citing Proverbs 28: 1.

〔193〕Sozomen, *Ecclesiastical History* 7.23, in *Library of the Nicene and Post-Nicene Fathers*(Grand Rapids, Mich.: Eerdmans, 1979), 2: 393.

　　但我们必须记住，弗拉维安主教和僧侣的直言不讳之所以有效，主要是因为狄奥多西和他的代理人决心听取他们的意见。在君士坦丁堡，狄奥多西继续对年事渐高的异教徒哲学家忒米斯提乌斯礼遇有加，甚至试图任命其为城市长官来讨好保守派。[194]但他也是个虔诚的基督徒，急于关闭东部的神庙。在这件事上，他的专员居内吉俄斯［Cynegius］得到了叙利亚僧侣的协助。僧侣们借居内吉俄斯出巡之机，对叙利亚、幼发拉底河边境和腓尼基各地的神庙发动袭击。[195]安条克的士绅令人信服地把这些野蛮的人描绘成下层阶级的暴力煽动者。就像利巴尼乌斯当时所写的："这群吃得比大象还多的黑衣人……如泛滥的河水般席卷了乡间……在劫掠神庙时，他们也劫掠了个人财产。"[196]

　　通过上述令人难忘的刻画，利巴尼乌斯暗示，僧侣的活动让居内吉俄斯的全部举动蒙上了非法的阴影：被他授权的是土匪，是法外之徒。[197]狄奥多西决定接受弗拉维安主教和一群精心挑选的圣人的请愿，此举让僧侣在前一年犯下的暴行合法化。由于与马克西姆斯的战事可能随时爆发，再加上萨珊波斯统治者的更迭

---

〔194〕Themistius, *Orationes* 31, 34; Palladas, *Anthologia Graeca* 11.292; L. J. Daly, "Themistius' Refusal of a Magistracy," *Jahrbuch der österreichischen Byzantinistik* 32（1982）: 177-86.

〔195〕Matthews, *Western Aristocracies*, 140-42; Garth Fowden, "Bishops and Temples in the Eastern Roman Empire, A.D. 320-425," *Journal of Theological Studies*, n.s., 29（1978）: 62-69.

〔196〕Libanius, *Oratio* 30.9（III.92）, in Norman, *Libanius 2*, 109.

〔197〕Libanius, *Oratio* 30.12, 48（III.94, 114）, in Norman, Libanius *2*, 113, 145. 阿特理佩的谢努特［Shenoute of Atripe］也被指控以同样的方式"抢劫"，见 Shenoute, *Letter* 24, ed. J. Leipoldt and W. E. Crum, *Corpus Scriptorum Christianorum Orientalium* 43: *Scriptores coptici* 3（Leipzig: O. Harassowitz, 1898）, 79.16, *mntléstés*. Cf. Eunapius, *Lives of the Philosophers* 472, in Wright, *Philostratus and Eunapius*, 422, *tyrannikê exousia*.

通常会伴有动荡，惩罚这座东方的重要城市变得不明智，狄奥多 〔108〕
西至少可以选择让哪一派拥有平息他怒火的功劳。他选择了主教
和僧侣。

在安条克布道时，金口约翰夸大了教会的胜利。对该城来说，
僧侣成了直言不讳的新代表：

> 现在，那些身着破烂长袍，留着长须，右手持杖的人，
> 这个世界的哲学家，他们在哪里？这些人都抛弃了城市……
> 城里的居民逃到山上……但沙漠的公民忙着赶到城里……当
> 异教徒胆敢与我们争辩有关哲学家的事时，让我们告诉他们
> 这些。啊！基督教的力量多么神奇，它约束了一位在大地上
> 无与伦比的人，一位足以摧毁和破坏一切的强大君主；教会
> 他践行这种哲学。〔198〕

后来，金口约翰又谈到了当时有人全家皈依。〔199〕带有许多铭
文的大块马赛克地面的碎片（其中一块现在保存在普林斯顿大学
博物馆的门厅里）显示，在达芙尼［Daphne］的富饶城郊，"最受
尊敬的主教"弗拉维安在圣巴布拉斯［Saint Babylas］的圣所雄心
勃勃地开展了营建项目。项目始于387年，当时，城市的传统中
心——市场、浴场和剧场——在皇帝怒火的阴影下变得沉寂。〔200〕
通过以这种方式做出让步，狄奥多西进一步让地方上的基督徒

---

〔198〕John Chrysostom, *Homilies on the Statues* 17.5, 21.13: *Patrologia Graeca* 49:
173, 217; trans. *Library of the Fathers*, 282-83, 357.

〔199〕John Chrysostom, *De Anna* 1: *Patrologia Graeca* 54: 634.

〔200〕Sheila Campbell, *The Mosaics of Antioch*（Toronto: Center of Medieval Studies,
1988）, 43-44. John Chrysostom, *Homilies on the Statues* 15.1: *Patrologia
Graeca* 49: 153; trans. *Library of the Fathers*, 249.

暴力变得合法。翌年（388年），在卡利尼库姆［Callinicum］——即今天叙利亚的拉卡［Raqqa］，位于幼发拉底河与拜利赫河［Nahr al-Balikh］宽阔交汇处的一座要塞城市——基督教主教和他的僧侣焚毁了一座犹太教堂。之前，他们还用同样粗暴的方式摧毁了一处瓦伦提尼安异端的集会地。[201]军方对此感到愤怒。就连狄奥多西也承认："僧侣犯下了很多暴行。"[202]主教被勒令支付重建犹太教堂的费用。

不过，狄奥多西当时正在意大利北部，刚刚打败了马克西姆斯。在米兰的主教座堂进行的一次紧张的会谈中，安布罗斯主教不顾提马西俄斯［Timasius］将军的高声反对，拒绝开始圣餐仪式——包括为皇帝及其军队庄严地祈祷——除非狄奥多西收回上述命令。[203]安布罗斯坚称，如果狄奥多西可以宽恕安条克城，他也能宽恕狂热的卡利尼库姆主教。[204]在刚刚平复的西部行省，狄奥多西不确定未来会怎样。他急于讨好，向安布罗斯做了让步。他为了主教和僧侣而宽恕了安条克，此举的后果先是在幼发拉底河畔显现，然后又在米兰让他陷入尴尬。他被迫养成了向主教让步的危险习惯。

安条克的塑像骚乱后仅仅三年，所有人担心的事变成了现实。390年年初，皇帝下令杀死7000名塞萨洛尼卡的居民。事情的起因是驻军的哥特人司令官布特里希［Butherich］被处以私刑，因为他拒绝了民众在城中赛马场的严肃集会上提出的请求，不愿释放一名因为鸡奸被捕的马车御者。这场骚乱威胁了狄奥多西用哥

［201］Ambrose, *Ep.* 40.6, 16; Matthews, *Western Aristocracies*, 232-33.
［202］Ambrose, *Ep.* 41.27.
［203］Ambrose, *Ep.* 41.28-29.
［204］Ambrose, *Ep.* 40.32.

特人守卫巴尔干的政策。[205]更糟糕的是，狄奥多西刚刚在该城庆祝自己的登基纪念日：塞萨洛尼卡是他的城市，是他的巴尔干战略的中心，这是安条克从未有过的地位。这一次，皇帝不得不以令人震惊的方式展示自己的怒火。

骚乱的消息传来时，狄奥多西正在米兰。[206]他带着亲随圈子离开那里，开始筹划该怎么做。参加御前会议讨论的人都宣誓保密。无论是塞萨洛尼卡的主教，还是主教在意大利最有力的盟友安布罗斯都对皇帝的决定一无所知。[207]皇帝的"怒火"这种说法掩盖了冷血的决定，那是在军事专家的敦促下花了几周时间做出的。[208]

结果，原本也许只是选择性地处死一些可能参与了赛马场示威的年轻人这一计划失控了。"城中到处是许多枉死者的鲜血。"[209]当可怕的大屠杀的消息传到米兰时，高卢的主教正在城里参加主教会议。[210]高卢代表团不久前还是马克西姆斯皇帝的臣民，这位正直的公教教徒刚刚被获胜的狄奥多西的修辞学家斥责

110

---

〔205〕Sozomen, *Ecclesiastical History* 7.25, trans. *Library of the Nicene and Post-Nicene Fathers*, 2：394.

〔206〕Matthews, *Western Aristocracies*, 234-37 对这些事件做了清楚的总结。在完成本章的初稿后读到了牛津大学的尼尔·麦克林恩（Neil Mclynn）博士的论文摘要，并和他做了交谈，这对我理解安布罗斯与狄奥多西的关系很有帮助。我觉得，他即将出版的关于该主题的著作将会消除许多错误，包括那些我在这里很可能犯下的。

〔207〕Ambrose, *Ep.* 51.2.

〔208〕F. Kolb, "Der Bussakt von Mailand：Zum Verhältnis von Staat und Kirche in der Spätantike," in *Geschichte und Gegenwart：Festschrift für Karl Dietrich Erdmann*, ed. Hartmut Boockmann, Kurt Jurgensen, and Gerhard Stoltenberg（Neumünster：Wachholtz, 1980）, 49 中这一点尤其清楚。

〔209〕Sozomen, *Ecclesiastical History* 7.25, trans. *Library of the Nicene and Post-Nicene Fathers*, 2：394.

〔210〕Ambrose, *Ep.* 51.6.

为"紫袍屠夫"。[211] 不能让他们看到安布罗斯为如此的杀戮求情。他以健康为由偷偷退居乡下，以免遇见皇帝。[212] 两方面都不得不考虑接下去该怎么办。

幸运的是，暑热降临米兰。整个宫廷离开那里，前往阿尔卑斯山脚享受清新的空气。8 月 18 日，狄奥多西在维罗纳颁布法令，表示"虽然有违我们的制度"，但皇帝要求死刑在判决 30 天后才能执行——想来是为了给安布罗斯在当年早些时候坚决否认的那种求情留下空间。[213] 然而众所周知，领受法令的近卫军长官弗拉维亚努斯［Flavianus］并非基督徒。法令针对的是狱中的士绅，而非全城的无辜人口。[214] 事实上，狄奥多西相对安布罗斯先发制人。维罗纳法令仅仅暗示，狄奥多西在面对以非基督徒为主的意大利贵族时会控制自己的怒火，而非对塞萨洛尼卡的大规模处决感到后悔。

引人瞩目的是安布罗斯如何巧妙地克服最初的失利，最终对狄奥多西及其侍从施加了影响。他通过诉诸传统深厚的哲学家角色实现了这点。在当时的狄奥多西面前，安布罗斯不是希尔德布兰德［Hildebrand］。在狄奥多西身上，安布罗斯看到了罗马秩序令人生畏的化身。米兰的民众排成庄严的队伍前来目睹皇帝的风采，他们在"紫色火焰"的引领下看到他的脸上有"某种超越凡人的东西"。[215] 面对如此可怕的权力，作为主教的安布罗斯让位于作为哲学家继承人的安布罗斯。388 年的卡利尼库姆事件中，安

---

〔211〕Pacatus，*Panegyricus Theodosio dictus* 24.1，in *Panegyrici Latini*，ed. R. A. B. Mynors（Oxford：Clarendon Press，1964），101.

〔212〕Ambrose，*Ep.* 51.5.

〔213〕*Codex Theodosianus* 9.40.13.

〔214〕Matthews，*Western Aristocracies*，235，n.2.

〔215〕Ambrose，*Expositio in Psalmum cxviii* 8.19.

布罗斯曾在宽恕一位偏远地区主教这个相对不重要的问题上勇敢地与狄奥多西及其侍从对峙。而现在，在 390 年的秋天，他将在愤怒的皇帝面前全力扮演哲学家的古老角色。 *111*

我们不应认为安布罗斯的成功顺理成章。他从 376 年就开始担任米兰主教，早期的地位并不稳固。4 世纪 70 年代末和 80 年代初的安布罗斯刚刚上任，毛遂自荐充当一个坚决支持尼西亚决议的宗派的代言人，当时的他无法确保对皇帝的良心产生影响。[216] 那时，他最有力的武器并非作为公教主教的强硬权威，而是哲学家的勇气。386 年，他凭借后者在与瓦伦提尼安二世的阿里乌斯派侍从的冲突中胜出。那一次，当宫廷军队包围了他的会堂时，他所做的一系列了不起的布道《论以撒和有福的生活》[*De Isaac et beata vita*] 表明，他知道如何在广大世人面前表现自己。一边是马卡比殉道者"哲人般"的坚贞，一边是普罗提诺作品中关于刚毅而无畏的智者的理想，两者在这些布道中融为一体。[217] 那时，安布罗斯成了基督徒中践行古老的"坚忍"[*karteria*]（即哲学家在皇帝面前令人印象深刻的顽强）理念的典范。他在选择对手的问题上是幸运的。386 年，小皇帝瓦伦提尼安二世的皇位岌岌可危。他无法确保军队的忠诚，而且生活在高卢的马克西姆斯和东方的狄奥多西的阴影下。因此，他不愿以屠杀公教教徒为代价来恢复

---

[216] P. Nautin, "Les premières relations d'Ambroise avec l'empereur Gratien," in *Ambroise de Milan*, ed. G. Madec（Paris：Etudes augustiniennes, 1974）, 229-44；Neil McLynn, "The 'Apology' of Palladius：Nature and Purpose," *Journal of Theological Studies*, n.s., 42（1991）：70-73.

[217] G. Nauroy, "La méthode de composition et la structure du *De Isaac et beata vita*," in Madec, *Ambroise de Milan*, 115-53；idem., "Le fouet et le miel：Le combat d'Ambroise en 386 contre l'arianisme milanais," *Recherches augustiniennes* 23（1988）：3-86.

秩序。他做了让步。[218]安布罗斯的坚忍被证明是对的。现在，将近五年后，在狄奥多西面前，直言不讳的时代来临了。

安布罗斯明白直言不讳的使用法则。塞萨洛尼卡大屠杀发生后，并没有佩冠的主教在米兰主教座堂的门廊下拦住狄奥多西，就像后世喜欢想象的那样。相反，安布罗斯故意作为精神导师接近皇帝。狄奥多西收到一封长信，"由我亲笔所写，仅供您御览"。[219]这封信似乎还附上了《大卫的辩护》[Apologia David]，一篇关于《诗篇》第50首（带有忏悔性质）的论文。[220]通过这种写法，安布罗斯故意将自己包装成一位哲学家。他直接谈到了皇帝的怒火。他写道，愤怒由亚当的堕落引起，是灵魂的疾病，是人类特有的弱点的标志。但这种病可以被基督教的悔罪治愈。[221]

112

不过，从没有哪个哲学家拥有可以容纳3000名听众的会堂。[222]狄奥多西明白，如果他想继续让宫廷驻扎在米兰，皇城的仪式亟待他组织一次从宫殿到安布罗斯的主教座堂的游行，在圣堂进献皇帝的礼物，并（为作为受洗基督徒的狄奥多西）领受圣餐。宫廷驻扎米兰期间，接待皇帝朝拜者的会堂大门上要悬挂巨大的紫幕。[223]皇帝在驻扎的城市对仪式空间的需求曾导致不那么圆滑的阿里乌斯派皇帝瓦伦斯同东部帝国的主教发生了冲突：比如在皇帝的随从与大臣穿过该撒利亚时，他同巴兹尔起了冲突，而托米

---

〔218〕Barnes，"Religion and Society in the Age of Theodosius，" 162.

〔219〕Ambrose，*Ep.* 51.14.

〔220〕Ambrose，*Apologia David*；尤其见 P. Hadot，*Ambroise de Milan: Apologie de David*，Sources chrétiennes 239（Paris: Le Cerf，1977），38-43。钦定本《诗篇》51。

〔221〕Ambrose，*Ep.* 51.4-5.

〔222〕Krautheimer，*Three Christian Capitals*，76.

〔223〕Ambrose，*Sermo contra Auxentium* 20，30；Nauroy，"Le fouet et le miel，" 77-79.

［Tomi］主教在皇帝到来时干脆将自己的会众带离了会堂。[224]

皇帝仪式的宏大性把狄奥多西同公教教会联系在一起。为了在米兰主教座堂举行的庄严的大弥撒中重新扮演核心角色，悔罪完全值得。经过短暂的悔罪（很可能以游行时不穿戴皇帝的全套行头为形式），狄奥多西与安布罗斯言归于好。但值得注意的是，他故意延迟了领受圣餐，直到他的"儿子们"——亲生的霍诺里乌斯，以及受他庇护的瓦伦提尼安——抵达米兰。[225]虽然皇帝在几个主日上不穿戴行头出现在教堂里是"惊人的景象"，但在后来祝贺皇朝和谐的真正皇室庆典的荣光照耀下，那一幕很可能被米兰公民淡忘。[226]

后来的拜占庭艺术将大卫描绘成身着紫袍、头戴冠冕的皇帝，他向身前的先知拿单［Nathan］鞠躬致敬，后者恰如其分地以哲学家的装束出现，留着长须，穿着古典风格的衣服。[227]相比在吉本［Gibbon］造访米兰时被其嗤之以鼻的那幅反宗教改革运动期间制作的夸张浮雕，[228]这幅深深植根于对古代世界政治想象中的画面才更符合4世纪时人们对安布罗斯与狄奥多西对抗的印象。通过塞萨洛尼卡大屠杀后的举动，在公众眼中安布罗斯让他的前辈忒米斯提乌斯的黑袍形象彻底黯然失色。这位主教把自己塑造

113

〔224〕Gregory Nazianzen, *Oratio* 43.52-53；Sozomen, *Ecclesiastical History* 6.21.

〔225〕Ambrose, *De obitu Theodosii* 34.

〔226〕G. W. Bowersock, "From Emperor to Bishop：The Self-Conscious Transformation of Political Power in the Fourth Century A.D.," *Classical Philology* 81（1986）：299.

〔227〕Zoltan Kadar, "Un rilievo frammentario del museo di Budapest," *Rivista di archeologia cristiana* 38（1962）：149-50. 不确定所讨论的这个残片是真品，还是根据后来拜占庭人对拿单和大卫的描绘所复制的。感谢 A. Cutler 教授提醒我注意这点。

〔228〕G. A. Bonnard, ed., *Gibbon's Journey from Geneva to Rome*（London：Nelson, 1961），47.

成了对皇帝怒火的批评者，因而也是皇帝仁慈的仲裁人。

　　狄奥多西通过一系列反对多神教的法令进一步提高了自己虔诚皇帝的声名。391 年 2 月，他下令禁止一切形式的牲祭。旧宗教在公共生活中再没有立足之地。所有的总督——甚至是非基督徒——都不得前往神庙朝拜。[229]事实上，这意味着在整个帝国，总督在入城式上只会前往一处宗教建筑——基督教主教的会堂（就像新建的圣洛伦佐会堂矗立在前往米兰的凯旋大道上，等候着接待可敬的官方来访者）。[230]我们在本书开头看到的此类仪式彰显了将地方社群同遥远的帝国中心联系起来的那种不常出现的能量脉冲，现在仪式总是会包括基督教主教，欢迎游行中公开展示的基督教象征（巨型的福音书和游行十字架），以及新来者向现在标志着城市大门的基督教堂致敬的举动。[231]

　　391 年 6 月，法令被推行至埃及，[232]392 年 11 月，当狄奥多西回到君士坦丁堡时，又以最详细的形式做了重申。[233]不过，地方上的事件再次让狄奥多西始料不及。392 年，亚历山大里亚牧首忒奥菲洛斯［Theophilus］利用法令制造的情绪组织了游行。在游行中，来自废弃圣所的神像遭到了公开羞辱。[234]在随之而来的

---

〔229〕*Codex Theodosianus* 16.10.10.

〔230〕地图见 Krautheimer, *Three Christian Capitals*，73。

〔231〕例如，关于 449 年奥斯若恩［Osrhoene］总督进入埃德萨，见 Flemming, *Akten der ephesinische Synode*，14-15；关于想象中狄奥多西一世进入亚历山大里亚，见 *Vision of Theophilus*, ed. and trans. Mingana, pp. 14, 51。

〔232〕*Codex Theodosianus* 16.10.11.

〔233〕*Codex Theodosianus* 16.10.12.

〔234〕Rufinus, *Ecclesiastical History* 2.22：*Patrologia Latina* 21：528A；Socrates, *Ecclesiastical History* 5.16. 特别见 Thélamon, *Païens et chrétiens*，160-394；Chuvin, *Chronicle of the Last Pagans*，65-69。塞拉皮斯宫被毁的日期并不确定：我认为是 392 年。见 A. Bauer and J. Strzygowski, *Eine alexandrinische Weltchronik, Denkschriften der kaiserlichen Akademie der Wissenschaften zu Wien*，Phil.-Hist. Klasse 51.2（1905）：69。

血腥骚乱中，一伙基督教暴徒趁机把他们的对手赶入塞拉皮斯宫 *114*
［Serapaeum］。那里是地中海东部最大的神庙，在设计和被热爱的
程度上独一无二，现在落入了他们的掌握。

　　忒奥菲洛斯牧首没有轻举妄动，而是谨慎地等待皇帝的来信。
书信在塞拉皮斯宫的台阶上被宣读，首先言辞激烈地谴责了异教
诸神。这就够了。旧信仰者惊恐地四散而逃，任由基督徒进行最
后的亵渎。[235] 显然，如此的亵渎已经让诸神抛弃大地，返回了天
界。[236] 塞拉皮斯的巨大画像被摧毁。神庙被夷为平地。曾经受诸
神"污染"的土地被僧侣和殉道者的遗骨净化。[237] 但在庞大废墟
的某些角落，将近一个世纪后还有人在行巫。[238] 在获悉亚历山大
里亚发生的事后，据说狄奥多西称赞了基督，表示"这一古老的
错误被消除，没有破坏那座伟大的城市"。[239] 而对同时代的人来
说，塞萨洛尼卡的屠杀还历历在目，他们知道自己是幸运的。

　　受到如此惊人的成功鼓励，针对神庙的暴力浪潮——以基督
徒和多神教社群间不时的血腥冲突为标志——在 4 世纪 90 年代
继续在整个地中海周围上演。[240] 此类事件可以被认为对基督徒

〔235〕Rufinus, *Ecclesiastical History* 2.22, 23：*Patrologia Latina* 21：529C, 531A.

〔236〕Eunapius, *Lives of the Philosophers* 470, in Wright, *Philostratus and Eunapius*, 416；Chuvin, *Chronicle of the Last Pagans*, 67-68.

〔237〕Rufinus, *Ecclesiastical History* 2.28：*Patrologia Latina* 21：536BC；Eunapius, *Lives of the Philosophers* 472, in Wright, *Philostratus and Eunapius*, 422-24.

〔238〕Raabe, *Petrus der Iberer*, 71, 叙利亚语文本见 72.5。

〔239〕Rufinus, *Ecclesiastical History* 2.30：*Patrologia Latina* 21：538A.

〔240〕关于腓尼基，见 Sozomen, *Ecclesiastical History* 7.15 和 Theodoret, *Ecclesiastical History* 5.29。关于希腊，见 Eunapius, *Lives of the Philosophers* 476, in Wright, *Philostratus and Eunapius*, 438。关于意大利，见 Lizzi, *Vescovi e strutture ecclesiastiche* 59-86。关于北非，见 R. A. Markus, *The End of Ancient Christianity*（Cambridge：Cambridge University Press, 1990）, 107-23。关于高卢，见 Aline Rousselle, *Croire et guérir: La foi en Gaule dans l'Antiquité tardive*（Paris：Fayard, 1990）, 31-64。

中的头面人物如何看待他们生活的城市产生了决定性影响。神庙的突然倒塌让他们对仍然不受自己控制的宗教群体和公民习惯的继续存在变得更不耐烦。[241]只有在东部边境，狄奥多西才认为，听取他的将军的意见毕竟还是明智的。393 年 9 月，致力于对西部的敌人发动又一场战争的狄奥多西向东部军队的总司令颁布新的法令："收到此法令后，阁下应该适度严厉地制止那些以基督教名义行不法之事的放肆举动，以及试图摧毁和掠夺犹太教堂的行为。"[242]这个姗姗来迟的裁决补救了他在卡利尼库姆事件上缺乏的决心。

不过，神庙的终结并不一定意味着一种公民生活方式的终结，主教仍然要对市议会和整个城市负责。即便志得意满的忒奥菲洛斯也无法完全高枕无忧。400 年，当他以子虚乌有的鸡奸指控来罢免穷人监督官的尝试失败后，昔日的塞拉皮斯崇拜者涌入仍和城中的福尔图娜神庙联系在一起的广场，情绪高昂地加入了对牧首的抗议。在市议会厅举行的公开听证会上，忒奥菲洛斯很可能一败涂地。[243]随后的二十年里，非基督教元素在亚历山大里亚社会中一直牢牢地占有一席之地。然而到了 415 年，忒奥菲洛斯的外甥，也是继任者，西里尔［Cyril］发动的又一场任性的行动让哲学家的公共角色被暴力终结。

---

〔241〕奥古斯丁的案例精彩地描绘了这点，见 Markus, *End of Ancient Christianity*, 110-21；我们可以期待发现者会宣布至今未知的另一个版本的奥古斯丁布道词，与稍晚些的事件有关，F. Dolbeau, in "Sermons inédits de S. Augustin dans un manuscrit de Mayence（Stadtbibliothek I9），"*Revue des études augustiniennes* 36（1990）: 355-59 和 "Nouveaux sermons de Saint Augustin pour la conversion des païens et des donatistes," *Revue des études augustiniennes* 37（1991）: 37-78。

〔242〕*Codex Theodosianus* 16.8.9.

〔243〕*Letter of Theophilus to the Bishops of Palestine*, in Jerome, *Ep.* 92.3: *Patrologia Latina* 22: 765.

有一位女性也参与其中，证明了哲学家的角色仍然是那么稳固。与武米斯提乌斯一样，亚历山大里亚的许帕提娅［Hypatia］的父亲也是哲学家。[244] 她在亚历山大里亚教书，被同时代人誉为"智慧学科的纯洁明星"。[245] 415年时，她已经是个老妇人，具备一切哲学家应有的品质："在履行影响城市的公共责任时，她考虑周全，［她的］自控和直言不讳来自她的文化。"[246]

当城市被415年的骚乱撕裂时，长官俄瑞斯特斯［Orestes］认定西里尔要对混乱负责。牧首来到他的面前，把福音书递给他，就像安条克的弗拉维安曾经在狄奥多西面前所做的，"相信对宗教的尊敬会让他息怒"。[247] 不过，虽然是个受洗的基督徒，俄瑞斯特斯还是确信有必要约束西里尔。被他授予直言不讳权力的不是西里尔，而是哲学家许帕提娅。必须由她来平息俄瑞斯特斯的愤怒。

116

看到那么多官员的马车停在许帕提娅的宅邸外，牧首忍无可忍。[248] 西里尔在412年10月刚刚当选。骚乱伴随着他的仓

---

〔244〕J. R. Martindale, ed., *The Prosopography of the Later Roman Empire*, vol. 2, A. D. 395-527（Cambridge：Cambridge University Press, 1980）, 575-76；J. M. Rist, "Hypatia," *Phoenix* 19（1965）: 214-25. D. Shanzer, "Merely a Cynic Gesture?" *Rivista di filologia* 113（1985）: 61-66 认定她受到普罗提诺的影响。Chuvin, *Chronicle of the Last Pagans*, 85-90. 目前，对许帕提娅所受教化的最佳描绘是 Alan Cameron and Jacqueline Long, with Lee Sherry, *Barbarians and Politics at the Court of Arcadius*（Berkeley：University of California Press, forthcoming）, chap. 2。

〔245〕Palladas, *Anthologia Graeca* 9.400.

〔246〕Socrates, *Ecclesiastical History* 7.15, trans. *Library of the Nicene and Post-Nicene Fathers*, 2：160.

〔247〕Socrates, *Ecclesiastical History* 7：13, trans. *Library of the Nicene and Post-Nicene Fathers*, 2：159. Cf. John Chrysostom, *Homilies on the Statues* 21.17：*Patrologia Graeca* 49：219, trans. *Library of the Fathers*, 261；John Lydus, *De Magistratibs populi romani* 3.59（Leipzig：Teubner, 1967）, 149.

〔248〕Damascius, *Life of Isidori*, fragment 102, in *Damascii Vitae Isidori Reliquiae*, ed. C. Zintzen（Hildesheim：G. Olms, 1967）, 79.

促就任影响了他的权威。他表现出地位不稳者特有的无情，开始着手确立自己在城中的地位。他关闭了之前被容许的诺瓦提安派［Novatians］教堂，没收了他们的财产。利用415年犹太人和基督徒的剧场冲突，他唆使暴徒劫掠了犹太区。这个已经在亚历山大里亚生活了700年的社群画上了句号。上述行动显示了他想要什么。用一位敌对的基督徒作家的话来说："从那时起，亚历山大里亚的主教超出了自己的圣职功能，开始管理世俗事务。"[249]

对刚刚当选牧首的西里尔来说，垄断亚历山大的言论自由至关重要。不能让任何非基督徒对俄瑞斯特斯施加影响。随着西里尔组织的一系列示威削弱了俄瑞斯特斯的权威，牧首觉得可以行动了。许帕提娅坐着马车穿过城中时被人从车上拽下。在一座大教堂前的院子里，一名基督徒暴民在一位在俗读经师的引导下（几乎可以肯定得到了可怕的牧首救险队的协助）用石头把她砸死。[250] 她的尸体被陶片割碎，剩下的部分在公共广场上被焚化。这是蓄意的彻底毁灭，是对土地的"清洗"，类似于焚烧神像的效果。对西里尔的支持者来说，热心公益的哲学家许帕提娅是最后的偶像。[251]

117　　　东部大城市的面貌开始变得陌生。4世纪晚期的事件表明，

---

[249] Socrates, *Ecclesiastical History* 7.7; Lionel R. Wickham, ed. and trans., *Cyril of Alexandria: Select Letters* (Oxford: Clarendon Press, 1983), xvi-xvii; J. Rougé, "La politique de Cyrille d'Alexandrie et le meurtre d'Hypatie," *Cristianesimo nella storia* 11 (1990): 487-92.

[250] Wickham, *Cyril of Alexandria*, xvi.

[251] Socrates, *Ecclesiastical History* 7.15; John of Nikiu, *Chronicle* 84, in *The Chronicle of John, Bishop of Nikiu, translated from Zotenberg's Ethiopic Text*, trans. R. H. Charles (London: Williams and Norgate, 1916), 100-102; 关于古埃及类似的毁灭行动，见 Thélamon, *Païens et chrétiens*, 232。

这些城市无法再完全由教化之人控制。新的社会结构和皇帝权力对它们影响的加强迫使士绅同基督教主教合作。因为主教似乎在宫廷和当地总督面前享有越来越多直言不讳的权利。试图向过去一样介入公共事务的哲学家很容易就被吓住。两代人之后,当哲学家伊西多〔Isidore〕回到亚历山大里亚时,他发现城中仍然弥漫着许帕提娅遇害引发的恐惧。[252]她外向的哲学生活已经完全过时。隐遁的生活更安全,当然也对灵魂更有启发。到了6世纪初,旧宗教的哲学家对他们现在生活的世界已经完全不抱幻想。柏拉图关于"堕落之城"中哲学家角色的思考似乎很好地描绘了非基督徒哲学家在自己时代的角色:

> 哲学家逃遁了,但又尚未逃遁。诚然,已经来到冥想美德之巅的哲学家会不断逃遁,因为他的目标是神性的;但在践行政治美德时,哲学家会留在城里,如果他的同胞配得上他的学科。如果他的同胞配不上,那么他会隐遁……因为如果留在那些人中间的话,他将会与那些冲入野兽中间,想要抚摸它们的人遭遇相同的命运。[253]

因此,让我们在下一章做出总结,我们将关注在一个哲学家不得不放弃,而士绅发现自己同主教和僧侣共享的政治世界中,人们对皇帝权力的行使产生了什么新的态度。

---

〔252〕Damascius, *Life of Isidori*, fragment 276, ed. Zintzen, p.219.

〔253〕Olympiodorus, *In Gorgiam* 485. d.5, in *Olympiodorus: In Platonis Gorgiam commentaria*, ed. L. G. Westerink（Leipzig: Teubner, 1970）, 143; I. Hadot, *Le problème du néoplatonisme alexandrin: Hiéroclès et Simplicius*（Paris: Etudes augustiniennes, 1978）, 38-39.

第4章 走向基督教帝国

崇高的哲学

尼撒的格里高利［Gregory of Nyssa］的兄弟巴兹尔在公元377年去世后不久，他从塞巴斯特［Sebaste，今锡瓦斯（Sivas）］返回家乡卡帕多奇亚时听说，接替巴兹尔担任该撒利亚都会主教的赫拉迪乌斯［Helladius］正在附近的山村庆祝一位殉道者的节日。格里高利与赫拉迪乌斯关系紧张，认为自己值得为了礼节性地拜访那位都会主教而绕道。他抛下骡车，带着小队亲随骑马进入山区。一行人大清早就出发，有时不得不步行通过崎岖的小道，最终在8月末一个闷热的日子里来到那个小村子。赫拉迪乌斯没有做出欢迎的举动。他们只得站在教堂外，顶着正午的太阳，面对村民郁闷的目光。最终，当赫拉迪乌斯屈尊俯就地邀请格里高利进入凉爽的圣堂时，两人几乎没有交谈——他没有示意格里高利在主教的长椅上就座，没有礼貌地询问他的旅程，也没有邀请他参加节日宴会。这是严重的怠慢。格里高利非常生气，难以抑制作为教化之人的地方士绅被不知好歹的新贵同事冒犯的怒火。他马上给安条克的牧首写信："但你看看我们，要是我们没有了圣职，我们比别人还能多些什么？出身？教育？在受尊敬的大人物面前的言论自

由？……我们的怒火还有什么理由，如果人们既不看重出身的 *119*
高贵，也不在乎高官的风光，或者遣词造句的出色能力，以及
在公民捐助中的特权？"[1]

虽然主教是相对突然地出现在当地社会中的新角色，但在东
部帝国，他们往往有与格里高利类似的背景。他们是当地士绅，
对自己的良好出身和接受的教化感到自豪。[2]教会在当地的胜利
伴随着令人陶醉的修辞，强调信仰的胜利那充满矛盾的（因为是
超自然的）时新性。对古老而神圣的建筑的直接暴力，甚至是对
非基督徒的人身和财产的攻击经常上演。不过，自从 395 年狄奥
多西一世去世后，特别是在他的孙子狄奥多西二世那既没有特色
又异常漫长的统治期间（408 年到 450 年），新的平衡显然已经达
成。就像在筛子里晃荡石头，上层阶级换了新的面貌：基督教主
教和他的教士变得比以往更加重要。但石头还是那些，尽管分布
的样子变了。

我们不知道，像狄奥多西一世这样的皇帝在多大程度上预见
或想到了他能够控制自己一再地决定让基督教僧侣和主教直言不
讳所产生的后果。不过，这个决定导致当地派系重新洗牌完全符
合昔日罗马的传统，即使他有所计划，也不可能做得更好。东部
帝国更加明显地成了基督教世界，就像他所希望的，但支持当地

---

[1] Gregory of Nyssa, *Ep.* 1.32, 34, in *Grégoire de Nysse: Lettres*, ed. and trans.
P. Maraval, Sources chrétiennes 363（Paris: Le Cerf, 1990）, 102-4; 关
于这封书信的作者身份和写作背景，见 pp. 54-55。译文见 W. Moore and H.
A. Wilson, eds., *Select Writings of Gregory*, *Bishop of Nyssa*, *Library of the
Nicene and Post-Nicene Fathers*（Grand Rapids, Mich.: Eerdmans, 1976）, 4:
545-48, 书信 18。

[2] W. Eck, "Der Einfluss der konstantinischen Wende auf die Auswahl der Bischöfe
im 4. and 5. Jahrhundert," *Chiron* 8（1978）: 561-85; Rita Lizzi, *Il potere
episcopale nell'Oriente Romano*（Rome: Edizioni dell'Ateneo, 1987）, 13-32.

公民生活的世俗结构几乎没有改变。当这些结构在随后几个世纪里发生深刻的变化时，我们不能说那是受基督教影响的结果。相反，已经不可逆转地融入东方城市生活的基督教会随着它们发生改变。

从无数发人深省的细节中，我们可以感受到统治阶层悄无声息地重新进行调整。即便有充分理由可以被描绘成基督教崛起之新特征的发展也是通过一种并未与过去决裂的语言来表达的。卡帕多奇亚的教父和金口约翰关于关爱穷人的热情布道对城中新的基督教体系做了如此的描绘，让富有的基督徒布施者具有充当"滋养"家乡的士绅，即供养者［tropheus］的特征。这些布道的语言让学者感受到公民善行［euergesia］这一古老理念的持久力量，现在它被用来触动基督徒富人的良心。[3]

这些不仅是修辞技巧。在凝聚力相对较强的小亚细亚小城，财富只能通过几种严格界定的方式从富人手中流出。通过充满象征意义的举动向新的人口类别——穷人——释放的财富可以在许多个世纪的公民实践所造就的更古老的水道中流淌。通过营建工程、宴席和救助从寡妇中雇用的穷苦良家妇女，城市从教会的财富中受益。[4]事实上，许多主教被认为有点过于热衷扮演供养者的角色。营建热［Lithomania］被视作许多大主教犯下的罪。亚历山大里亚的忒奥菲洛斯被指责用捐献给他的钱来为建造宏大新教

---

〔3〕　L. Robert, *Hellenica* 11-12（1960）: 569-72; A. Natali, "Eglise et évergétisme à Antioche à la fin du ive siècle d'après Jean Chrysostome," in *Studia Patristica* 17.3（Oxford: Pergamon Press, 1982）, 1176-84.

〔4〕　关于招收寡妇作为一种挂名闲差，见 Palladius, *Dialogus de vita Johannis Chrysostomi* 5: *Patrologia Graeca* 47: 20; 作为一种贿赂手段，见 Theophilus, *Letter to the Bishops of Palestine*, in Jerome, *Ep.* 92.3: *Patrologia Latina* 22: 766。

堂的穷人买衣服。[5] 在这代人中，地中海各地都有人抱怨说，给穷人的食物被新会堂的石头、彩色大理石和金色马赛克消耗殆尽。只有像埃德萨的拉布拉［Rabbula］这样的模范主教才会自夸说，他因为关爱穷人而没有上马大型营建工程。[6] 此类主教不一定是最受欢迎的。尽管这一现象会令敏感的人感到吃惊，但教会财富使用中的优先权之争还是成了常态。

事实上，营建者的形象最有助于主教清楚地宣示他对城市的好意。比如，在波菲利［Porphyry］担任加沙主教的 5 世纪初，大规模的破坏和社群间的暴力行为被认为导致了马尔纳斯［Marnas］大神庙的毁灭。但到了 6 世纪中叶，此事已成为半传奇式的往事。[7] 现任的加沙主教马尔基雅努斯［Marcianus］是个营建者，而非像他狂热的前任那样是个破坏者。头面公民无法忽视矗立在广场一边的八边形大教堂；教堂外的门廊由四根用鲜亮的卡里斯提大理石凿成的高大立柱支撑，拱心石上刻着十字架的标志。市民们穿过庭院进入教堂，袍子在宜人的微风中飘摆，在巨大而凉

121

---

〔5〕 Palladius, *Dialogus*, 6：22. 关于忒奥菲洛斯担任牧首是教会建筑史上的转折点，见 A. Martin, "Les premiers siècles du christianisme à Alexandrie：Essai de topographie religieuse," *Revue des études augustiniennes* 30（1984）：211-25。

〔6〕 *Panegyric on Rabbula*, in *S. Ephraemi Syri, Rabbulae episcopi Edessensis, Balaei et aliorum opera selecta*, ed. J. J. Overbeck（Oxford：Clarendon Press, 1865）：190.13-23；A. Amiaud, *La légende syriaque de Saint Alexis l'homme de Dieu*（Paris：F. Vieweg, 1889），9，叙利亚语文本见 p. 13.2-20；cf. Jerome, *Epp.* 52.10, 58.7：*Patrologia Latina* 22：535, 584；Isidore of Pelusium, *Ep.* 3.246：*Patrologia Graeca* 78：648D-685C。

〔7〕 执事马克［Mark the Deacon］生动的《波菲利传》［*Life of Porphyry*］可能是后来汇编而成的。见 H. Grégoire and M. A. Kugener, eds., *Marc le Diacre：Vie de Porphyre*（Paris：Belles Lettres, 1930），xxxiii-xiv，以及 P. Peeters, "La vie géorgienne de saint Porphyre de Gaza," *Analecta Bollandiana* 59（1941）：65-201. 关于对此事的分析，见 Raymond Van Dam, "From Paganism to Christianity at Late Antique Gaza," *Viator* 16（1985）：1-20. 另见 Carol A. M. Glucker, *The City of Gaza in the Roman and Byzantine Period*（Oxford：B.A.R., 1987）。

爽的内部空间里，金银闪闪放光。这笔钱花得很值：“别的捐赠用来装点城市，而在教堂花钱却能把美与城市的神圣之名结合起来……为神圣目的而花费的财富成了其所有者的不竭之泉。”[8]在城市以北不远的地方，在地中海生起的凉风吹拂的山坡上，与圣斯蒂芬的圣所毗邻的柱廊花园被马尔基雅努斯用来举行宴会。他会在这里接待加沙的士绅，“坦诚相待，笑容可掬，就像荷马笔下的涅斯托尔，‘他说的话比蜜还甜’（《伊利亚特》1.249）”。在一个刚刚经历了野蛮的撒玛利亚人暴动的行省，仁厚的马尔基雅努斯是个令人宽慰的可靠存在。[9]

由此看来，在新建筑的装饰［décor］不断延续着当时的最高水平和最“古典的”工艺标准的背景下，[10]难怪大部分主教保持了与他们的身份联系在一起的坚实的文化装饰。当地社会的领袖地位意味着拥有教化。佩鲁西翁的伊西多［Isidore of Pelusium］在写给一位刚刚领受圣职的在俗读经师的信中表示，如果没有了逻各斯，教会和帝国都无法继续作为机构而运作。[11]

我们看到的是一群“找到了绕过艰难选择的方法”的重要基督
122　徒。[12]无论是教化与福音书的朴素智慧之间现下的修辞对立，还是为“正当使用”非基督教文学设立规则这样有点牵强的尝试：相比

---

〔8〕 Choricius, *Oratio* 1.18, 20, 30, 42, ed. R. Förster and E. Richtsteig（Leipzig: Teubner, 1929），7, 8, 10, 13. 更多译文见 C. Mango, *The Art of the Byzantine Empire*（Englewood Cliffs, N.J.: Prentice Hall, 1972），60-72。

〔9〕 Choricius, *Oratio* 2.23, 33, ed. Förster and Richtsteig, pp. 34, 36.

〔10〕 J. Christern, *Das frühchristliche Pilgerheiligtum von Tebessa*（Wiesbaden: F. Steiner, 1976），257-60 对北非的情况做了出色的研究，清楚地意识到其影响。

〔11〕 Isidore of Pelusium, *Ep.* 1.322: *Patrologia Graeca* 78: 369A.

〔12〕 R. A. Kaster, *Guardians of Language: The Grammarian and Society in Late Antiquity*（Berkeley: University of California Press, 1988），79；特别见第 74-81 页，它们是一部不可或缺的作品中最好的部分。

东罗马上层阶级态度的坚实分量，这些都是不重要的事后想法。[13]
教化将被保留。就像我看到的，这是因为教化是有分量的东西，而
非有闲阶层无关紧要的装饰。它是艰难获得的社会生活技能的精致
浓缩，是主导当权者行为的唯一可靠法则。教化为士绅——无论基
督徒还是异教徒——无法忽视的严肃问题提供了来自希腊文学历史
中的古老而近乎格言的指导，这些问题包括：礼貌、明智地管理友
谊、控制怒火、面对官方暴力时的沉着和劝说技巧。如果把希腊文
学所灌输的美德形容为真正的基督教美德的"阴影轮廓"和"粗糙
的炭笔素描"，就像该撒利亚的巴兹尔在他著名的演说《致年轻人，
关于他们如何从异教徒文学中受益》[*To Young Men, on how they
might derive profit from pagan literature*]中曾经做的，那将完全不符
合晚期罗马的现实。[14]对普通的士绅来说，它们就是美德。

　　教化继续为 5 世纪的主教提供了他们最需要的东西，即与邻
居和平相处的手段。新近编辑的该撒利亚（439 年去世的巴兹尔昔
日的教区）主教菲尔慕斯的书信表明了这点。它们的有趣之处在
于它们如此无趣。这些书信显示了一位主教——我们知道，他在
与以弗所大公会相关的教会阴谋中扮演了积极的角色——如何以
旧有的方式维系自己的盟友。菲尔慕斯诉诸与希腊教化相关的人
联系在一起的天然友谊。后来的拜占庭人将这些书信抄录成文集，
但欣赏的仅仅是书信本身，视其为旧世界文化的宝石。[15]邻近教

---

〔13〕 C. Gnilka, *Chrésis: Die Methode der Kirchenväter im Umgang mit der antiken
　　　Kultur*（Basel: Schwabe, 1984）, 63-91, 103-32.

〔14〕 Basil, *To Young Men* 10.1, in *Saint Basil: The Letters*, vol. 4, ed. and trans. R.
　　　J. Deferrari and M. R. P. McGuire, Loeb Classical Library（Cambridge, Mass.:
　　　Harvard University Press, 1961）, 430.

〔15〕 M.-A. Calvet-Sébasti and P.-L. Gatier, eds., *Firmus de Césarée: Lettres*,
　　　Sources chrétiennes 350（Paris: Le Cerf, 1989）, 35-51.

区的主教欧根尼俄斯［Eugenios］得到了一条猎犬，美丽程度堪比特洛伊的海伦。[16]欧根尼俄斯送给菲尔慕斯的两瓶酒其醇美程度需要用荷马史诗来评价才算公道。[17]只有一封信提到了巴兹尔在该撒利亚所建的济贫院，即著名的巴兹莱亚斯。菲尔慕斯在信中宣示了自己的决心，表示那里不应成为逃离主人庄园的懒惰农民的庇护所。[18]像菲尔慕斯这样的主教向一个仍然有潜在派系斗争的共同体施加了教化的魔力。

　　非基督徒的教化和"真正的"基督教文化之间的修辞对立因为一种微妙的变化而模糊起来。教化和基督教文化被描绘成两个不同的成就，其中的一个必然会引向另一个。教化不再被视作绅士生活中包含一切的至高理想。相反，它被视作基督教公共人物生命周期中必要的第一阶段。教化不仅是传统的装饰，也是基督徒人格的预备学校。

　　关于文化和宗教的根深蒂固的假设让这种"两阶段"解读看上去非常合理。尼撒的格里高利坚称，基督教是"崇高的哲学"。[19]它的神学和高级道德实践（事实上被越来越多地等同于修道院生活）不是为初入门者准备的，更别提未入门者。这是"门内人"的教化，"门外人"无法分享。[20]但人们一直以来也是这样看待哲学的。哲学是进行高水平的思想和道德努力的职业。哲学家被要求以与众不同且严苛的方式生活。在实践中，教化的共同文化对于哲学家形成的第一个阶段必不可少。经过这种习以

〔16〕Firmus, *Ep.* 44, ed. Calvet-Sébasti and Gatier, p. 168.

〔17〕Firmus, *Ep.* 45, ed. Calvet-Sébasti and Gatier, p.174.

〔18〕Firmus, *Ep.* 43, ed. Calvet-Sébasti and Gatier, pp.79-80.

〔19〕Gregory of Nyssa, *Oratio catechetica* 28.3; *Patrologia Graeca* 45：46A.

〔20〕A. M. Malingrey, *Philosophia*（Paris：Klincksieck, 1961）, 212-13.

为常的方式培养，少数认真的年轻士绅会通过成为哲学家实现大部分同辈无法企及的崇高生活方式。对这些人来说，教化总是被视作为更崇高的东西做准备。巴兹尔在《致年轻人》中所说的一切都是为了让哲学的概念更加突出和普遍。所有基督徒都被要求成为"崇高的哲学"的信徒。但"希腊的学问"（即教化）仍然发挥着以往的功能。它是道德和思想的训练营，轻浮的年轻人在那里让自己的头脑更敏锐，让自己的道德意志更坚定，然后作为成年人开始致力于和基督教生活联系在一起的更加严肃的选择。[21]

与他的同时代人和后继者一样，巴兹尔本能地相信，宗教就像青春，浪费在孩子身上太可惜了。现在，以基督教洗礼为形式的入教仪式只在深思熟虑后才会进行。人们必须确信，入教符合他们的生活状况和他们性格中最深刻的倾向。迦太基士绅菲尔慕斯在写给奥古斯丁的信中坚定地表示，他尚不会迈出接受洗礼这最后一步。虽然熟读基督教作品，但菲尔慕斯表示，他认为洗礼一事太过严肃，不能仓促决定："软弱者无法承担如此的重量……而且在得到神圣庄严之威严奥秘的过程中，那些怀着适度的犹豫接近其最核心领域的人保证了对信仰的尊敬。"[22]菲尔慕斯想等待上帝自己来揭晓他的意愿，可能就像经常发生的那样，通过梦或异象来"警告或恐吓"潜在的入教者。[23]

124

---

〔21〕 Basil, *To Young Men* 2.6, in Deferrari and McGuire, *Saint Basil* 4：382.

〔22〕 Augustine, *Ep.*2*.4, ed. J. Divjak, in *Corpus Scriptorum Ecclesiasticorum Latinorum* 88 (Vienna：W. Tempsky, 1981), 11, 12; *Bibliothèque augustinienne: Oeuvres de Saint Augustin* 46B: *Lettres 1*-29*〔 Paris：Etudes augustiniennes, 1987), 64, 68; R. B. Eno, trans., *Saint Augustine: Letters VI (1*-29*)*, Fathers of the Church (Washington, D.C.：Catholic University of America Press, 1989), 20, 21.

〔23〕 Augustine, *Ep.* 2*.7, ed. Divjak, p.14; *Lettres 1*-29**, 72; Eno, *Saint Augustine: Letters VI*, 23. 比较 Augustine, *De catechizandis rudibus* 6.10.

菲尔慕斯的犹豫让奥古斯丁不悦。此举蔑视了主教对圣恩和命定说的坚定信仰。在任何情况下，圣恩都足够了，而鉴于人类的堕落状况，必须通过受洗加入基督教会来尽可能快地享用它。[24]不过，菲尔慕斯的观点在希腊东方是正常的。与投身哲学生活一样，完全投身基督教需要遵循生命周期的节奏。即便来自信教家族、具备严肃意图的年轻人也会把洗礼推迟到成年后。洗礼是一种"婚约"[engagement]，标志着他们进入了成人世界。巴兹尔和纳齐安的格里高利直到他们二十多岁学成归来后才受洗。其他人也不着急。对他们来说，洗礼具有"还愿"[ex voto]的性质。这是一种向上帝表示感谢和忠诚的举动，因为他们在之前的人生风浪中得到了上帝的保护。[25]洗礼是公开活动，通常在精心选择的同辈面前进行。"要让主教为我施洗……他要出身高贵，因为对我的高贵身份而言，让不是出身世家的人来施洗是个悲哀。"[26]早在通过洗礼池达到更高层次的"崇高的哲学"之前很久，这些人就已经带有了希腊教化无法磨灭的印记。

在 5 世纪的状况下，上述态度给了上层阶级斡旋的空间。他们需要时间做出决定。如果不得不皈依主流宗教，他们希望是自愿的，而非看上去过于匆忙。他们并非屈服于暴力。许多 5 世纪的士绅无疑类似罗伯特·李将军[General Robert E. Lee]，他的传

[24] Augustine, *Ep. 2*.7-11*, ed. Divjak, pp.14-19; *Lettres 1*-29**, 72-86; Eno, *Saint Augustine: Letters VI*, 23-28. 这是对奥古斯丁观点的经典陈述。

[25] 公元 400 年，昔兰尼的许内希乌斯出使君士坦丁堡归来后就是这样做的; Synesius, *Hymn* 1.428-95, in *Synésios de Cyrène: Hymnes I*, ed. and trans. C. Lacombrade（Paris: Belles Lettres, 1978），54-56; A. Fitzgerald, trans., *The Essays and Hymns of Synesius*（Oxford: Oxford University Press, 1930），2: 380-81, *Hymn* 3。

[26] Gregory Nazianzen, *Oratio 40.26: Patrologia Graeca* 36: 396B; C. G. Browne and J. E. Swallow, trans., *Select Orations of Sanint Gregory Nazianzen*, *Library of the Nicene and Post-Nicene Fathers*（Grand Rapids, Mich.: Eerdmans, 1974），7: 369.

记作家表示"直到 45 岁，他才满足于遵循绅士的准则，而不是教会的正式信条"。[27]

当然，对于顽固的多神教信徒来说，教化充当了亟须的缓冲。拥有共同的文化总是能掩饰统治阶层内部冲突各派的紧张关系。现在，它又被用来掩盖基督徒和非基督徒之间根深蒂固的私人分歧。教化是双方共有的。传授教化的学校继续为整个城市服务，而非仅仅为了主教教廷对教义的兴趣。事实上，许多主教都注重善待修辞学家，甚至那些众所周知的非教徒。[28]教育提供了亟须的中性空间，非常适合年轻人。比如，在 5 世纪末的亚历山大里亚，当一位年轻的修辞家在葬礼演说的最后通过攻击诸神向他身为基督徒的昔日老师致敬时，除了狂热分子，听众都觉得那是严重有失良好品位的举动。在场的多神教信徒提出抗议：他们受邀前来观看纪念一位共同朋友的古老修辞术表演，不是为了听到如此赤裸裸的忏悔语言。[29]

不过，我们必须记住，如果 5 世纪的东部帝国事实上是个井然有序、没有分歧的世界，新旧元素不费力地达成事先安排好的和谐这一世界图景就不会如此重要。在任何宗教中，城市精英里潜在冲突的各派间心照不宣地结盟是因为害怕不这样做的后果。这些精英知道，他们生活在一个受到威胁的帝国。除了有明确敌人的各处边境——多瑙河、幼发拉底河和尼罗河畔——肆虐小亚细亚和叙利亚北部乡间的是以托鲁斯山〔Taurus Mountains〕为基地的土匪。在巴勒斯坦，犹太人和撒玛利亚人等强烈不满的群体发动的叛乱一直是个威胁。

---

〔27〕 D. S. Freeman, *R. E. Lee: A Biography* (New York: Charles Scribners', 1935), 4：502.

〔28〕 Kaster, *Guardians of Language*, 79.

〔29〕 Zacharias Scholasticus, *Vie de Sévère: Patrologia Orientalis* 2：45-46.

126　　　　许多主教也不喜欢僧侣的神圣暴力。我们经常看到主教与城市精英结盟，将僧侣挡在城外，捍卫城市的古老习俗。当马尔基雅努斯主教以温和而古典的方式执掌加沙的教会时，令当地僧侣大光其火的是，总督和一位加沙的士绅（现居君士坦丁堡）希望延续——马尔基雅努斯显然没有异议——剧场中的夜间表演和僧侣眼中"异教徒"的节日。[30] 434—435 年，当君士坦丁堡的长官莱昂提乌斯想要在与君士坦丁堡一水之隔的迦克墩［Chalcedon，今卡德柯伊（Kadiköy）］的时髦城郊举办奥运会时，主教告诫愤怒的修道院院长许帕提乌斯［Hypatius］不要多管闲事："即便没有人想要把你变成殉道者，你决心去死吗？你是僧侣，回到你的房间，闭上嘴。这是我的事。"[31] 总而言之，基督徒士绅的核心一面与顽固的非基督徒，另一方面又与更加无情的前辈发动的激进势力达成了妥协，这解释了狄奥多西二世时代新的东部帝国欺骗性的平静共识。

神迹与权力

　　很大程度上正是上述共识的代言人向有学问的同时代人展现了他们动荡过去的恰当画面。我们对 4、5 世纪之交所发生的事了解得如此详细，这是因为随后的几十年间有很多作品记述了那段时间。就像阿兰·卡梅隆［Alan Cameron］谈到狄奥多西二世时代的君士坦丁堡时所说的："那个时代的作品最关心的是教会史和圣

---

［30］*Barsanuphe et Jean de Gaza: Correspondance* 836, 837, trans. L. Regnault and P. Lemaire（Sable-sur-Sarthe: Abbaye de Solesmes, 1971）, 504.

［31］Callinicus, *Life of Hypatius* 33, in *Les moines d'Orient*, vol. 2, *Les moines de la région de Constantinople*, trans. A. J. Festugière（Paris: Le Cerf, 1961）, 57.

徒传。"[32]

优西比乌的基督教史止于君士坦丁的统治,基督徒作家延续了他的工作。402 年,阿奎莱亚的鲁非努斯 [Rufinus of Aquileia] ——一位说拉丁语的僧侣,曾是哲罗姆的朋友,在埃及和圣地生活过——翻译了优西比乌的《教会史》,并续写了两卷,将其延续到自己的时代,包括塞拉皮斯神庙被毁以及公元 395 年狄奥多西一世最后的胜利和去世。[33] 他的后继者包括一代人以后君士坦丁堡的在俗作家苏格拉底 [Socrates,439 年] 和索佐蒙 [Sozomen,约 443 年],[34] 以及更晚些的居洛斯主教忒奥多雷特,后者在 440 年就已经写下了一部关于本地僧侣取得巨大成功的史著,名为《上帝之友的历史》[History of the Friends of God]。[35]

注意力转向晚近的教会历史本身是一个政治事实。用约瑟夫·德·迈斯特 [Joseph de Maistre] 的话来说,如果第一个歌唱《赞颂我主》[Te Deum] 的军队被认为是赢得了战斗的军队,那么狄奥多西一世死后的那代人所写的基督教作品可以被视作《赞颂

127

〔32〕 Alan Cameron, "The Empress and the Poet," *Yale Classical Studies* 27（1982）: 279.

〔33〕 Françoise Thélamon, *Païens et chrétiens au ivème siècle : L'apport de l' "Histoire ecclésiastique" de Rufin d'Aquilée*（Paris: Etudes augustiniennes, 1981）.

〔34〕 对鲁非努斯的研究很少有像泰拉蒙（Thélamon）那样详细的,特别见 A. D. Momigliano, "Popular Beliefs and the Late Roman Historians," in *Studies in Church History* 8, ed. D. Baker（Cambridge: Cambridge Univeristy Press, 1971）, 1-18,现在见 *Essays in Ancient and Modern Historiography*（Oxford: Blackwell, 1977）, 141-59; Glen Chesnut, *The First Christian Histories*, Théologie Historique 46（Paris: Beauchesne, 1977）; Lellia Cracco Ruggini, "Universalità e campanilismo, centro e periferia, città e deserto nelle *Storie Ecclesiastiche*," in *La storiografia ecclesiastica nella tarda antichità: Convegno di Erice*（Messina: Industria Poligrafica di Sicilia, 1978）, 159-94; idem, "Imperatori romani e uomini divini," in *Passatopresente 2*（Turin: Giapichelli, 1982）, 9-91; Mario Mazza, *Le maschere del potere: Cultura e politica nella tarda antichità*（Naples: Jovene, 1986）.

〔35〕 R. M. Price, *Theodoret: A History of the Monks of Syria*, Cistercian Studies 88（Kalamazoo, Mich.: Cistercian Publications, 1985）: ix-xxxiv.

我主》，其欢欣鼓舞的语调庄严地宣布基督教会对罗马世界其他所有宗教的胜利。

　　这些历史作品以生动的叙事肯定了基督徒对自己时代的描绘，就像在布道和论战作品中所出现的那样。当然，僧侣得到了特别的关注。质朴的圣人被描绘成在尼西亚大会上让非基督教哲学家哑口无言的形象。[36] 哲学家的运势在瓦伦斯皇帝治下跌入谷底——他们在东部帝国各地遭到追捕，罪名是非法占卜和叛国——而作为"真正的"哲学家，埃及和叙利亚的僧侣在数量、神圣性和民众拥戴程度上达到顶峰，在索佐蒙看来，这并非巧合。[37]

　　基督教历史学家对两大信仰间对峙的戏剧性时刻尤为感兴趣。鲁非努斯的《教会史》以 392 年亚历山大里亚雄伟的塞拉皮斯神庙被毁为高潮，然后是 395 年狄奥多西一世在弗里基都斯［Frigidus］战役中击败西部的篡位者欧根尼乌斯［Eugenius］，后者的军队寄信仰于古代诸神的雕像。[38]

128　　从 5 世纪的一部插图世界编年史的纸草残片上可以感受到当时产生的胜利情绪。在左侧的页边，牧首忒奥菲洛斯站在塞拉皮斯神庙的屋顶，他手握福音书，身体两边是象征胜利的棕榈叶。在右侧的页边，欧根尼乌斯跪在地上，这位信仰诸神的篡位者失败了。[39] 在狄奥多西的长子阿卡狄乌斯［Arcadius，383—408］

---

〔36〕 Gelasius, *Ecclesiastical History*, 2.13.1-15, ed. G. Loeschke and M. Heinemann（Leipzig: J. C. Hinrichs, 1918）, 61-64; Rufinus, *Ecclesiastical History* 1.3: *Patrologia Latina* 21: 469B-470C; Sozomen, *Ecclesiastical History* 1.18; Thélamon, *Païens et chrétiens*, 430-35.

〔37〕 Sozomen, *Ecclesiastical History* 6.28-35.

〔38〕 Rufinus, *Ecclesiastical History* 2.22-34: *Patrologia Latina* 21: 528A-540C; Thélamon, *Païens et chrétiens*, 325-417, 459-72.

〔39〕 Thélamon, *Païens et chrétiens*, 247; 一幅描绘了忒奥菲洛斯站在塞拉皮斯神庙屋顶的彩色插图构成了泰拉蒙书籍的扉页。

和孙子狄奥多西二世的统治时期，皇帝的宫廷（现在永驻君士坦丁堡）肯定了基督教历史学家的想法。像亚历山大里亚等地神庙的命运之类的地方事件被记录下来，作为君士坦丁堡官方编年史的一部分被传播到整个帝国。它们结合"统治之城"的庄严生活（包括皇家活动和崇高的基督教仪式），在整个东部帝国传递了一种基督教皇帝对古代诸神和不安分的蛮族总是能不断取得胜利的感觉。[40]

总而言之，许多现代学者认为公元 4 世纪的特点是基督教和异教间完全有意识的大规模冲突，这种印象很大程度上来自由 5 世纪的基督徒历史学家对罗马世界所做的巧妙建构。是他们选择将之前的世纪描绘成充满纷争的时代，直到基督教信仰一系列令人难忘的胜利迅速地终结了它们。通过这种方式，他们把叙事闭合［narrative closure］的意味强加给了一个更应该被称作"摇摆不定的世纪"的时代。[41]异教徒必须知道，当时有过一场战争，他们被征服了。佩鲁西翁的伊西多写道："通过如此之多的痛苦、花销和战功，占主宰地位那么多年的异教徒信仰从大地上消失了。"[42]就像狄奥多西二世皇帝在 423 年斩钉截铁地宣布的，"之前颁布的宪法法规将打压一切异教徒，尽管我们现在相信已经没有了"。[43]

上述时代画面的可信度基于在类似的情况下被称作"沉默意识"

---

〔40〕 B. Croke, "City Chronicles of Late Antiquity," in *Reading the Past in Late Antiquity*, ed. Graeme Clarke（Rushcutters Bay, New South Wales: Australian National University Press, 1990）, 193.

〔41〕 Pierre Chuvin, *A Chronicle of the Last Pagans*（Cambridge, Mass.: Harvard University Press, 1990）, 36-56.

〔42〕 Isidore of Pelusium, *Ep.* 1.270: *Patrologia Graeca* 78: 344A.

〔43〕 *Codex Theodosianus* 16.10.22; Chuvin, *Chronicle of the Last Pagans*, 91-92.

[ideology of silence] 的东西。[44]事实上，多神教仍然流行于东罗马社
129　会的所有层面。希腊的基督徒作者把"希腊人"的旧宗教，即传统的
多神教称作"希腊文化"。与犹太教一样，"希腊文化"在 5 世纪的基
督徒作品中具有重要地位。它成了基督教胜利话语的一部分。"希腊
人"的信仰代表了在已经被无法逆转地超越了的过去所犯下的可怕错
误。但这是一种文学建构，是始终伴随着与基督教帝国相关的新时代
赞颂的最低音。[45]官方圈子里很少提到多神教信徒本身。

　　因此，我们的证据只能让我们短暂地一瞥旧信仰者的生活。比
如，我们知道多神教徒在东部帝国各地的小城市里地位稳固。在雅
典，[46]在卡利亚的阿芙洛狄西亚斯，[47]在亚历山大里亚外的梅努提
斯 [Menouthis] 圣所，[48]直到 5 世纪末我们仍能看到关于非基督
教习俗的生动描绘。在其他地区，比如黎巴嫩的贝卡河谷 [Bekaa
valley] 和东部边境的哈兰 [Harran，旧称卡莱（Carrhae）]，多神
教直到 6 世纪末乃至之后一段时期仍然是常态。[49]

[44] Charles J. Halperin, *Russia and the Golden Horde: The Mongol Impact on Russian History*
（London: Tauris, 1985），5 谈到了中世纪罗斯人与非基督徒游牧民族的关系。

[45] P. Canivet, *Histoire d'une entreprise apologétique au vème siècle*（Paris: Bloud
and Gay, 1958），118-25.

[46] Garth Fowden, "The Pagan Holy Man in Late Antique Society," *Journal of Hellenic
Studies* 102（1982）: 33-59; Alison Frantz, *The Athenian Agora xxiv: Late Antiquity*
（Princeton: American School of Classical Studies at Athens, 1988），57-92.

[47] Charlotte Roueché, *Aphrodisias in Late Antiquity*, Journal of Roman Studies
Monographs 5（London: Society for the Promotion of Roman Studies,
1989），85-96; R. R. R. Smith, "Late Roman Philosopher Portraits from
Aphrodisias," *Journal of Roman Studies* 80（1990）: 153-55.

[48] Zacharias, *Vie de Sévère*, 14-35; Chuvin, *Chronicle of the Last Pagans*, 106-11.

[49] M. Tardieu, "Sabiens coraniques et 'Sabiens' de Harran," *Journal asiatique* 272
（1986）: 1-44; C. Klugkist, "Die beiden Homilien des Isaak von Antiochien über die
Eroberung von Bet Hûr durch die Araber," in *IV Symposium Syriacum 1984*, Orientalia
Christiana Analecta 229（Rome: Pontificium Institutum Studiorum Orientalium,
1987），237-56; Chuvin, *Chronicle of the Last Pagans*, 112-13, 139-40.

现有文献支离破碎的性质常常夸大了它们所描绘的习俗的地方性和看上去的残余性。现代学者常常把忠于旧神明的社群描绘成一个以基督徒为主的帝国中零星的"异教徒幸存者"。在基督教文献中，沉默意识很少被抛弃，使我们可以把这些残片视作对基督教进行顽强和仪式性抵抗的更大圈子的一部分。431年，在写信给君士坦丁堡牧首为自己在以弗所大会后抵制亚历山大里亚的西里尔辩护时，安条克的约翰坚称，如果想要"在腓尼基、巴勒斯坦和阿拉伯的异教徒面前坚守阵地"，东方教会经不起被（西里尔引发的那种）神学论战削弱。[50]虽然是出于政治考虑，但约翰的坦白让我们感受到了通常被基督教文献的光芒所掩盖的沉默世界的范围。近来的作品常常肯定了约翰所暗示的画面。多神教的复原力和适应力是古代晚期东部行省的异质性和活力的一个不可或缺的组成部分，即便无法被正式提及。[51]

这种多神教也并不总是地方性的。对5世纪末的亚历山大里亚和贝鲁特的学生生活的记述描绘了帝国各地的士绅子弟，对他们来说，多神教仍是家族的宗教。基督教通常要求禁欲和严守教规，这种令人不安的新选择吸引了学生群体中那些莽撞的年轻人。家庭甚至可能发生分裂。在来自卡利亚的阿芙洛狄西亚斯的四兄弟中，有人以阿塔纳修斯之名成为亚历山大里亚的僧侣，两人仍然是阿芙洛狄西亚斯当地的重要人物，剩下的帕拉里俄斯〔Paralios〕被送到亚历山大里亚完成学业，条件是不得接触他变节

〔50〕 *Collectio Casinensis* 287.5, ed. E. Schwartz, in *Acta Conciliorum Oecumenicorum* 1.4（Berlin: de Gruyter, 1932-33），210.

〔51〕 G. W. Bowersock, *Hellenism in Late Antiquity*（Ann Arbor: University of Michigan Press, 1990），2-5, 35-40, 72-81.

投入基督教的兄弟。[52]就像埃德蒙·坎皮恩［Edmund Campion］所处的伊丽莎白时代的牛津，上层社会同样对新旧宗教支持者之间的激烈争论持开放的态度，也同样容易做出戏剧性的转变。

因此，尽管塞维鲁［Severus］的辩护者持有异议，[53]但这位单一性灵论神学的未来缔造者和后来的安条克牧首确实出身于多神教背景。直到在亚历山大里亚和贝鲁特的课堂上接触到年轻狂热分子的圈子，他才被基督教所触动。[54]在一所基督教堂的马赛克上第一次看到亚当和夏娃时，他需要别人为其讲解他们的故事。[55]塞维鲁青年时皈依了主流宗教的一种激进派别——可以说是"原教旨主义"——后来在贝鲁特附近的特里波利［Tripolis］的圣莱昂提乌斯［Saint Leontius］的圣所受洗，这与比他年长的同时代人吕基亚的普罗克洛斯［Proclus of Lycia］的转变并没有多大不同，后者从一位在宗教上中立的罗马律师转向了古老的智慧，这种智慧引领他"在全体诸神的护佑下"坐船前往雅典，选择了哲学家的禁欲生活。[56]

在许多方面，沉默意识保护了这些人。5世纪和6世纪的东部帝国有相当多的教化之人身居高位，他们明白不能对别人透露自己的信仰。这些人中较为虔诚的那些生活在一个自己创造的世界中，就像他们的对头所描绘的是一个纯粹基督教帝国的幻境。在

---

〔52〕 Zacharias, *Vie de Sévère*, 14-16, 37-44; Rouéché, *Aphrodisias in Late Antiquity*, 85-86.

〔53〕 Zacharias, *Vie de Sévère*, 7-10.

〔54〕 G. Garitte, "Textes hagiographiques orientaux relatifs à Saint Léonce de Tripoli II：L'Homélie copte de Sévère d'Antioche," *Le Mouséon* 79（1966）：335-86; *Homily* 4.1-4, pp. 357-58, trans. p. 374. R. A. Darling Young, "Zacharias：The Life of Severus," in *Ascetic Behavior in Greco-Roman Antiquity：A Sourcebook*, ed. V. L. Wimbush（Minneapolis：Fortress Press, 1990）, 312-28 对扎卡里亚斯（Zacharias）《塞维鲁传》的这些段落提供了方便的译文和注疏。

〔55〕 Zacharias, *Vie de Sévère*, 49.

〔56〕 Marinus, *Life of Proclus* 8-10, ed. J. F. Boissonade（Leipzig, 1814; Amsterdam：Hakkert, 1966）, 6-8.

雅典，从哲学家普罗克洛斯和他的传记作家马里努斯［Marinus］那里很少能看到，他们所生活的城市的纪念碑建筑炫耀般的昭示着基督教的天命：虔诚的皇后，一位雅典教师之女欧多基娅［Eudocia］在广场上的宫殿；哈德良图书馆院子里的四瓣形大教堂；也许还有扼守位于达芙尼［Daphni］的埃加莱奥斯山［Mount Aigaleos］隘口的一个基督教僧侣的定居点。[57]

480 年左右，在卡利亚的阿芙洛狄西亚斯，阿斯克勒庇俄多图斯［Asclepiodotus］修复了毗邻剧场的主浴场的拱顶。他的荣誉塑像就矗立在自己的成果旁。[58]阿斯克勒庇俄多图斯是个虔诚的多神教徒，他"满载着皇帝赐予的荣誉"，"是市议会的领袖"。他娶了一位与自己同名的哲学家的女儿，亚历山大里亚的医生和自然科学家阿斯克勒庇俄多图斯。这对年轻的夫妇把伊西斯的神示作为对自己得子的允诺。[59]

卡利亚的阿斯克勒庇俄多图斯知道自己属于哪个天堂。他刻成优美的金字塔形状的纪念碑表明了这点："他没有死，也没有看到阿刻戎的流水，阿斯克勒庇俄多图斯去了奥林波斯山，跻身星辰的行列——就是那个为家乡兴建了壮观建筑的人。"[60]不过，在这一切发生的同时，阿芙洛狄忒神庙的开放柱廊被石头砌死，改成封闭的基督教会堂，成为矗立在他的城市之上的新主教座堂。[61]

---

〔57〕 Garth Fowden, "The Athenian Agora and the Progress of Christianity," *Journal of Roman Archaeology* 3（1990）: 497-500.

〔58〕 Roueché, *Aphrodisias in Late Antiquity*，no.53, pp.87-88.

〔59〕 Zacharias, *Vie de Sévère*, 17-19; Roueché, *Aphrodisias in Late Antiquity*, 88-92.

〔60〕 Roueché, *Aphrodisias in Late Antiquity*，no.54, p.88.

〔61〕 Robin Cormack, "The Temple as the Cathedral," in *Aphrodisias Papers*, ed. Charlotte Roueché and Kenan T. Erim, Journal of Roman Archaeology Supplement 1（Ann Arbor: University of Michigan Press, 1990）, 75-84.

132 　　在我们面前的世界，为了在"统治信仰"下栖身，各宗教团体开始利用沉默意识。[62] 他们的行事方式更接近一种虽然无情但稳定的关系；后来被用来刻画穆斯林统治下的犹太人和基督徒的地位，而非一个没有多神教的世界的理想图景，就像基督徒作家所描绘的和帝国法律所暗示的那般。对官方而言，如果这些人不存在，他们就可以很大程度上不受侵扰地继续自己的生活："不企图进行任何煽动或非法活动的和平犹太人和异教徒"受法律保护，不受基督徒暴力的侵害。[63] 许多"希腊人"继续作为哲学家和身居高位的教化拥护者，直接延续了利巴尼乌斯与忒米斯提乌斯在 4 世纪所示范的道路。比如，如果大马士革的塞维里阿努斯〔Severianus of Damascus〕的大量通信留存下来，那么我们对 5 世纪后期的希腊世界的了解也许会像对利巴尼乌斯所在的 4 世纪一样多。[64]

　　至少有一位这类"希腊人"的生涯为我们所知。[65] 伊索卡希俄斯是乞里奇亚〔Cilicia〕的埃迦伊〔Aegae〕人。他最初作为智术师在安条克成名。忒奥多雷特主教派人投入他的门下，可能还利用他当地著名居民的身份来确保自己的朋友多姆努斯〔Domnus〕在 441 年当选安条克牧首。[66] 伊索卡希俄斯用旧方法调理自己的健康。因为工作而精疲力竭的他退归一处拥有罕见静

---

〔62〕 Damascius, *Life of Isidore*, fragment 316, in *Damascii Vitae Isidori Reliquiae*, ed. C. Zintzen（Hildesheim：G. Olms, 1967）, 251.

〔63〕 *Codex Theodosianus* 16.10.24（of 423）, 在 *Codex Justinianus* 1.11.6 中重复。

〔64〕 Damascius, *Life of Isidorie*, fragment 279, ed. Zintzen, p. 225.

〔65〕 J. R. Martindale ed., *The Prosopography of the Later Roman Empire*, vol. 2, *A.D. 395-527*（Cambridge：Cambridge University Press, 1980）, 633-34.

〔66〕 J. Flemming, ed., *Akten der ephesinischen Synode vom Jahre 449*, in *Abhandlungen der Königlichen Gesellschaft der Wissenschaften zu Göttingen*, Phil.-hist. Klasse 15.1（1917）: 126.11, trans. 127.16.

谧的海边圣所，寻求在梦中被神明治愈。圣所位于乞里奇亚的塞琉西亚［Seleucia，今梅里雅姆里克（Meryamlik）］郊外，长久以来与行神迹的英雄萨尔佩冬［Sarpedon］联系在一起，拥有地中海静谧海岸的迷人景色（遗憾的是，那里现在变成了住宅区，圣所的庄严石头迅速地消失在开发商的皮卡车里）。基督徒把伊索卡希俄斯的痊愈归功于圣德克拉［Saint Thecla］，后者的会堂就在那里，它被认为是基督教世界最重要的朝觐中心之一。他们的看法让伊索卡希俄斯颇为不安。尽管受到德克拉信徒的指责，他还是接受了治疗，没有改变对旧神明的忠诚。[67]

直到 465 年左右，当伊索卡希俄斯的生涯最终把他带到皇宫财务官的位置上——这是个重要的职位，非常适合一个以"哲学家"的正直闻名的文人——他的信仰才变成了负担。[68]在 467 年的骚乱中，他被指信仰多神教，可能侥幸逃过了私刑。[69]对于此事，就连同时代的基督徒也记得，伊索卡希俄斯展现了哲学家应有的沉着和勇气。伊索卡希俄斯被带到他昔日的同僚、近卫军长官普萨伊俄斯［Pusaeus］的法庭上，他站在法官的帘幕前，"赤身裸体，手被绑在背后"。"［普萨伊俄斯说：］'伊索卡希俄斯，看看你到了何种处境。'伊索卡希俄斯答道：'我看到了，但并不沮丧。作为凡人，我遭遇了凡人的不幸。但你对我的判决是完全公

133

〔67〕 *Miracles of Saint Thecla* 39, in *Vie et Miracles de Sainte Thècle*, ed. G. Dagron, Subsidia Hagiographica 62（Brussels：Société des Bollandistes，1978），394；cf. *Miracles* 18，40，pp. 338，396.

〔68〕 Jill Harries，"The Roman Imperial Quaestor from Constantine to Theodosius II," *Journal of Roman Studies* 78（1988）：170.

〔69〕 John of Nikiu，*Chronicle* 88.7, in *The Chronicle of John, Bishop of Nikiu, translated from Zotenberg's Ethiopic Text*, trans. R. H. Charles（London：Williams and Norgate，1916），109.

正的，和过去你坐在我身边时做出的判决一样'"[70]这是哲学家在面对当权者时的典范行为。

事实上，伊索卡希俄斯的多神论被证明是他的王牌。通过让自己受洗，他平息了民众的怒火："他回到了皇帝钟爱的家乡行省；［因为］他是个非常明智和判断公允的人……帮助了乞里奇亚的人民。"[71]在一个自信可以把不宽容的官方基督教同高水平的希腊教化结合起来的法庭上，[72]伊索卡希俄斯的多神论对他的同僚来说是公开的秘密，意义相对不大，直到一场政治危机显示，就连他对诸神的信仰也是可以协商的。

在基督徒对东部帝国的描绘中看不到像伊索卡希俄斯这样的人和顽强而低调的多神论（他只是一个特别突出的例子）。沉默意识保护了教会被官方认定的胜利。它屏蔽了一个宗教多样性很高的帝国的现实生活中令人不安的复杂性，就像千年之后在同一座城市，类似的沉默意识保护了奥斯曼帝国好斗的伊斯兰教。事实上，存在如此之多不能被提及的人和习俗——或者只能作为已经被征服的对象提及——促使那些参与或想要看上去参与新体系的人将基督教帝国描绘得更加重要和自信。

134　　我们必须始终记住这点。5世纪的基督徒对于皇帝及其所统治社会的描绘从未反映东罗马生活的全部事实。当时，东部帝国的优势恰恰在于，在普遍的意义上——不像被战争蹂躏的西部——它的许多基本制度从君士坦丁和狄奥多西一世的时代

---

[70]　*Chronicon Paschale*, ad ann. 467, in *Chronicon Paschale 284-628 A. D.*, trans. M. and M. Whitby（Liverpool：Liverpool University Press，1989），88.

[71]　John of Nikiu，*Chronicle* 88.11，trans. Charles，p.110.

[72]　Cameron，"Empress and the Poet，"270-85.

开始就没有改变。税收仍然高效。[73]城市在相对繁荣中兴起和衰弱，通过碑铭、荣誉塑像和公共建筑，以传统的方式表达自己的生命。[74]就像我们看到的，主教和公民士绅达成了强调共识和延续过去价值的妥协。正如将文盲僧侣与教化的拥护者尖锐地对立起来的描绘，5 世纪时对皇帝和社会的描绘包含了一些为了强调戏剧效果，但在现实生活中很容易被牺牲或妥协的元素。

不过，也有很多新东西出现。5 世纪基督徒的政治想象中一些较为新颖的方面也许值得我们关注。因为通过追踪这些方面，我们可以找到东罗马文化和社会中更广泛变化的路线，这条路线从 395 年狄奥多西一世去世开始，经过 451 年的迦克墩大会，直到 527—565 年查士丁尼统治下截然不同的帝国。

从 5 世纪上半叶的基督教史学史中可以看到一个明显的变化，基督教史学家不仅赞美教会的胜利，通过这样做，他们还更加突出了皇帝在东罗马社会中的角色。在那个时代的圣徒传和教会史中，皇帝的权力不再被描绘成受到上层阶级教化的丝绳的束缚。皇帝的权力来自上帝，通过神迹得到彰显。个人忠于的是个体统治者，而非他们的教化，这被认为会以上帝赐福的形式给帝国带

---

〔73〕A. H. M. Jones, *The Later Roman Empire* (Oxford：Blackwell, 1964), 1：202-8；2：1064-68.

〔74〕Roueché, *Aphrodisias in Late Antiquity*, 60-120；J. Ch. Balty, "Apamée au vie. siècle：Témoignages archéologiques de la richesse d'une ville," in *Hommes et richesses dans l'Empire byzantin：ive.-viie. siècles* (Paris：P. Lethielleux, 1989), 79-89；Robin Cormack, "Byzantine Aphrodisias：Changing the Symbolic Map of a City," *Proceedings of the Cambridge Philological Society* 216 (1990)：26-41；Hanna Geremek, "Sur la question des *boulai* dans les villes égyptiennes aux ve-viie siècles," *Journal of Juristic Papyrology* 20 (1990)：47-54；M. Whittow, " Ruling the Late Roman and Early Byzantine City：A Continuous History," *Past and Present* 129 (1990), 3-29.

来福祉。那种赐福最确定无疑的标志是一大批与某个虔诚皇帝的统治联系在一起的神迹和行神迹的人。[75]

比如，据说狄奥多西一世通过他本人和来自遥远的吕科波利斯［Lycopolis，今斯尤特（Siut）］的埃及圣人约翰的祈祷在弗里基都斯战役中取得了奇迹般的胜利。[76] 最重要的是，在"真正的"哲学家、勇敢的主教和神圣的僧侣的不断干预下，皇帝的心转向虔诚，转向令人惊讶、完全公开的慈悲神迹。如果没有强调僧侣和主教在皇帝面前成功地直言不讳的生动对峙场景，那个时代的教会史将是不完整的。[77]

此事本身没有什么新意。4 世纪的许多基督徒都希望如此看待帝国的政治。该撒利亚的优西比乌的作品清楚地展现了普遍的期待。几乎没有什么地方比优西比乌的《君士坦丁演说》和《君士坦丁传》更赤裸裸地将皇帝的权力描绘成超自然的。不过，5 世纪历史学家的赞述本身显示了重点的变化。在优西比乌笔下，我们看到君士坦丁总是紧紧注视着上苍。[78] 他很少留意作为个体的臣民。相反，他不断用布道和严肃的法律向他们说教。[79] 按照奥利金［Origen］的传统，优西比乌将皇帝描绘成一个充满生气的灵魂，作为真正的宗教在罗马世界的信使而下凡，"高声呼吁，所

---

〔75〕 Chesnut, *First Christian Histories*, 182-188；Mazza, *Le maschere del potere*, 291-302；Lellia Cracco Ruggini, "Il miracolo nella cultura del tardo impero：concetto e funzione,"in *Hagiographie, Culture et Sociétés, ive.-xiie. siècles*（Paris：Etudes augustiniennes, 1981）, 161-204.

〔76〕 Rufinus, *Ecclesiastical History* 2.32-33：*Patrologia Latina* 21：538C-540B；Augustine, *City of God* 5.26.

〔77〕 例见 Theodoret, *Ecclesiastical History* 4.6, 16-17 和 5.17 对巴兹尔和安布罗斯的相关记述。

〔78〕 Eusebius, *Life of Constantine* 4.15.

〔79〕 Ibid., 4.24, 29.

有人都能听到"。[80]

不过，在该撒利亚写作的优西比乌和他的主人公相距遥远。他的《君士坦丁传》是一部试探性的作品，"一次圣徒传的实验"。[81] 到了 5 世纪，基督徒皇帝已经可以被认为是理所当然的，君士坦丁堡的居民也这样看，例如历史学家苏格拉底和索佐蒙。现在的关键是，基督徒皇帝如何适应自己的帝国。正是通过强调共同的虔诚——它将狄奥多西一世和狄奥多西二世皇帝同他们的基督徒臣民联系起来，让他们可以被基督教代言人所接近，被基督教的慈悲情感和虔诚热情所触动——5 世纪的作家让优西比乌最先勾勒的高大但遥远的基督徒皇帝形象有了实质内容。

136

在 5 世纪，接近皇帝权力的实质性开始成为关键。对基督徒能够接近当权者的信心大幅上涨对于多神教的终结所起到的效果远远大于任何帝国法律或关闭任何神庙。教会的代表在帝国体系的所有层面都能接触到权力的杠杆，这确保了"古代地中海社群无可救药的倦怠"缓慢但确定无疑地转向基督教。[82] 下面，让我们简单地看几个关于这种新的自信如何产生影响的例子。

许多哲学家成了主教。像苏格拉底和索佐蒙这样的教会在俗历史学家揭示了一个君士坦丁堡城内和周边的教会世界，那里有许多别具一格的过渡性人物。西西尼乌斯［Sisinnius］后来

---

[80] Eusebius, *In Praise of Constantine* 2.4, trans. H. A. Drake（Berkeley：University of California Press, 1976）, 86. 见 Averil Cameron, "Eusebius of Caesarea and the Rethinking of History," in *Tria Corda：Scritti in onore di Arnaldo Momigliano*, ed. E. Gabba（Como：New Press, 1983）, 77-88, 以及 Mazza, *Le maschere del potere*, 238-47。

[81] T. D. Barnes, "Panegyric, History and Hagiography in Eusebius' *Life of Constantine*," in *The Making of Orthodoxy：Essays in Honour of Henry Chadwick*, ed. Rowan Williams（Cambridge：Cambridge University Press, 1989）, 110.

[82] Van Dam, "From Paganism to Christianity," 3.

成了君士坦丁堡严厉的诺瓦提安派的主教，他的哲学老师不是别人，正是叛教者尤里安的导师，富于魅力的以弗所人马克西姆斯［Maximus of Ephesus］。[83]"西西尼乌斯热衷穿白色衣装，每天在公共浴场洗两次澡。当有人问他，作为主教，他为何要每天洗两次澡时，他答道：'因为你们没给我洗三次澡的时间。'"[84]也有人保留了粗犷的古老形象。在黑海边的要塞托米，忒奥提莫斯［Theotimus］主教仍然留着职业哲学家乱蓬蓬的长发。当地的匈人称他为"罗马人的神"。[85]

这些都不奇怪，毕竟，哲学家经常是品格高尚和笃信宗教的当地士绅。他们已经拥有了让自己对基督教共同体有用的那种社会地位和文化。昔兰尼的许内西乌斯很符合这种由地方士绅和哲学家变成主教的模式。[86]他曾投入许帕提娅门下，尽管因为英年早逝而没有看到他的导师被残忍杀害。397—400年，在代

137

---

［83］Socrates, *Ecclesiastical History* 5.21.

［84］Socrates, *Ecclesiastical History* 6.22, trans. A. C. Zenos, in *Library of the Nicene and Post-Nicene Fathers*（Grand Rapids, Mich.：Eerdmans, 1979），2：152.

［85］Sozomen, *Ecclesiastical History* 7.26.

［86］Jay Bregman, *Synesius of Cyrene: Philosopher-Bishop*（Berkeley：University of California Press, 1982），and S. Vollenweider, *Neuplatonische und christliche Theologie bei Synesios von Kyrene*, Forschungen zur Kirchen-und Dogmengeschichte 35（Göttingen：Vandenhoeck and Ruprecht, 1985），缺乏下列作品中丰富的历史维度，尽管后者的结论有所不同：T. D. Barnes, "Synesius and Constantinople," *Greek, Roman and Byzantine Studies* 27（1986）：93-113；J. H. W. G. Liebeschuetz, "Synesius and Municipal Politics of Cyrenaica," *Byzantion* 55（1985）：146-64；J. Long, "The Wolf and the Lion：Synesius' Egyptian Source," *Greek, Roman and Byzantine Studies* 28（1987）：103-15；Denis Roques, *Synésios de Cyrène et la Cyrénaïque du Bas-Empire*（Paris：C.N.R.S., 1987）；Lizzi, *Potere episcopale nell'Oriente Romano*, 33-111；J. H. W. G. Liebeschuetz, *Barbarians and Bishops：Army, Church and State in the Age of Arcadius and Chrysostom*（Oxford：Clarendon Press, 1990），105-38, 228-35；以及 Alan Cameron and Jacqueline Long, with Lee Sherry, *Barbarians and Politics at the Court of Arcadius*（Berkeley：University of California Press, 即出），chap. 2。

表家乡出使君士坦丁堡时，他知道如何用古老的哲学理想来描绘自己与当权者的关系。许内西乌斯装出一副哲学家的"质朴"率真，[87]开始着手游说身居高位的官员，以便为他的家乡昔兰尼争取减税。这是一项辛劳的工作，但在此过程中，他写了两篇精彩的作品——《论统治》[De regno]和《论天命：埃及的故事》[De providentia: The Egyptian Tale]——加入了在宫廷边缘展开的慎重但连续不断的激烈的小册子论战。[88]他按照昔日的方式履行了对自己城市的责任。后来，许内西乌斯在回顾那段岁月时感到满意。他的智力天赋和为自己释梦的幸福能力让他可以像哲学家应当的那样行事。他成功地"以最符合城市利益的方式管理公职……比任何与皇帝关系密切的希腊人都更加无畏"。[89]在昔兰尼加，那些只能一厢情愿地想要在君士坦丁堡发挥才干的人才很快受到基督教会的召唤。410年，当地的教士和士绅提名许内西乌斯担任托勒麦斯的主教。

许内西乌斯很可能作为一个虔诚的基督徒长大。[90]411年年初，他参选并最终受祝圣成为托勒麦斯的主教，为此他唯一必须进行的"转化"是大幅改变生活方式，以及需要在思想追求中表现出更大程度的谨慎。作为令人生畏的亚历山大里亚牧首忒奥菲洛斯提名执掌其教会帝国中最偏远行省的关键教区的人选，许内西乌

---

[87] Synesius, *De providentia* 1.18, in *Synesius Cyrenensis: Opuscula*, ed. N. Terzaghi（Rome：Istituto Poligrafico，1944），105；and *Patrologia Graeca* 66：1253C；A. Fitzgerald, trans., *The Essays and Hymns of Synesius*（Oxford：Oxford University Press，1930），2：306.

[88] Liebeschuetz, *Barbarians and Bishops*, 106-7, 253-72.

[89] Synesius, *De insomniis* 9, ed. Terzaghi, p. 176 [c.xiv], and *Patrologia Graeca* 66：1309A；trans. Fitzgerald, *Essays and Hymns* 2：349.

[90] Bregman, *Synesius*, 60-163；Roques, *Synésios de Cyrène*, 302-3；Liebeschuetz, *Barbarians and Bishops*, 141.

斯知道，忒奥菲洛斯（或者任何接替他担任牧首的人）仍可能是

138 危险的邻居。十年前，牧首刚刚恐吓了尼罗河三角洲的僧侣，还
把手一直伸到君士坦丁堡，扳倒了金口约翰。[91]

面对这样的人，许内西乌斯必须明确自己的立场。他写给自己
兄弟的第 105 号信札是一份公开文件，旨在引起忒奥菲洛斯和亚历
山大里亚有学问的教会律师［*scholastikoi*］的注意。[92]在信中，许内
西乌斯特意强调了他本人不愿放弃自己作为哲学家所持的观点。他
试图通过这样做来确保自己获得托勒麦斯主教公职。忒奥菲洛斯陷
入了尴尬。如果想让许内西乌斯成为同僚，他必须接受此人的一切。

许内西乌斯明确表态的正是那些如果他与忒奥菲洛斯闹翻，
可能会被后者用来对付他的问题。他告诉牧首，他想要继续与妻
子同居和同床。[93]他仍将像"哲学家"那样看待肉体的复活。[94]
许内西乌斯支持的看法同与奥利金的学说相关的观点非常相似，
后者否认死者的肉体能够再生。忒奥菲洛斯曾指责此类观点是一

---

〔91〕 A. Guillaumont, *Les "Kephalaia Gnostica" d'Evagre le Pontique*, Patristica
    Sorbonensia 5（Paris：Le Seuil, 1962）, 59-80 对该时期埃及的争论做了最
    好的总结。我们可以期待 Elizabeth A. Clark, *The Origenist Controversy：
    The Cultural Construction of an Early Christian Debate*（Princeton：Princeton
    University Press, *forthcoming*）对奥利金派争端所做的全面研究。

〔92〕 Synesius, *Ep.* 105：*Patrologia Graeca* 66：1488D；ed. A. Garzya, *Synesii Cyrenensis
    Epistulae*（Rome：Istituto Poligrafico, 1979）, 190；A. Fitzgerald, trans., *The
    Letters of Synesius* of Cyrene（Oxford：Oxford University Press, 1926）, 202. 关于
    scholastikos 的法律意义，见 Rouché, *Aphrodisias in Late Antiquity*, 76-77。

〔93〕 Synesius, *Ep.* 105：*Patrologia Graeca* 66：1485A；ed. Garzya, p. 187；trans.
    Fitzgerald, p.199. 金口约翰不久前罢黜了以弗所的主教，此人的罪行包括把
    他的妻子从修道院里带走，以便完成未尽的家庭事务；Palladius, *Dialogus de
    vita Johannis Chrysostomi* 13：48。

〔94〕 Synesius, *Ep.* 105：*Patrologia Graeca* 66：1485BC；ed. Garzya, pp. 188-89；
    trans. Fitzgerald, p.200. 经典的陈述仍然是 H. I. Marrou, "Synesius of Cyrene
    and Alexandrian Neoplatonism," in *The Conflict of Christianity and Paganism in the
    Fourth Century*, ed. A. D. Momigliano（Oxford：Clarendon Press, 1963）, 147-48.

大堆"哲学家旧衣上的补丁",还煽动了针对被怀疑是奥利金主义者的凶残猎巫,导致公元400年尼特里亚[Nitria]和凯里亚[Kellia]的修道院被毁。[95]那一次,忒奥菲洛斯不仅是在通常的愤世嫉俗意义上利用"奥利金主义"的污名做文章。[96]因此,更有理由担心他会如此这般对付许内西乌斯。

读了许内西乌斯礼貌但强硬的宣言后,牧首不能说他没有被提醒:"让上帝的宠儿,可敬的忒奥菲洛斯——他知道情况,并清楚地向我证明他理解——决定此事……[因为]以后他就再没有理由审判我,将我驱逐出教士的行列。"[97]

用这种方法确保了自己的地位后,许内西乌斯开始践行作为基督教主教的直言不讳。他试图组织自己的同事向潘塔波利斯[Pentapolis]的总督摊牌。[98]当他还是在俗士绅时,他花了很多时间批评守卫昔兰尼加免受游牧民族攻击的军人懒惰。现在,作为主教的他要亲自为托勒麦斯的城墙布防。[99]作为主教,他取得的成功至少不次于仍然身为公民士绅的他。他使用了同样的方

─────────
[95] *Paschal Letter* of Theophilus(of 401),cited in Jerome,*Contra Johannem Hierosolymitanum* 7:*Patrologia Latina* 23:360C,and *Paschal Letter* 9-10(of 402),translated by Jerome,*Letter* 98.11:*Patrologia Latina* 23:800. Peter Brown,*The Body and Society: Men, Women and Sexual Renunciation in Early Christianity*(New York:Columbia University Press,1988),381-82;也见 T. Orlandi,*Shenute: Contra Origenistas* 356,392-97(Rome:C.I.M.,1985),32-33,38-41。
[96] Socrates,*Ecclesiastical History* 6.17.
[97] Synesius,*Ep.* 105:*Patrologia Graeca* 66C:1488BC;ed. Garzya,p. 190;trans. Fitzgerald,pp. 201-2.
[98] Synesius,*Epp.* 57,58:*Patrologia Graeca* 66:1384A-1404A;ed. Garzya(41 and 72),pp. 52-70,127-29;trans. Fitzgerald,pp. 127-43. Roques,*Synésios de Cyrène*,191-202.
[99] Synesius,*Constitutio and Catastasis*:*Patrologia Graeca* 66:1565A-1577A;ed. Garzya,*Synesii Opuscula*,pp. 283-93;trans. Fitzgerald,*Essays and Hymns*,pp. 360-68.

法：对他来说，写信给宫廷的朋友、诉诸城市的古老荣耀、巧妙的抨击要比革出教门这种新的权力更加有用。[100]尽管干劲十足，但许内西乌斯去世时似乎失望透顶，儿子们的身故让他心碎，而越来越强的政治孤立感让他深感压抑。

　　在位于尼罗河三角洲另一边的佩鲁西翁，许内西乌斯的后辈，倾向于禁欲的教士伊西多同样忙碌。作为商品从红海分销到地中海的关键港口，佩鲁西翁比许内西乌斯所在的偏远的昔兰尼加更接近尘嚣的中心。伊西多的书信也相应地更加乐观。这些书信在《希腊教父集》[Patrologia Graeca]占据了足足 800 栏。他写信是为了欢迎和教诲总督。[101]他教给当地知识分子的东西涉及所有可以想到的话题，从贫穷的美德到女子的仪态，从提亚纳的阿波罗尼乌斯[Apollonius of Tyana]的神迹（他表示自己曾仔细地读过*140* 此人的传记）到赛马场的起源，以及挪亚在方舟里吃了色拉的事实。[102]通过写信给高官和身居高位的朋友，他对一名不受欢迎的总督穷追不舍，一路追到君士坦丁堡。[103]

　　通过这些，伊西多塑造了直言不讳的美名。比如，他教训了

[100] J. H. W. G. Liebeschuetz, "Why Did Synesius Become Bishop of Ptolemais?" *Byzantion* 56（1986）：188-91；idem, *Barbarians and Bishops*, 228-35；Lizzi, *Potere episcopale nell'Oriente Romano*, 85-116.

[101] Isidore of Pelusium, *Epp.* 1.47, 208, 290；2.15, 25, 120；5.40：*Patrologia Graeca* 78：211B, 313B, 352D-353A, 468A, 473BC, 560C-561A, 1352B. 致狄奥多西，见 *Ep.* 1.35：*Patrologia Graeca* 78：204C；致近卫军长官鲁非努斯，见 *Ep.* 1.178：*Patrologia Graeca* 78：297B。见 R. Delmaire, "Notes prosopographiques sur quelques lettres d'Isidore de Péluse," *Revue des études augustiniennes* 34（1988）：230-36。

[102] 关于贫穷，见 Isidore of Pelusium, *Epp.* 2.146, 2.168：*Patrologia Graeca* 78：592A-601B, 620CD；关于女性，见 2.53：496C-497A；关于提亚纳的阿波罗尼乌斯，见 1.398：405B；关于赛马场，见 5.185：1436C；关于挪亚，见 1.69：229B。

[103] Isidore of Pelusium, *Epp.* 1.158, 462, 483, 485-86：*Patrologia Graeca* 78：288D-289A, 436D, 445B, 445D-448A.

格拉西乌斯［Gelasius］将军，告诉此人虽然骄傲是有罪的，但这位可怜的将军不必担心自己骄傲，"因为你出身卑微贫穷，不聪明，没学问，笨手笨脚"。[104]伊西多一只脚站在沙漠，另一只脚牢牢地站在自己的城市。有了一个笔锋如此犀利，对各种问题都会向所有人发表意见的人，几乎没有必要为了信息和言论自由而求助非基督徒哲学家。

沿尼罗河而上，在埃及的乡间也流行着同样的情况。对于阿特理佩的谢努特［Shenoute of Atripe］这位令人生畏的修道院领袖，人们常常认为，他生活的星球仿佛不同于他的前辈许内西乌斯和伊西多。[105]谢努特可能会和先知耶利米一起在夜间散步。不过，当他走出索哈杰［Sohag］的白色修道院后——位于潘诺波利斯［Panopolis，今天的阿赫米姆（Akhmim）］附近——他的书信的讲话显示，此人同样关心务实问题。他同样对君士坦丁堡派来的无能的外来者感到绝望，因为他们无法保卫上埃及不受可怕的南方部落侵扰。[106]与许内西乌斯一样，他祝福了那些"称职地"杀死蛮族的人。[107]当他在总督及其侍从面前布道时，看似奇特的

---

［104］Isidore of Pelusium, *Epp.* 1.99: *Patrologia Graeca* 78: 249C.

［105］J. Timbie, "The State of Research on the Career of Shenoute of Atripe," in *The Roots of Egyptian Christianity*, ed. B. A. Pearson and J. E. Goehring（Philadelphia: Fortress Press, 1986）, 258-70.

［106］Shenoute, *Letter* 21, ed. J. Leipoldt and W. E. Crum, *Corpus Scriptorum Christianorum Orientalium* 43: *Scriptores Coptici* 3（Leipzig: O. Harassowitz, 1898）, 68; trans. H. Wiessmann, Corpus *Scriptorum Christianorum Orientalium* 96: *Scriptores Coptici* 8（Louvain: L. Durbecq, 1953）, 37-38.

［107］Besa, *Life of Shenoute* 105-8, ed. J. Leipoldt and W. E. Crum, *Corpus Scriptorum Christianorum Orientalium* 41: *Scriptores Coptici* 1（Leipzig: O. Harassowitz, 1906）, 51-52; trans. D. N. Bell, *Besa: The Life of Shenoute*, Cistercian Studies 73（Kalamazoo, Mich.: Cistercian Publications, 1983）, 74-75; P. du Bourguet, "Entretien de Chénoute sur les problèmes de discipline ecclésiastique," *Bulletin de l'institut français d'archéologie orientale du Caire* 57（1958）: 114, 121.

科普特人外衣下流露出古希腊人对正义、制怒和人性的赞美，这些正是当地士绅对软弱政府抱有的一线希望中经常提到的。[108]

141　　　谢努特是宏大风格的保护人和代言人。他把上埃及同亚历山大里亚，然后又同君士坦丁堡联系起来。可以相信，皇帝的宫廷曾以"你的直言不讳"[Thy *parrhésia*]这一荣誉头衔征召他。[109]据说，有一次发生饥荒时，他从皇宫地上捡来的一粒麦子让修道院的磨坊连续运转了好多天。[110]事实上，有多达2万名躲避努比亚人入侵的难民露宿在白色修道院外。谢努特关于此事的报告惊人地详细。修道院的4个面包房不断工作，每天生产"有时18，有时19，有时20"筐面包；仅小麦就消耗了8500阿塔巴。谢努特以基督关爱穷人的名义为相当于一整座小城的人提供了3个月的食粮。这是一位老派的社群"供养者"曾经应该做的。[111]很快，又发生了皇帝对白色修道院的土地免税这一更加真实的神迹。这是对私人提供的公共服务——其规模和细致的自我宣传堪比早前时代伟大的城市施惠者——恰如其分和传统的回报。

　　在埃及，谢努特作为当地和遥远得无法想象的宫廷之间的沟通者而被铭记。用格伦·鲍尔索克[Glen Bowersock]的话来说，如果说皇帝崇拜的好处之一在于"成功地让偏远地区的广大公民觉得自己接近了控制他们的权力"，那么谢努特的活动造就的此类

----

〔108〕P. du Bourguet, "Entretien de Chénoute sur les devoirs des juges," *Bulletin de l'institut français d'archéologie orientale du Caire* 55（1956）: 87, 91.

〔109〕Besa, *Life of Shenoute* 54, ed. Leipoldt and Crum, p.30（另一版本的抄本）; trans. Bell, p. 58.

〔110〕Besa, *Life of Shenoute* 17, ed. Leipoldt and Crum, p.16; trans. Bell, p.47. Cf. *Life* 139, ed. Leipoldt and Crum, pp. 61-62; trans. Bell, p.81.

〔111〕Shenoute, *Letter* 22, ed. Leipoldt and Crum, pp.69-70; trans. Wiessmann, pp. 38-39.

5 世纪传说则在基督徒统治者的时代扮演了类似的角色。[112]

在更往南的叙埃内［Syene］边区，阿皮翁［Appion］主教直接向皇帝请愿，希望在该地区驻扎更多由主教指挥的军队，以便保护教堂和在教堂周围寻求庇护的人群："慈爱的您习惯于对所有向你请求的人伸出右手……因此我在您神圣和纯洁的足迹前拜服在地……如果我获得了许可，我将按照惯例祈祷上帝保佑您拥有永久的权力。"[113] 阿皮翁如愿以偿。底比斯地区的军事长官收到了一份有狄奥多西二世亲手签字批准的请愿书。[114] 我们对阿皮翁请愿书的了解来自一份偶然发现的纸草。帝国各地肯定还有许多类似的文件。

在早期帝国，小亚细亚的希腊城市精英把皇帝崇拜纳入了他们传统的宗教仪式，以表示他们决心"与中央建立积极的关系"。[115] 在狄奥多西二世时代的新环境下，"与中央建立积极的关系"的途径变成了越来越多的通过基督教会开展的活动。基督教主教（比如地处偏远的叙埃内的阿皮翁）的宣示效忠和坚定游说确保了他们感到皇帝的神样权力对当地有利。该过程把一个皇帝恰好是基督徒的帝国（就像 4 世纪的很多时候）变成了一个让我们能将其与拜占庭联系起来的确定无疑的基督教帝国。

基督徒越来越相信，他们可以控制与皇帝权力的接触，用对

142

----

［112］G. W. Bowersock, "The Imperial Cult: Perceptions and Persistence," in *Jewish and Christian Self-Definition*, ed. R. F. Meyer and E. P. Sanders (London: S.C.M. Press, 1982), 3: 182.

［113］D. Feissel and K. A. Worp, "La réquête d'Appion, évêque de Syène, à Théodose II," *Oudheidkundige Mededelingen uit het Rijksmuseum van Oudheiden te Leiden* 68 (1988): 99.

［114］Feissel and Worp, "La réquête d'Appion," 99-100.

［115］S. R. F. Price, *Rituals and Power: The Roman Imperial Cult in Asia Minor* (Cambridge: Cambridge University Press, 1984), 206.

自己有利的方式来解读其运作。他们最善于发声的对手的道德败坏突出了这种信心。像萨迪斯的欧那庇俄斯这样的旧信仰者（他在 4 世纪末写了《历史》和《哲学家列传》）的作品向我们呈现的世界中，真正的悲剧在于，他描绘的男人和女人不再觉得他们能够理解权力的运作。肯尼斯·萨克斯［Kenneth Sacks］犀利的研究《欧那庇俄斯的〈历史〉的意义》［The Meaning of Eunapius' History］揭示了多神教在希腊东方终结时的这个方面。[116] 在一个公开表演和公开宣告的神迹被认为表现了基督教主教和圣人对皇帝权力之影响的时代，欧那庇俄斯和他的圈子看到的只是权力的失控。逻各斯的古老约束再也不能制约日益专制的宫廷。用萨克斯的话来说，他的《历史》弥漫着"对专制的普遍不信任"。[117]

　　萨迪斯及其所在地区的士绅无法"与中央建立积极的关系"，相比基督教的崛起和神庙的被毁，这甚至更让欧那庇俄斯沮丧。这成了他的《历史》的核心主题。《历史》残篇中留下了对君士坦丁堡派到当地总督的描绘，表明他是个 4 世纪的人，仍然急切地想要根据教化的未成文规定来衡量当权者的意图。他的结论是，在大多数情况下，逻各斯很难控制统治阶层"粗俗的天性"。[118] 在《历史》的最后，他讲述了几个帝国宫廷无耻地出售行省公职的故事，以及萨迪斯的一个代表团在君士坦丁堡的近卫军宫廷中被恐吓的难忘场景。[119]

143

---

［116］Kenneth S. Sacks, "The Meaning of Eunapius' History," *History and Theory* 25（1986）: 52-67.

［117］Ibid., 67.

［118］Eunapius, *History*, fragment 35, in *The Fragmentary Classicising Historians of the Later Roman Empire*, ed. and trans. R. C. Blockley, ARCA 10（Liverpool: Francis Cairns, 1983）, 52.

［119］Eunapius, *History*, fragment 72, ed. Blockley, pp. 116-18.

当然，欧那庇俄斯写作的时候正值狄奥多西一世的法律、塞拉皮斯宫的被毁、西哥特人在希腊的劫掠催生了一种特别的不祥感。并非所有的旧信仰者都像欧那庇俄斯和他的圈子一样远离了权力，并认为这样做是真正哲学家的标志。有人仍然觉得为帝国服务是与生俱来的权力和责任。到了 5 世纪稍晚些的时候，大马士革的塞维里阿努斯也希望过哲学家的生活。但他开始梦想自己坐在移动的山上，用缰绳驾驭它前行。这无疑标志着他觊觎行省总督的高位。[120] 离开哲学家学校后，他开始了为帝国服务的生涯。

欧那庇俄斯的悲伤情绪将延续下去。哲学家不再期待对公共生活施加影响。5 世纪末所写的非基督教圣徒传做出了"高声的拒绝"。与 5 世纪的基督教圣徒传中的情况不同，神迹完全不是通往权力的手段，而是对没有权力的慰藉。

马里努斯的《普罗克洛斯传》[*Life of Proclus*]（写于 485 年这位哲学家去世后）和达马斯基乌斯[Damascius]的《伊西多传》[*Life of Isidore*]（写于 520 年左右）中记载的故事显示了那些摒弃社会世界的男女的希望。在那个世界里，像阿特理佩的谢努特这样的圣人曾经通过与魔鬼的无形力量和帝国官员的有形怒火展开戏剧性的公开对峙来展现自己的超自然天赋。[121] 这些书中记录的神迹很少包括与当权者的对话。它们没有描绘总督和皇帝如何向受到启迪的直言不讳者让步。沉默而勇敢地面对怀有敌意的政府，而非成功地干预，这是有文化的人所能期待的一切。哲学家希罗克勒斯[Hierocles]被指责是多神论者，君士坦丁堡长官下令对他施以鞭刑。受刑后，他一边抹去背上的血，一边引用了

144

---

〔120〕Damascius, *Life of Isidore*, fragment 278, ed. Zintzen, p.223.

〔121〕Shenoute, *Letters* 16, 19, 23-24, ed. Leipoldt and Crum, pp.38-39, 63, 84; trans. Wiessmann, pp. 18-19, 35, 43-47.

荷马的一句诗。[122]

相反，旧信仰者关注的是宁静而庞大的宇宙。在那里，在社会之外，被砸碎的地上的塑像和受亵渎的诸神仍然在群星间灿烂的神庙走廊上闪耀着纯洁的光芒，远远高过黑袍的僧侣和主教的头顶，他们秃鹫般的身影在没有信仰的世界投下了越来越长的影子。[123]与恒星联系在一起的闪光宇宙将会留存，"闪耀着永恒的活力"；只有基督徒胆敢称那个神圣的领域是"有时限和短暂的"。[124]对于像欧那庇俄斯这样的人来说，神迹是来自一个平静而永恒的世界的信息，就像晨星微弱而虚幻的光芒那样降临大地。

在这些叙述中明显缺少了作为基督教圣徒传特色的强烈火药味。[125]像普罗克洛斯这样的人致力于制作能够治病的护身符，以及通过秘仪来让他心爱的阿提卡免遭旱灾和地震。他无意通过嘈杂而夸张的驱魔仪式[126]和受圣灵启迪的直言举动来与维系东罗马社会的黑暗力量展开搏斗。相反，凭借通神仪式，他获得了在美丽宇宙的下层区域小心谨慎又无忧无虑地玩耍的神明不断的天意眷顾。人们在记录这些神迹时保持了应有的缄默。它们是一片让太阳静止

---

〔122〕Damascius，*Life of Isidore*，fragment 106，ed. Zintzen，p.81；见 Martindale，*Prosopography* 2：559-60。

〔123〕Plotinus，*Enneads* 1.8.51；见 H. D. Saffrey，"Allusions antichrétiens chez Proclus，" *Revue de sciences philosophiques et théologiques* 59（1975）：553-63，以及 P. Hoffmann，"Simplicius' Polemics，" in *Philoponus and the Rejection of Aristotelian Science*，ed. R. Sorabji（London：Duckworth，1987），72-76。

〔124〕*Consultationes Zacchaei et Apollonii* 1.1，ed. G. Morin，Florilegium Patristicum 39（Bonn：P. Hanstein，1935），8.

〔125〕Peter Brown，"The Rise and Function of the Holy Man in Late Antiquity，" *Journal of Roman Studies* 61（1971）：80-101，今收入 *Society and the Holy in Late Antiquity*（Berkeley：University of California Press，1982），esp. 122-29。

〔126〕Plotinus，*Enneads* 2.9.14；Damascius，*Life of Isidore*，Epit. Phot. 56，ed. Zintzen，p. 82；Aline Rousselle，*Croire et guérir：La foi en Gaule dans l'Antiquité tardive*（Paris：Fayard，1990），109-208 对图尔的圣马丁的案例做了出色的研究。

的纯粹精神之海拍打着理智世界狭窄海岸的最后浪花。[127]

　　只有在同僚、弟子和妻子圈子的亲密的私家友谊中，以及 *145*
在自己的梦里——神明会慈祥而亲切地造访他们——最后的哲学
家才会感到安逸。他们为自己创造了一个刻意避免摩擦的旧式世
界，由思想相近者牢不可破的亲情［*homonoétiké philia*］维系在
一起。[128]他们不愿想象其他的世界。当基督徒的艺术和文学用看
不见的保护者、圣徒和全身官服的天使（就像在君士坦丁堡的各
级法庭[129]）充斥了早期拜占庭人的宇宙想象时，哲学家普罗克洛
斯梦想自己仿佛仍然生活在古代城市。一天晚上，阿斯克勒庇俄
斯来访："就像在剧场中，演说家为伟人发表颂词，神明站起身，

────────

［127］Marinus, *Life of Proclus* 28, ed. Boissonade, p.24. 基督徒认为，哲学家能够
　　　干预物质的"下层区域"。见 Anastasius Sinaita, *Quaestiones* 20：*Patrologia
　　　Graeca* 89：524-25；关于基督教文本中作为"游戏"的神迹，见 Severus of
　　　Antioch, *Homiliae Cathedrales* 27：*Patrologia Orientalis* 36：556-67。关于
　　　通神仪式，见 Anne Sheppard, "Proclus' Attitude to Theurgy," *Classical
　　　Quarterly* 32（1982）：212-24，以及 Gregory Shaw, "Theurgy: Rituals of
　　　Unification in the Neoplatonism of Iamblichus," *Traditio* 41（1985）：1-28。

［128］Fowden, "Pagan Holy Man," 55-58. 见 Damascius, *Life of Isidore*, fragments
　　　22 and 49, ed. Zintzen, pp. 26, 41；以 及 A. Smith, *Porphyry's Place in the
　　　Neoplatonic Tradition*（The Hague: M. Nijhoff, 1974），94。

［129］Peter Brown, *The Cult of the Saints*（Chicago: University of Chicago Press, 1981），
　　　62-63. 关于同时代的基督徒对这种趋势及其危险的意识，见 Severus of Antioch,
　　　Homiliae Cathedrales 72：*Patrologia Orientalis* 12：83；A. Van Lantschoot,
　　　"Fragments coptes d'une homélie de Jean de Parallos contre les livres hérétiques," in
　　　Studi e Testi 121: Miscellanea Mercati（Rome: Vatican, 1946），320, 325；
　　　以及 C. Mango, "St. Michael and Attis," *Deltion tés Christianikés Archaiologikés
　　　Hetaireias*, ser. 4, 22（1984）：39-43。根据宫廷记录，可以将某一次神示的日
　　　期确定在一代人的范围内，见 J. Bremmer, "An Imperial Palace Guard in Heaven:
　　　The Date of the Vision of Dorotheos," *Zeitschrift für Papyrologie und Epigraphik*
　　　75（1988）：82-88。相反，在有文化的非基督徒中间，使用等级关系的语言可
　　　能是玩笑的主题，见 *The Philogelôs; or, Laughter-Lover* 76, trans. B. Baldwin
　　　（Amsterdam: J. C. Gieben, 1983），14。一位萨拉皮斯的教士向一名教会律师致
　　　意："愿主［Master］怜悯你。"后者回答说："愿主人［Master］怜悯……因为
　　　我是自由的。"

挥了挥手，用戏剧化的口吻说了这番话：'普罗克洛斯，家乡的荣耀。'"[130]这是一个源远流长的举动，5世纪的许多重要人物在自己城市的庄严活动上仍然会得此礼遇。对它的记忆足以让这位老哲学家流泪。"思想的声音"，普罗克洛斯的梦来自一个不属于他的时代的世界："来自我们诞生的第一个黎明的回响。"[131]

在他的《哲学家列传》中，欧那庇俄斯希望提供的一切是一套"让异教徒在道德上存活的工具"。[132]后世的多神教英雄同样不能被权力玷污，就像他们可以轻易化身的灵魂不能受物质的玷污。[133]欧那庇俄斯暗示，只有圣人才能成为好皇帝。[134]自从尤里安死后，再也不可能出现这样的圣人。相反，与欧那庇俄斯同时代的基督教徒面对专制却迎难而上。基督徒皇帝不需要是圣人。（和欧那庇俄斯一样，安布罗斯也对狄奥多西一世的纵欲和坏脾气没抱多少幻想。）皇帝只需要知道何时听取圣人——欧那庇俄斯如此害怕和鄙夷的主教和僧侣——的意见。用莱利亚·克拉科·鲁基尼［Lellia Cracco Ruggini］直白的话来说，5世纪的基督教圣徒传是"希望的声音"，而欧那庇俄斯的圣徒传则是"恐惧的声音"，他认定权力会导致腐败，绝对权力会导致绝对腐败。[135]基督徒作家和基督徒领袖都没有像欧那庇俄斯那样对专制感到疑虑。他们是神授君权的热情理论家。不仅如此，除了总体上热情地效忠于

---

[130] Marinus, *Life of Proclus* 32, ed. Boissonade, p.26; 见 Roueché, *Aphrodisias in Late Antiquity*, 125-36。

[131] K. P. Kavafy, *Poiémata* (Athens: Ikaros, 1958), 8.

[132] Sacks, "Eunapius' History," 66.

[133] Ibid., 65.

[134] Eunapius, *History*, frogment 28.1, ed. Blockley, p.42.

[135] Lellia Cracco Ruggini, "The Ecclesiastical Histories and the Pagan Historiography: Providence and Miracles," *Athenaeum*, n.s, 55 (1977): 118.

帝国体系，他们还采取了有效的措施来对抗和削弱帝国在当地的权力。我们必须转向这个问题。

主教与城市

我们考虑主教在东部帝国城市中的角色时，必须明确界定5世纪的哪些领域受到了主教地位崛起的影响。许多领域显然并非如此。因此，只要收税继续依赖与现有地方士绅的合作，主教在帝国统治中一个必不可少的方面的角色就仍然是边缘的。在税收和司法这些严肃的问题上，帝国仍然无可救药地是世俗的。比如，庇护所的权力受到严格控制。对于"逃到教堂"而言，4世纪晚期的人们无法仅凭置身于神圣场所的围墙内就确保自己的安全。他们必须找到主教或其教士。然后，主教必须代表他们与总督交涉。这是对个人权威和斡旋手段的考验，就像其他任何士绅——比如非基督徒修辞家利巴尼乌斯——可能会为委托人所做的。[136]无法保证主教一定会成功。在狄奥多西一世通过制定一系列打压多神教的法律来彰显自己的虔诚的同时，基督教教堂为债务人提供庇护的权利仍然受到严格的限制。[137]几年后，武装卫队进入安布罗斯的会堂，抓走了一名躲在主教和教士中间的罪犯。[138]直到二十年后，教堂建筑的神圣属性本身才被认为能为逃亡者提供保护。

147

---

〔136〕H. Langenfeld, *Christianisierungspolitik und Sklavengesetzgebung der römischen Kaiser von Konstantin bis Theodosius II*, Antiquitas 1.26（Bonn：Habelt，1977），107-200.

〔137〕*Codex Theodosianus* 9.45.1（A.D. 392）and 2-3（A.D. 397 and 398）；见 Liebeschuetz，*Barbarians and Bishops*，151-52。

〔138〕Paulinus of Milan，*Life of Ambrose* 34.

新发现的奥古斯丁书信显示，尽管在神学问题上与西部帝国的皇帝时有接触，但阿非利加的主教们在税收问题上很难对政府施加影响。426 年迦太基抗税暴动后，主教们焦急地等待皇帝代理人前来宣布赦免那些在教堂避难者的消息。[139]不过，那次偶然的赦免只是基督徒君主面对迦太基这样的基督教重镇时才能够做出的姿态。相反，在行省，税务机器的运转是无情的。奥古斯丁抱怨说，与收税人进行交涉的主教发现自己可能被指控妨害"公共需要"。只有少数人得到了庇护："剩下的绝大多数人在教堂外，连人带财物都被抢走，而我们只能叹息，无力帮助他们。"[140]

在中世纪，安布罗斯与狄奥多西一世的关系被视作哲学对当权者的怒火施加约束的高光时刻。在中世纪的道德论文中，上溯到奥古斯都时代的古典记忆同安布罗斯与狄奥多西之间的冲突联系在一起："还有人要求，统治者在行动前应该背诵字母表中的二十四个字母，就像狄奥多西皇帝［在下令对塞萨洛尼卡展开屠杀前］本该做的，他因为鲁莽地导致如此严重的流血事件而被圣安布罗斯革出教门。"[141]不过，安布罗斯在愤怒的狄奥多西皇帝面前完美地扮演哲学家角色的时刻寥寥无几。体制不会被这些冲突改变。安布罗斯去世时深感失望，因为他无法控制与主管意大利北部税收的官员联系在一起的无节制的贪婪［avaritia］——攫取土地和囤积私人财

---

〔139〕Augustine, *Epp.* 15*2, 16*2, 23A*1, ed. Divjak, pp. 84, 86-87, 121; *Lettres 1*-29*,* 264-66, 270-72, 370-72; Eno, *Saint Augustine: Letters VI*, 115, 119, 166.

〔140〕Augustine, *Ep.* 22*.3, ed. Divjak, p. 115; *Lettres 1*-29*,* 350; Eno, *Saint Augustine: Letters VI*, 157.

〔141〕Johannes Pauli, *Schimpf und Ernst*（1520）, cited in J. C. Schmitt, *The Holy Greyhound*（Cambridge: Cambridge University Press, 1979）, 67; 他指的是奥古斯都和哲学家, *Epitome de Caesaribus* 48.14-15。

富。[142] 5 世纪初在都灵布道时，马克西姆斯主教同样不感到乐观。 *148*
"保护民众"要求主教"高声喊叫"。[143] 行政官员和收税人不为所
动。每周日，他们衣着考究地前往教堂。他们表示，税务官员的行
为不必以僧侣或教士为标准。[144]

相反，在地方层面上，作为负责城市和平的"人群的控制
者"，主教巩固了他们在 4 世纪末开始获得的优势。当安条克的
牧首约翰为没能按时参加以弗所大会辩解时，他只需表示自己要
留在安条克平息与饥荒相关的骚乱就够了。[145] 6 世纪初，另一位
安条克牧首，充满争议的塞维鲁直言不讳地在写给同僚的信中表
示："像你这样的主教有责任终止和遏制任何目无法纪的暴民运
动……致力于维持城市的一切良好秩序，监督受你们养育的人保
持和平的行为与习惯。"[146]

从 431 年的以弗所大会到 451 年的迦克墩大会，城市暴力迫
在眉睫的威胁构成了当时教会斗争的背景。在频频互相指责对方
使用暴力时，双方都强调了主教可能得到的新的民众支持来源：
浴场侍者、抬棺人、医院护工、码头工人、来自教会庄园的农民、
僧侣团体。叙利亚的院长们被指责为自己的修道院招募有潜力成
为职业拳手的身强力壮的年轻人，而有时，人们会看到教会穷人

---

〔142〕Paulinus, *Life of Ambrose* 41.

〔143〕Rita Lizzi, *Vescovi e strutture ecclesiastiche nella città tardoantica*（Como：New Press，1989），202-3.

〔144〕Maximus, *Sermon* 26.1-2, ed. A. Mützenbecher, *Corpus Christianorum* 23（Turnhout：Brepols，1963），101.

〔145〕Nestorius, *Bazaar of Heraclides* 2.1 [372], in *Le Livre d'Héraclide de Damas*, trans. F. Nau（Paris：Letouzey and Ane，1910），239.

〔146〕E. W. Brooks, *The Sixth Book of the Select Letters of Severus Patriarch of Antioch* 1.9（London：Willis and Nugent，1903），46.

的监督者不怀好意地分发短棍。[147]对皇帝专员来说，"危险与骚乱"［*kindunos kai stasis*］是那个时代典型的官僚术语，以至于通过音译直接进入了叙利亚语。[148]它出现在官方报告中通常意味着，当局（通常在神学问题上）在面对有怨言的遥远基督教城市的起义威胁时选择了退缩。

政府在这些年里处理教会争议时的摇摆不定表明，"民众的放肆"［license of the *plebs*］这一传统现象有了新的意义。它无法再被限制在地方层面上，被当成民众和作为他们传统"供养者"的市议员之间对话的一部分。在主教们的安排下，"民众的放肆"走出了城市。通过像亚历山大里亚的西里尔这样的主教，城市的基督徒人口会觉得他们在直接向宫廷进言。他们的声音绕过了市议会，被组织成有节奏的吁请，并用速写记录下来。这些声音被立即转交到君士坦丁堡，由狄奥多西二世亲览。[149]

在对卡利亚的阿芙洛狄西亚斯新发现的铭文——记录了公众的吁请——所做的研究中，夏洛特·鲁谢［Charlotte Roueché］注意到，5 世纪的人们越来越多地倾向于用歌唱口号来做出政治和神学决定。[150]这种口号带有受上帝启发的一致性光环。带着超自然的确信，民众由此表达了一种集体的直言不讳。他们可以直接向

---

[147] T. E. Gregory, *Vox populi: Popular Opinion and Violence in the Religious Controversies of the Fifth Century A.D.*（Columbus: Ohio State University Press, 1979）; A. Vööbus, *History of Asceticism in the Syrian Orient*, vol. 3, *Corpus Scriptorum Christianorum Orientalium* 500, Subsidia 81（Louvain: E. Peeters, 1988）, 204.

[148] Nestorius, *Bazaar of Heraclides* 2.1 [373], trans. Nau, p. 239; Flemming, *Akten der ephesinischen Synode*, 20.14.

[149] Nestorius, *Bazaar of Heraclides* 2.1 [373], trans. Nau, p. 239.

[150] Charlotte Roueché, "Acclamations in the Later Roman Empire: New Evidence from Aphrodisias," *Journal of Roman Studies* 74（1984）: 181-99.

总督进言，在剧场中或是在他到来时集体向他歌唱，确信自己的吁请会被正式记录下来，然后转交给皇帝。[151]这是一种刻意夸张的手法，在竞技场、赛马场和其他公共集会场所有着悠久的使用历史。5世纪时，它变得更为重要，导致将当地的抱怨局限于城市的狭小范围内这一公民士绅的传统功能几乎没有了用武之地。

基督教会充分利用了这种新的政治压力。带有轩敞院子的巨大会堂为呼喊口号提供了舞台。礼拜仪式本身也从歌唱口号的世俗传统中吸收了很多东西。[152]主教的布道中夹杂着会众欢欣的歌唱。教堂里领头喝彩的人经常作为有经验的煽动者出现在剧场中，就像为亚历山大里亚的西里尔的布道摇旗呐喊的希拉克斯［Hierax］。[153]

基督教民众很快意识到吁请在城市中的全部力量。比如在迦太基，财政官员会受到民众吁请的审查。[154]到了5世纪初，公教民众在该过程中拥有了发言权。奥古斯丁曾在迦太基的基督徒会众面前为一位名叫福斯提努斯［Faustinus］的财政官员辩护。此人被认为是为了赢得他们的支持才成为基督徒。[155]而让亚历山大里亚的非基督徒教师霍拉波隆［Horapollon］不安的是，他获悉在周日的礼拜上，基督徒对他喝了倒彩，称他是"基督徒灵魂的毁灭者"［Psychapollôn］。[156]随着在公共生活中吁请的条件发生改变，这类歌声很容易从会堂流出，直接向皇帝和他的官员传递其中的信息。

150

---

〔151〕Ibid., 188, 196-98.

〔152〕E. Peterson, *Eis Theos: Epigraphische, formgeschichtliche und religionsegeschichtliche Untersuchungen* (Göttingen: Vandenhoeck and Ruprecht, 1926), 166-79.

〔153〕Socrates, *Ecclesiastical History* 7.13.

〔154〕*Codex Theodosianus* 11.7.20；见 François Jacques, *Le Privilège de la Liberté*, Collection de l'école française de Rome 76 (Rome: Palais Farnèse, 1984), 424。

〔155〕*Augustine, Sermo "Morin"* 1: *Patrologia Latina Supplementum* 2: 657-60.

〔156〕Zacharias, *Vie de Sévère*, 32.

举一个例子：438 年，犹太人试图再次在耶路撒冷集中，以庆祝住棚节。但此举在当时正驾临圣城的皇后欧多基娅的宫殿外引发了大规模抗议。首先，来自耶路撒冷的一个官方代表团——包括教士、官员和犹太人领袖——前往伯利恒觐见皇后。他们拿着橄榄枝，请求获得宽恕。但不久，他们就在耶路撒冷当地被叙利亚僧侣巴尔索玛［Barsauma］谋划的呼喊口号所威胁。领头者唱起了"《十字架已征服》[*The Cross has conquered*]；民众的声音长时间扩散和咆哮着，就像海浪的巨大轰鸣，城中的居民因为这呐喊声而颤抖……此事被报告给了狄奥多西皇帝"。[157] 这些事件表明，我们已经远离了礼节性和暗示性的劝诫风格，那是教化之人在对乐意接受的总督施加文字的古老魔法时应该使用的。

　　上述引人瞩目的集体压力形式刻画了大城市生活的特征。但东部帝国同样要依靠小城市的延续。5 世纪时，它们的命运因地区差异而截然不同。不过，有一个变化似乎是普遍的。在行省的较小城市中，一直就地位不稳的市议会进一步失去了它们的凝聚力和社会功能。与帝国政府合作最密切的核心士绅圈子［*prôteuontes*］自成一派。现在，他们形成了一个行省范围内的贵族阶层。他们维持了自己行省治所的城市门面。这些贵族集聚在行省的治所，即都会。在卡利亚的阿芙洛狄西亚斯，他们用另一批令人印象深刻的铭文和公共建筑展现了自己新的重要性和与帝国官员持续的亲密关系。[158] 但这些人对本地区较小的城市很少有

151

[157] F. Nau, "Résumé de monographies syriaques: Vie de Barsauma," *Revue de' l'Orient chrétien* 19（1914）: 121, 124-25.

[158] Roueché, *Aphrodisias in Late Antiquity*, 34; Liebeschuetz, "Synesius and Municipal Politics of Cyrenaica," 157-58; J. F. Haldon, "Some Considerations on Byzantine Society and Economy in the Seventh Century," *Byzantinische Forschungen* 10（1985）: 75-112.

或没有忠诚感。在那里，提供庇护、维护法律和秩序、维系残余公民荣耀的权力越来越多地落到主教和教士手中。

相比安条克这样的大都会，忒奥多雷特的教区居洛斯是一座小城。忒奥多雷特作为主教"养育"了居洛斯。他动员当地的圣人发起请愿，希望豁免拖欠的税款。[159]他邀请当地士绅参加庄严的新教堂的落成典礼，无论他们是否为基督徒。[160]他还修复了城中的水道和桥梁，重建了城市的柱廊。[161]居洛斯是座"小城"，忒奥多雷特宣称用慷慨的花费"掩盖"了它的丑陋。没有这位主教，该城可能变得和大村子几乎无异。不过，就连忒奥多雷特也遭到敌人的指控，被批评在都会待得太久，经常前往安条克并在牧首座堂边住宿。[162]这些指控刺痛了他。于是，在长长的自辩信中，忒奥多雷特公布了他为自己担任助教的城市所做的善事。在他的《历史》中，他还怀着明显的热情描绘了像他一样扮演了城市保卫者角色的主教们。比如，埃尔祖鲁姆［Erzerum，古称狄奥多西波利斯（Theodosiopolis）］的主教建造了被当地人称为"圣托

〔159〕Theodoret, *Ep.* 42, ed. Y. Azéma, *Théodoret de Cyr: Correspondance 2*, Sources chrétiennes 98（Paris：Le Cerf, 1964）, 112.

〔160〕Theodoret, *Ep.* 68, ed. Azéma, p. 148.

〔161〕Theodoret, *Ep.* 81, ed. Azéma, p. 196；cf. *Ep.* 79, ed. Azéma, p. 186. 与此同时，格拉萨的主教普兰库斯 [Bishop Plancus of Gerasa] 重建了一座浴场；C. H. Kraeling, *Gerasa: City of the Decapolis*（New Haven, Conn.：American Schools of Oriental Research, 1938）, no. 296, p. 471. 6 世纪时，加沙的主教马尔基雅努斯修复了浴场和柱廊；Choricius, *Oratio* 7.52, pp. 127-28；另见 Anna Avramea, "Les constructions profanes de l'évêque d'après l'épigraphie et les textes d'Orient," in *Actes du xie. Congrès international d'archéologie chrétienne*, Collection de l'école française de Rome 123（Rome：Palais Farnèse, 1989）, 1: 829-35。

〔162〕Theodoret, *Ep.* 139, in *Théodoret de Cyr: Correspondance 3*, ed. Y. Azéma, Sources chrétiennes 111（Paris：Le Cerf, 1965）, 146. Flemming, *Akten der ephesinischen Synode*, 114.31；cf. 86.20.

马斯"的投石机，还指挥人们在城头用它发射。[163]

在所有的东部行省，基督徒主教开始被要求对维护法律和秩

152　序负责。在查士丁尼统治时期，是哈德良努波利斯 [Hadrianouplis]（位于今天的埃斯基帕扎尔 [Eskipazar] 附近，离伊斯坦布尔和黑海港口萨姆松 [Samsun] 之间的主干道不远）的主教接到了皇帝关于打击盗匪的敕令，并将其传达给聚集在会堂边接见室中的当地地主们。[164]

在今天约旦的杰拉什 [Jerash，古称格拉萨（Gerasa）]，主教保罗为那些等待受审的人建造了一所特别的监狱。通过这样做，他以那个时代特有的方式做了干预，方便了现有的刑事实务形式。罗马法不允许在审判前长期关押受审者。386 年，利巴尼乌斯曾指责这种关押是滥用权力，当权者以此来恐吓下层阶级。[165] 通过在 6 世纪初建造监狱，杰拉什主教做了"对城市有利的事"。他以更人性化为理由，把一种几个世纪前被认为是对穷人的非法限制、但在他自己的时代已经被认为是正常的手段制度化。[166]

---

[163] Theodoret, *Ecclesiastical History* 5.36.

[164] Denis Feissel and Ismail Kaygusuz, "Un Mandement impérial du vième siècle dans une inscription d'Hadrianoupolis d'Honoriade," *Travaux et Mémoires* 9（1985）: 409-10；见 W. Müller-Wiener, "Bischofsresidenzen des 4.-7. Jahrhunderts im östlichen Mittelmeerraum," in *Actes du xie. Congrès international d'archéologie chrétienne* 2：651-709。

[165] Libanius, *Oratio* 45.4（III.361）, in *Libanius: Selected Works 2*, ed. and trans. A. F. Norman, Loeb Classical Library（Cambridge, Mass.: Harvard University Press, 1977）, 162; Roger A. Pack, "Studies in Libanius and Antiochene Society under Theodosius"（Ph.D. diss., University of Michigan, 1935）, 70-96.

[166] P.-L. Gatier, "Nouvelles inscriptions de Gérasa: Le prison de l'évêque Paul," *Syria* 62（1982）: 297-305.

垂怜［*Sunkatabasis*］：神的屈尊和皇帝的权力

不过，主教在当地获得的显赫地位不仅建立在与公民士绅的成功合作上。无论在实践中表现得如何，主教的"怜贫者"都自称把一种想象中的新社会模型推向前台。这种模型无视公民与非公民、城市与农村之间的古老区别。[167] 它明确抛弃了公民士绅与城市人口间的仪式性对话，后者作为传统的"公民"集聚在剧场和赛马场中。相反，关爱穷人强调的是一种截然不同和更加基本的团结纽带。供养穷人不仅是因为他们是某个城市中的公民同胞，而是因为他们和大人物一样拥有人类肉身这一共同纽带。富人把"像破陶片"一样躺在门口的乞丐当作同为"大地之子"的手足对待。穷人不是公民同胞；他们是富人在尘世的兄弟。[168] "那些被我们鄙视的人，那些我们不忍直视的人，那些我们一旦看到了就会作呕的人，他们和我们一样，与我们一起用泥土捏成，由同样的元素组成。他们受什么苦，我们也会。"[169]

虽然诉诸共同血缘的说法令人感动，但人们看待穷人时还是高高在上。基督教对穷人的同情姿态强调了社会顶层和底层阶级之间令人眩晕的永久鸿沟。就像穷人在世上的当权者面前，所有人在上帝面前都是需要怜悯的无助者。关爱穷人是从极为尊贵的位置"屈尊"。杰拉什的一座教堂建筑的马赛克地面非常恰当地使用了来自《诗篇》的铭文："耶和华啊，求你侧耳……因我是困苦

153

---

［167］Evelyne Patlagean，*Pauvreté économique et pauvreté sociale à Byzance*（Paris：Mouton，1977），17-35.

［168］Romanos Melodes，*Hymn* 30.11.4，in *Romanos le Mélode：Hymnes 3*，ed. J. Grosdidier de Matons，Sources chrétiennes 114（Paris：Le Cerf，1965），290.

［169］Jerome，*Letter* 77.6：*Patrologia Latina* 23：694.

穷乏的。"〔170〕这是任何信徒都能表达的情感。每年，埃及的全体人民都会向上天发出"穷人的哀叹"，乞求让尼罗河泛滥。〔171〕他们希望作为"穷人"得到遥远上帝的聆听。

对于一个看上去差异如此鲜明的社会，用《旧约》古老的前公民世界来描绘它变得越来越合适。基督徒对《圣经》的吸收把对古典城市一无所知的古代近东的社会想象带到了5世纪的当下。当谢努特的白色修道院的僧侣们吟唱《诗篇》时，大卫王据说就站在他们中间——这个威武的君主身着皇帝的长袍。〔172〕大卫的《诗篇》中回响着穷人对当权者的哭诉，这在晚期罗马的埃及并不奇怪。公民生活是晚近才从古代世界传入的。财富与权力的差异——类似在《旧约》中所反映的古代近东社会——被认为是理所当然的。通过《圣经》，谢努特使用了一种同时代人能够理解的社会语言。他驳斥总督们的书信（不同于他的欢迎布道）是由《旧约》引文串联〔catenae〕而成。无视它们就像无视通过它们发声的先知一样是亵渎的。当被告知他因为直言而触怒了一位总督时，谢努特辩驳道："我说的只是经文里写的东西，准确地说是《诗篇》里的。"〔173〕

越来越多地诉诸《旧约》的语言表明，城市的神话再也不能

---

〔170〕H. I. Marrou, *Patristique et humanisme*（Paris: Le Seuil, 1976）, 95; Thomas Sternberg, "Der vermeintliche Ursprung der westlichen Diakonien in Ägypten und die Conlationes des Johannes Cassianus," *Jahrbuch für Antike und Christentum* 31（1988）: 203 不那么肯定这个房间是赈济穷人的中心。

〔171〕L. S. B. MacCoull, "SPPXV.250ab: A Monophysite Trishagion for the Nile Flood," *Journal of Theological Studies*, n.s., 40（1989）: 130.

〔172〕Besa, *Life of Shenoute* 91-92, trans. Bell, pp. 68-69; ed. Leipoldt and Crum, pp.44-45.

〔173〕du Bourguet, "Chénoute sur les devoirs des juges," 90, 94. Shenoute, *Letter* 24, ed. Leipoldt and Crum, p.88; trans. Wiessmann, p.44.

掩盖权力的严重不对称。曾经和公民权的概念联系在一起的脆弱特权与自尊消失了。城里人和农民都学会了跪着同大人物打交道。与他们主人的权力相比,这两类人同样属于"穷人"。当一位好总督以基督教的方式被称赞为"爱神诚者"[*philentolos*]和"怜贫者"[*philoptôchos*]时,他的权力不知不觉地获得了比之前更加"居高临下"[*de haut en bas*]的性质。他不必对作为共同体天然领袖的教化精英们表现得温和礼貌[*praotés*]。他对手下的所有阶层一视同仁,他们都是同情的接受者,如同富人面对赤贫者时的压倒性地位。[174]所有的臣民在皇帝面前,就像在上帝面前一样都是贫穷的。来到君士坦丁堡时,即便自视甚高的地方士绅也会觉得自己成了穷人[*ptôchos*],成了仰赖皇帝威严恩赐的乞丐。[175]

于是,在与皇帝权力的关系上,与基督教呼吁同情穷人的感染力相呼应的语言在当时被越来越多地使用。一种神秘的团结力量被认为将皇帝与他的所有臣民联系在一起,尽管他拥有神样的威严。他和他们同为脆弱的人类肉身。借用执事阿加佩图斯[Agapetus]对查士丁尼皇帝的建言来说就是,"皇帝因为具有神明的形象而受到尊敬,但其中掺入了[凡人]泥土的形象,好让他认识到,自己在本性上与其他所有人平等"。[176]

在古代世界的政治思想中,将皇帝视作与其统治的臣民无异的人类的做法由来已久。[177]不过,这个约定俗成的做法在5世纪 *155*

---

〔174〕L. S. B. MacCoull, *Dioscorus of Aphrodito: His Work and His World* (Berkeley: University of California Press, 1988), 100.

〔175〕Dorotheus of Gaza, *Instructions* 2.34, in *Dorothée de Gaza: Oeuvres spirituelles*, ed. L. Regnault and J. de Préville, Sources chrétiennes 92 (Paris: Le Cerf, 1963), 196.

〔176〕Agapetus, *Expositio Capitum Admonitionum* 21: *Patrologia Graeca* 86: 1172A.

〔177〕关于这一传统所呈现的皇帝形象, I. Ševčenko, "A Neglected Byzantine Source of Muscovite Political Ideology," *Harvard Slavic Studies* 2(1954): 173 是一项重要研究。

获得了新的意义。要求同情同为肉身的穷人这样有力的修辞使得皇帝权力的主题具有了戏剧化的暗示。皇帝需要对他的臣民"垂怜"[*sunkatabasis*]，就像富人屈尊听取穷人的哭诉，或者上帝曾通过自己的化身，屈尊加入了贫鄙的人类肉体。在帝国首都的居民不得不开始面对他们中出现永久和压倒性的神样专制者的那几代人中，君士坦丁堡和其他地方展开了激烈的基督论[Christology]辩论（与431年的以弗所大会和451年的迦克墩大会联系在一起），围绕着上帝究竟采用了何种方式，特别是在多大程度上以基督的身份让自己屈尊加入人类的行列，这也许并非巧合。

　　该时期基督论的核心问题是如何将同胞之情与绝对权力的行使结合起来。用教皇列奥的话来说，对于神和人在耶稣身上合为一体，基督徒必须认识到"同情的屈尊"并不意味着"权力的失效"。[178]不会感到痛苦，以无法接近的威严凌驾于他的造物之上的上帝屈尊降临大地。通过基督，他自愿将自己认同为肉体凡胎。他也成了"大地之子"，是人类的亲属。他在圣母马利亚的子宫里获得了人的肉身。马利亚的人类肉身将上帝与人类联系在了一起，首先它从她的子宫被取出，通过长时间吮吸她的母乳而在基督身上得到哺育。[179]"对于宇宙的皇帝来说，还有什么比自

---

[178] Leo, *Tome* 3, in *The Seven Ecumenical Councils*, trans. H. R. Percival, *Library of the Nicene and Post-Nicene Fathers* (Grand Rapids, Mich.: Eerdmans, 1974), 14: 255; 在 Jaroslav Pelikan, *The Emergence of the Catholic Tradition* (Chicago: University of Chicago Press, 1971), 258 中有分析。

[179] Averil Cameron, "Virginity as Metaphor: Women and the Rhetoric of Early Christianity," in *History as Text: The Writing of Ancient History* (London: Duckworth, 1989), 190-91. 关于母子间建立在子宫和三年哺乳之上的联系，见 J. Horn, "Untersuchungen zur Frömmigkeit und Literatur des christlichen Ägyptens: Das Martyrium des Viktor, Sohnes des Romanos" (Ph.D. diss., University of Göttingen, 1988), 214, 217, 232。

愿地共享我们贫鄙的肉身更屈尊纡贵的举动呢？"[180] 这种共享的
肉身是所有基督徒的脆弱希望："只需看看上帝为何怜悯，因为
他向我们借了身体／了解一下他为何恩赐，因为他像我们一样会
饥渴。"[181]

　　早期拜占庭的圣像将马利亚描绘成神的母亲，婴儿基督威严　*156*
地坐在她的膝盖上，仿佛仍然与她的子宫连在一起。她的手触及
他的膝盖，含蓄地暗示了他与人类的亲缘关系。这一形象唤起了
强烈的休戚与共的愿望。[182] 如果上帝和人类可以通过马利亚和她
孩子共享肉身的形式被如此亲密地联系在一起，那么将皇帝同他
的臣民，将富人同穷人联系起来的同胞之情这一不可见之线可能
同样有力。通过这种方式，5 世纪的基督论争端迷恋于以"垂怜"
的本质为中心，即上帝令人惊叹的屈尊，认同人类状况的悲惨
贫鄙。

　　在上帝通过基督的化身屈尊这一意味深长的问题中，我们
可以感受到整个社会最深刻的希望和对自己凝聚力的恐惧的无
形重量。在一个比以往更加分裂的世界里——富人与穷人、弱

---

[180] Gregory of Nyssa, *Oratio de Beatitudinibus*: *Patrologia Graeca* 44: 1201B, cited at the Council of Ephesus, *Collectio Casinensis* 59 [xvi], ed. Schwartz, p. 44; A. J. Festugière, trans., *Ephèse et Chalcédoine*: *Actes des Conciles* (Paris: Beauchesne, 1982), 239.

[181] Isaac of Antioch, *On the Incarnation of the Lord*, lines 272-73, in *S. Isaaci Antiocheni opera omnia*, ed. G. Bickell (Giessen: W. Keller, 1873), 44; S. Landersdorfer, trans., *Ausgewählte Schriften der syrischen Dichter*, Bibliothek der Kirchenväter (Munich: J. Kosel, 1913), 136.

[182] 从万神殿的马利亚圣像中可以清楚地看到这点，见 H. Belting, *Bild und Kunst: Eine Geschichte des Bildes vor dem Zeitalter der Kunst* (Munich: C. H. Beck, 1990), 141。作为人类祈祷的传递者，马利亚与基督发生身体接触的手在这幅圣像中被镀了金。另见 J. F. Haldon, *Byzantium in the Seventh Century: The Transformation of a Culture* (Cambridge: Cambridge University Press, 1990), 422-24。

者与强者——对人类肉身共有的脆弱性的情感至少为团结提供了最低的共同标准。皇帝和当权者必须遵守对他们行动的最低约束。因此，在早期拜占庭，权力的语言充满了同时代的基督论辩论的夸张基调，最严肃的任务是试图描绘出上帝究竟以何种方式认同人类的本性，以及他对遥远的人类臣民的开放程度。[183]比如，谢努特在读到耶稣受难的故事时会泪如雨下。在盛大的布道和反驳书信中，他要求当权者也应该学会像基督一样屈尊：他们必须同样宽恕自己下属的抗命，对穷人、请愿者和自己的奴仆表现出仁慈。[184]

　　通过这样做，谢努特和许多像他一样的人在一个高调的社会中使用了高调的语言。上帝仍然是天上的皇帝，皇帝则很像地上的上帝。他的屈尊非常少见，因而更加让人吃惊。现在，这种权力的使用伴随着"垂怜"。"垂怜"假设帝国政府设在威仪的崖面上。它不具备建立在共同的上层阶级文化之上，谨慎而低调地诉诸共同行为法则的基础。皇帝不再向哲学家让步，因为他们同受优雅和使人高尚的教化约束。他向主教和圣人让步，因为即便是基督本人也屈尊成为和他子民一样的人。被威仪笼罩的皇帝表示他不和上层阶级的臣民共享文化，而是与所有的基督徒共享人性，尽管看上去并非如此。

　　基督式的皇权形象注定将在基督教中世纪拥有长远的未来，我们可以由此结束本书。我们从公元4世纪教化之人的世界开始，

----

[183] J. Grosdidier de Matons, *Romanos le Mélode*（Paris：Beauchesne, 1977）, 269-70, 283 出色地刻画了"垂怜"。

[184] Shenoute, *Letters* 31, 34, ed. Leipoldt and Crum, pp.95, 104; trans. Wiessmann, pp. 54, 59. 见 D. N. Bell, "Shenoute the Great and the Passion of Christ," *Cistercian Studies* 22（1987）: 291-303。

现在进入了一个不同的世界。5 世纪后期的科普特传说生动地概括了我们所描绘的变化。在这些传说中，我们看到皇帝和皇权的行使被折射成离奇和后古典的样子。

在一个将安条克的塑像骚乱和塞萨洛尼卡屠杀糅合而成的故事中，我们看到狄奥多西一世曾经想要将斯尤特（吕科波利斯）烧成平地，因为那里的竞技场发生了骚乱。[185] 惊恐的公民纷纷来找当地的隐士——吕科波利斯的约翰。他的建议几乎不让人意外。他们必须为皇帝专员举办隆重的入城式。"当他到来时，出城迎接他，带着福音书和十字架，摇动香炉，拿着棕榈和橄榄枝。在他面前不断移动，直到你们把他带到城边。"[186] 然后，专员被带到约翰那里，以总督身份向这位圣人致敬，最后进入了斯尤特。

一切进展顺利。约翰治好了专员的儿子，提醒他"我们都需要基督的怜悯"。专员同意向君士坦丁堡汇报。但为了确保万无一失，约翰亲自前往首都。他转瞬即至，藏在御前会议上方的善良云朵里。约翰现出手，做了祝福皇帝和提交请愿的手势。直到请愿被正式批准（就像狄奥多西二世曾批准了叙埃内主教的请愿），他才收回手，坐着云朵返回埃及。皇帝的裁决是那个新时代所能渴望的一切：竞技场和所有异教徒的公共集会场所将被摧毁，但

158

---

[185] Paul Peeters, "Une vie copte de S. Jean de Lycopolis," *Analecta Bollandiana* 54（1936）: 363; and W. Till, *Koptische Heiligen-und Märtyrerlegende*, Orientalia Christiana Analecta, 102（Rome: Pontificium Institutum Orientalium Studiorum, 1935）, 147; Lellia Cracco Ruggini, "Poteri in gara per la salvezza di città rebelli: il caso di Antiochia（387 d.C.），" in *Hestiasis: Studi di tarda antichità offerti a Salvatore Calderone*, Studi tardoantichi 1（Messina: Sicania, 1988）, 284-90.

[186] *Le Synaxaire Arabe Jacobite: Patrologia Orientalis* 3: 323-26.

围绕在教堂周围的基督教城市将被保留。[187]这类传说反映了认为"与中央的积极关系"仍然至关重要的人的梦想，但在他们的心目中，古代城市被允许消亡。

　　从公元 4 世纪到 5 世纪，通过盘点这类主题，我们可以开始稍稍重温在晚期罗马帝国的基督教兴起这一看似简单实则不然的名义下，社会变化的规模和兴奋程度究竟是怎样的。

---

〔187〕*Le Synaxaire Arabe Jacobite*：*Patrologia Orientalis* 3：323-26.

索 引

阿皮翁主教的请愿，141，158

Symmachus（L. Aurelius Avianius），叙马
库斯（卢基乌斯·奥雷利乌斯·阿维
安尼乌斯）：house of, burned by mob,
宅邸被暴徒焚毁，80

Symmachus（Quintus Aurelius），orator,
polytheist，叙马库斯（昆图斯·奥雷
利乌斯），演说家，多神教徒，26n；
code of friendship in letters，书信中的
友谊准则，47n；father's house burned,
父亲的家宅被焚，80，87n；relations
with *plebs*，与平民的关系，86

synagogues，犹太会堂：unpunished
attacks on，袭击未受惩罚，5，108，
115

Synesius of Cyrene，昔兰尼的许内西
乌斯：letters reveal Cyrenaica，书
信揭示了昔兰尼加的情况，12；
alliance of governor with his rival，与
总督结盟对付自己的敌人，29-30；
denounces abuses，谴责滥权，31；
praises governor，赞美总督，33；
on friendship，关于友谊，47；
intervenes to halt flogging，介入制止
鞭笞，50；baptized after mission to
Constantinople，出使君士坦丁堡后受
洗，124n；taught by Hypatia，受教
于许帕提娅，136；shows *parrhésia*
at Constantinople，在君士坦丁堡直言
不讳，137；as bishop of Ptolemais,
作为托勒麦斯的主教，137，139；
defends Ptolemais against nomads，抵
御游牧民族对托勒麦斯的攻击，139；
excommunicates governor，革除总
督，139；*Letter* to Theophilus, on
his ordination，当选主教后写给奥
菲洛斯的信，137-38；for attention of

church lawyers，为引起教会律师的关
注，138；will sleep with wife，希望与
妻子同房，138；holds "philosophical"
views on resurrection，对复活的"哲
学式"观点，138

synod，主教会议，110

Syria，叙利亚，4，5，11，12，20，22，
23，25，30，31，32，37，53，57，
98，106，107，108，125，127

Syriac，叙利亚语，6，67，77n，87，
92n，98n，103n，106，120n，148

Syrian，叙利亚人，105，148

T

Tanghe，A.，坦格，105n

Tardieu，M.，塔尔迪厄，129n

Tate，G.，泰特，93n

Taurus，praetorian prefect，frank speech
in *consistorium*，近卫军长官陶鲁斯，
在御前会议上直言不讳，66

Taurus mountains（Turkey），托鲁斯山
（土耳其）：brigandage based in，盗匪
的基地，125

taxation，征税：affects economy of
provinces，影响行省经济，17；cities
and their territories as units，作为征税
单元的城市及其领地，25；summoned
by governor，由总督下令展开，25；
town councils responsible for collection,
市议会负责收税，25-27；collaboration
needed，需要合作，26；tax-arrears,
favor rich，divide town councils，欠
税，有利于富人，造成市议会的分
歧，28；as political capital，作为
政治资本，28-29；elicited by good
governors，由好总督发起，33；cities
undertaxed，城市纳税部族，78；in